AF894326

Die Hamburger Rechtsprechung zum Arbeitsrecht im Nationalsozialismus bis zum Beginn des 2. Weltkriegs

Rechtshistorische Reihe

Herausgegeben von den Prof. Dres.
G. Baranowski, H.-J. Becker, W. Brauneder, P. Caroni, A. Cordes,
J. Eckert †, C. Hattenhauer, H. Hattenhauer, R. Hoke, D. Klippel, G. Köbler, G. Landwehr,
G. Lingelbach, M. Lipp, R. Meyer-Pritzl, K. Muscheler, H. Nehlsen, P. Oestmann,
G. Otte, T. Repgen, S. Saar, K.O. Scherner, M. Schmoeckel, J. Schröder, R. Schröder,
W. Schubert, D. Schwab, T. Simon, E. Wadle, J. Weitzel, D. Willoweit

Band 429

Peter Lang
Frankfurt am Main · Berlin · Bern · Bruxelles · New York · Oxford · Wien

Margret R. I. Bootz

Die Hamburger Rechtsprechung zum Arbeitsrecht im Nationalsozialismus bis zum Beginn des 2. Weltkriegs

Peter Lang
Internationaler Verlag der Wissenschaften

Bibliografische Information der Deutschen Nationalbibliothek
Die Deutsche Nationalbibliothek verzeichnet diese Publikation in der Deutschen Nationalbibliografie; detaillierte bibliografische Daten sind im Internet über http://dnb.d-nb.de abrufbar.

Zugl.: Hamburg, Univ., Diss., 2011

Die vorliegende Arbeit wurde von
Prof. Dr. Tilman Repgen
zur Aufnahme in die Reihe empfohlen.

Umschlagabbildung:
Justitia. Allegorie der Gerechtigkeit.
Druck aus dem 17. Jahrhundert.

Gedruckt auf alterungsbeständigem,
säurefreiem Papier.

D 18
ISSN 0344-290X
ISBN 978-3-631-63606-0

© Peter Lang GmbH
Internationaler Verlag der Wissenschaften
Frankfurt am Main 2012
Alle Rechte vorbehalten.

Das Werk einschließlich aller seiner Teile ist urheberrechtlich geschützt. Jede Verwertung außerhalb der engen Grenzen des Urheberrechtsgesetzes ist ohne Zustimmung des Verlages unzulässig und strafbar. Das gilt insbesondere für Vervielfältigungen, Übersetzungen, Mikroverfilmungen und die Einspeicherung und Verarbeitung in elektronischen Systemen.

www.peterlang.de

Meinen Eltern in Liebe und Dankbarkeit gewidmet.

Vorwort

Die nachfolgende Arbeit hat der Fakultät für Rechtswissenschaft der Universität Hamburg im Sommersemster 2011 als Dissertationsschrift vorgelegen. Das Kolloquium fand am 26. Oktober 2011 statt.

Für die wertvolle Unterstützung sowie die vielen praktischen Hinweise und Gespräche bei der Erstellung dieser Arbeit möchte ich meinem Doktorvater Prof. Dr. Tilman Repgen ganz herzlich danken. Dank geht auch an Prof. Dr. Klaus Moritz für die schnelle Erstellung des Zweitgutachtens.

Den Kolleginnen und Kollegen des Lehrstuhls für Privatrechtsgeschichte der Neuzeit, Deutsche Rechtsgeschichte und Bürgerliches Recht der Universität Hamburg sowie meinen Freundinnen und Freunden danke ich für die immer offenen Ohren und vielen hilfreichen Diskussionen. Besonderer Dank geht an meine ehemalige Kollegin und Freundin Richterin am Verwaltungsgericht Hamburg Dorothea Borchers für das Korrekturlesen der vorliegenden Arbeit und die weiterführenden Anmerkungen. Bedanken möchte ich mich auch bei den Mitarbeiterinnen und Mitarbeitern der Bibliotheken, die mich bei meinen Recherchen so hilfreich unterstützt haben.

Ein großer Dank geht an meinen Lebenspartner Lars Hagen für die immerwährende Geduld in der Zeit der Erstellung dieser Doktorarbeit, die wiederholten Durchsichten und Hinweise, die zur Vollendung der Arbeit führten.

Schließlich geht der Dank an meine Eltern. Sie haben mir bei allen meinen Vorhaben zur Seite gestanden, mir alles ermöglicht und mich immer unterstützt. Meiner Mutter ist diese Arbeit in tiefer Dankbarkeit und meinem Vater in liebevoller Erinnerung gewidmet.

Inhaltsverzeichnis

Abkürzungsverzeichnis

§/§§	Paragraph(en)
%	Prozent(e)
a.A.	andere Ansicht
abgedr.	abgedruckt
Abs.	Absatz/Absätze
Amtl.	Amtliche(r)
Anm.	Anmerkung(en)
AOG	Gesetz zur Ordnung der nationalen Arbeit
ArbG	Arbeitsgericht / Arbeitgeber
ArbGer.	Arbeitsgericht
ArbGG	Arbeitsgerichtsgesetz
ArbN	Arbeitnehmer
ArbRSpr.	Arbeitsrechtsprechung
ArbSamml.	Arbeitsrechtssammlung
ARS	Arbeitsrechtssammlung
Aufl.	Auflage
Bd./Bde.	Band/Bände
betr.	betreffend
Bekl.	Beklagte(r)
Bensh. Samml.	Bensheimer Sammlung
BGB	Bürgerliches Gesetzbuch
BRAK	Bundesrechtsanwaltskammer
BRAO	Bundesrechtsantwaltsordnung
BRG	Betriebsrätegesetz
bspw.	beispielsweise
bzw.	beziehungsweise
d.h.	das heißt

DAF	Deutsche Arbeitsfront
ders.	derselbe
dgl.	dergleichen
DR	Deutsches Recht
Dt. ArbR.	Deutsches Arbeitsrecht
DVO	Durchführungsverordnung
Einl.	Einleitung
Entsch.	Entscheidung(en)
f./ff.	folgende(r)
Fn.	Fußnote(n)
gem.	gemäß
GewO	Gewerbeordnung
GVBl.	Gesetz- und Verordnungsblatt
HGB	Handelsgesetzbuch
Hrsg./hrsg.	Herausgeber / herausgegeben
HRGZ	Hanseatische Rechts- und Gerichtszeitschrift
iHv.	in Höhe von
JW	Juristische Wochenschrift
Kl.	Kläger(in)
kläg.	klägerisch(e), (er)
LAG	Landesarbeitsgericht
LG	Landgericht
M.B.	Margret Bootz
mwNw.	mit weiteren Nachweisen
Nr.	Nummer(n)
NSBO	Nationalsozialistische Betriebszellenorganisation
NSDAP	Nationalsozialistische Deutsche Arbeiterpartei
NZA	Neue Zeitschrift für Arbeitsrecht
RABl.	Reichsarbeitsblatt
RAG	Reichsarbeitsgericht

RAGE	Reichsarbeitsgerichtsentscheidungen
REGH	Reichsehrengerichtshof
RG	Reichsgericht
RGBl.	Reichsgesetzblatt
RGRK	Reichsgerichtsrätekommentar
RM	Reichsmark
RN	Randnummer(n)
S.	Seite(n)
SchwBeschG	Gesetz über die Beschäftigung Schwerbeschädigter
SeuffA.	Seuffert's Archiv
SO	Semannsordnung
sog.	sogenannter/sogenannte/sogenanntes
Soz. Ehrenger.	Soziales Ehrengericht
Sp.	Spalte(n)
SPD	Sozialdemokratische Partei Deutschlands
TarifVO	Tarifvertragsverordnung
TO	Tarifordnung
TV	Tarifvertrag
TVVO	Tarifvertragsverordnung
u.a.	unter anderem
Urt.	Urteil
UWG	Gesetz gegen den unlauteren Wettbewerb
v.	von / vom
Var.	Variante(n)
Vgl.	Vergleiche
v.H.	Von Hundert (Prozentsatz)
Vorbem.	Vorbemerkung(en)
ZAfDR	Zeitschrift der Akademie für Deutsches Recht
Ziff.	Ziffer
zit.	zitiert

1. Teil: Einführung in die Untersuchung

„Der praktische Fall steht am Anfang und am Ende des rechtswissenschaftlichen Bemühens."

Bernd Rüthers, Die unbegrenzte Auslegung, 2005, S. 7

A. Ziel der Arbeit / Fragestellung

Diese Arbeit will einen Beitrag zur historischen Analyse der Rechtsprechung im Nationalsozialismus der Vorkriegszeit leisten. Ziel der Arbeit ist es, den Einfluss des Nationalsozialismus auf die Rechtsprechung auf dem Gebiet des Arbeitsrechts in Hamburg darzustellen und zu untersuchen, welchen Wandlungen diese Rechtsprechung unter der nationalsozialistischen Herrschaft unterworfen war. Dabei liegt die Konzentration zunächst auf den Hamburger Arbeitsgerichten. Aber auch die anderen Gerichte Hamburgs, vor welche arbeitsrechtliche Streitigkeiten gebracht wurden, rücken in die Betrachtung. Dazu zählen im Rahmen der Untersuchung das „Tarifschiedsgericht für die deutsche Seeschifffahrt" und das „Soziale Ehrengericht Nordmark".

Der Hamburger Justiz wurde für die Zeit des Nationalsozialismus gelegentlich eine „hohe Effizienz" und „Vorreiterrolle" bei der Umsetzung der nationalsozialistischen Ideologie bescheinigt.[1] Hier geht es darum, die arbeitsrechtliche Rechtsprechung auf ihren ideologischen Ballast hin zu untersuchen. Dabei mag dann auch ein Eindruck davon entstehen, was „hohe Effizienz" und „Vorreiterrolle" konkret bedeuten könnten. Eine vollständige Überprüfung dieser Behauptungen würde freilich einen Vergleich unter Einfluss aller Rechtsgebiete voraussetzen, den diese Arbeit nicht anstrebt.

Die Forschungsfrage bezieht sich darauf, ob sich das Verhalten der Rechtsprechung auf dem Gebiet des Arbeitsrechts nach 1933 durch die nationalsozialistische Ideologie verändert, ob sich die Rechtsprechung der Ideologie geöffnet hat. Was bewirkte der Nationalsozialismus in der Rechtsprechung der Hamburger Gerichte auf dem Gebiet des Arbeitsrechts? Verhalfen die Richter der Hamburger Arbeitsgerichte der nationalsozialistischen Weltanschauung durch entsprechende Anwendung der gesetzlichen Generalklauseln zum Durchbruch?

---

1 Wolfgang Scheffler/Helge Grabitz/ Klaus Bästlein (Hrsg.), „Für Führer, Volk und Vaterland ..." Hamburger Justiz im Nationalsozialismus, Hamburg 1992, S. 11.

Wendeten die Richter sog. „Kampfklauseln“ an, um neue Wertungen in die geltende Rechtsordnung einzuführen und das Gesetz zu überspielen?[2] Welche Schlussfolgerungen lassen sich daraus für die veröffentlichten Entscheidungen der Hamburger Arbeitsgerichte ziehen?

B. Untersuchungsgegenstand

Den Gegenstand der Analyse bilden die in der Zeit von 1933 bis 1939 veröffentlichten Entscheidungen der Hamburger Gerichte, die sich mit arbeitsrechtlichen Streitfragen auseinander gesetzt haben. Konkret geht es bei der Analyse darum, ob und inwieweit die Richter bei der Urteilsfindung durch den Nationalsozialismus beeinflusst und fachlich nicht abgesichert waren.

In der Berliner Börsen-Zeitung vom 6. März 1937 stand ein Artikel unter der Überschrift „Lebendiges Recht als Grundpfeiler“. Der ungenannte gebliebene Berichterstatter lobte einen Vortrag an der Hochschule für Politik von dem Vorsitzenden des Arbeitsgerichts Berlin, Dr. Franke:[3]

> „Dr. Franke führte seine Zuhörer in die „Werkstatt“ der Arbeitsgerichte und deren Rechtsprechung ein. Er betonte, daß die Arbeitsgerichte nicht nur nach Formalrecht, sondern auch nach dem lebendigen Recht ihr Urteil fällen. [...] Dr. Franke führte Fälle an, für die bis jetzt kein geschriebenes Recht besteht, so unter anderem die Frage über Kündigung, Urlaub, Tarifverzicht und nichtige Kündigung. Gleichzeitig aber zeigte uns der Vortragende, wie die rechtsschöpferische Tätigkeit des Richters in solchen Fällen Urteile fällt. Die Richter, getragen von den Grundprinzipien des nationalsozialistischen Staates, werden in solchen Fällen nicht den toten Paragraphen, sondern das lebendige Recht zur Anwendung bringen. Die berufenen Richter bis zu den Gliederungen der DAF [Deutschen Arbeitsfront – M.B.] als kleinste Rechtsberatungsstelle, müssen in ihrem Rahmen erzieherisch wirken, aufgebaut auf Kameradschaft, Treu und Glauben, Anständigkeit in der Arbeit und die Losung „Allgemeinnutz vor Eigennutz“ muß als höchstes Gut stehen.“[4]

Unter Bezugnahme auf dieses angeführte Zitat untersucht die Arbeit, inwiefern die Richter der Hamburger Arbeitsgerichte erzieherisch gewirkt und sich

---

2 Vgl. dazu vor allem Bernd Rüthers, Die unbegrenzte Auslegung. Zum Wandel der Privatrechtsordnung im Nationalsozialismus, 6. Aufl., Tübingen 2005, S. 136 ff., 145: die „Kampfklausel“ sollte eine Klausel darstellen, die es den Richtern ermöglichte, Gesetze, die der nationalsozialistischen Rechtsauffassung entgegenstanden, nicht anzuwenden.

3 Berliner Börsen-Zeitung Nr. 110 v. 6. März 1937, Abendausgabe, S. 4 „Lebendiges Rechts als Grundpfeiler“.

4 Sämtliche Hervorhebungen im Zitat durch den Berichterstatter.

auf „Kameradschaft, Treu und Glauben, Anständigkeit in der Arbeit und die Losung 'Allgemeinnutz vor Eigennutz'" bei der Entscheidungsfindung gestützt haben.

Das Arbeitsrecht zählte unbestritten zu den Rechtsgebieten, die vom Nationalsozialismus besonders stark betroffen waren.[5] Das ist insofern leicht erklärlich, als das Arbeitsleben einen besonders bestimmenden, existenziellen Einfluss auf den Einzelnen hat. Darüber hinaus war gerade das Arbeitsrecht nicht umfassend gesetzlich normiert. Viele Bereiche waren vornehmlich durch Richterrecht geregelt. Die ideologische Aufladung dieses Lebensbereichs war daher aus der Sicht des totalitären Regimes eine Notwendigkeit.[6]

Bezeichnend für das Arbeitsrecht der Vorkriegszeit von 1933 bis 1939 war die politische Umwälzung in den Anfangsmonaten der Herrschaft der Nationalsozialisten: Die freien Gewerkschaften wurden am 2. Mai 1933 zerschlagen.[7] Das kollektive Arbeitsrecht der Weimarer Republik wurde ersatzlos beseitigt.[8] Die Deutsche Arbeitsfront (DAF) gründete sich durch Einberufung eines Gründungskongresses am 10. Mai 1933 und nahm zunächst einige gewerkschaftliche Aufgaben wahr.[9] Das Verbot der SPD am 22. Juni 1933 und das Gesetz gegen die Neubildung von Parteien vom 14. Juli 1933[10] führten zur Ausschaltung der politischen Parteien, welche der Arbeitnehmerschaft einen gewissen parlamenta-

---

5 Theo Mayer-Maly, Nationalsozialismus und Arbeitsrecht, in: Nationalsozialismus und Recht. Rechtssetzung und Rechtswissenschaft in Österreich unter der Herrschaft des Nationalsozialismus, hrsg. v. Ulrike Davy/Helmut Fuchs/Herbert Hofmeister/Judith Marte/Ilse Reiter, Wien 1990, S. 173.

6 Mayer-Maly, Nationalsozialismus und Arbeitsrecht (wie Fn. 5), S. 174 f.

7 Andreas Kranig, Lockung und Zwang. Zur Arbeitsverfassung im Dritten Reich, Stuttgart 1983, S. 20 mwNw.

8 Mayer-Maly, Nationalsozialismus und Arbeitsrecht (wie Fn. 5), S. 173, 174; ders., Arbeitsrecht, Arbeitsgerichtsbarkeit und Nationalsozialismus, in: Recht und Rechtslehre im Nationalsozialismus. Ringvorlesung der Rechtswissenschaftlichen Fakultät der Christian-Albrecht-Universität zu Kiel, hrsg. v. Franz Jürgen Säcker, Baden-Baden 1992, S. 140; so auch schon Alfred Hueck/Hans Carl Nipperdey/Rolf Dietz (Hrsg.), Gesetz zur Ordnung der nationalen Arbeit mit sämtlichen Durchführungsverordnungen, dem Gesetz zur Ordnung der Arbeit in öffentlichen Verwaltungen und Betrieben mit seinen Durchführungsverordnungen und den neuen Arbeitszeitbestimmungen, München/Berlin 1934, § 65 RN 1; und Herbert Pilling, Die Zuständigkeit der Arbeitsgerichtsbehörden nach dem Arbeitsgerichtsgesetz in der vom 1. Mai 1934 ab geltenden Fassung (Bekanntmachung v. 10.4.34, RGBl. I S. 319), Berlin 1936, S. 5.

9 Kranig, Lockung und Zwang (wie Fn. 7), S. 28.

10 RGBl. I, S. 479.

rischen Einfluss auf die Gesetzgebung und damit die arbeitsrechtlichen Normen eingeräumt hatten.[11]

Einerseits war die 1933 vorgefundene Ordnung der Arbeitsverfassung mit ihren Mitbestimmungsrechten der Arbeitnehmer mit den politischen Vorstellungen und Zielen der Nationalsozialisten nicht vereinbar.[12] Das kollektive Arbeitsrecht der Weimarer Republik entsprach nicht den Typen des Unternehmers als „Führer des Betriebes" und den Arbeitnehmern als „Gefolgschaft".[13] Die nationalsozialistische Ideologie fand schließlich ihren klassischen Ausdruck von „Führerprinzip und Gefolgschaft" gerade im Bereich des Arbeitsrechts, indem auf der einen Seite der Unternehmer / Arbeitgeber als „Betriebsführer" und auf der anderen Seite die Arbeitnehmer als „Gefolgschaft" standen.[14] Der Arbeitgeber sollte nicht bloß als organisierender Unternehmer, sondern als ein kleiner „Führer" in seinem Betrieb angesehen werden, dem die „Gefolgschaft" folgte und unterstand.[15]

Andererseits eignete sich gerade das Arbeitsleben zur Um- und Durchsetzung totalitärer Absichten, da über kurz oder lang fast jeder Mensch im Erwerbsleben zur Schaffung und Erhaltung einer Lebensgrundlage stand.[16] Der „Idealtypus eines deutschen Arbeitsmenschen" wurde propagiert und eine „wirkliche Volks- und Leistungsgemeinschaft aller Deutschen" sollte ganz im Sinne eines schicksalhaften Geschichtsverständnisses geschaffen werden.[17] „Gemeinwohlorientierung" und „Erhaltung des Arbeitsfriedens" galten als Grundbegriffe eines „neuen" Harmoniekonzepts.[18] Die Interessengegensätze zwischen Arbeitgeber und Arbeitnehmer, die dem „Harmoniekonzept" nicht entsprachen, sollten unter dem Schlagwort „zum gemeinsamen Nutzen von Volk und Staat" geleugnet werden, indem Lohnauseinandersetzung beendet und den Arbeitnehmern soziale Anerkennung geboten wurde.[19]

---

11 Kranig, Lockung und Zwang (wie Fn. 7), S. 22 mwNw.
12 Mayer-Maly, Nationalsozialismus und Arbeitsrecht (wie Fn. 5), S. 173.
13 Mayer-Maly, Nationalsozialismus und Arbeitsrecht (wie Fn. 5), S. 173, 176 ff.
14 Stephan Meder, Rechtsgeschichte. Eine Einführung, 3. Aufl., Köln 2008, S. 367 f.
15 Mayer-Maly, Nationalsozialismus und Arbeitsrecht (wie Fn. 5), S. 173, 179.
16 Mayer-Maly, Nationalsozialismus und Arbeitsrecht (wie Fn. 5), S. 173, 179.
17 Michael Solleis, Gemeinwohlformeln im nationalsozialistischen Recht, Berlin 1974, S. 127 f.
18 Andreas Kranig, Arbeitsrecht im NS-Staat. Texte und Dokumente, Köln 1984, S. 10 f.
19 Stolleis, Gemeinwohlformeln (wie Fn. 17), S. 130 f.

Hans Frank charakterisierte die Erwerbstätigkeit folgendermaßen:[20]

> „Es gibt kein heiligeres Amt im deutschen Volke als das, für die Gemeinschaft der Deutschen leben und wirken zu können, sein volksgenössisches Ich in den Dienst dieser Gemeinschaft bringen zu können. Und es gibt kein höheres Opfer, als dieses Ich dem Dienste seines Volkes weihen zu können."[21]

Die Ideologieanfälligkeit des Arbeitsrechts legt es nahe, gerade die Rechtsprechung auf diesem Gebiet auszuwerten. Dafür spricht ferner, dass das Gesetz zur Ordnung der nationalen Arbeit (AOG) vom 20. Januar 1934[22], welches die gesamte Arbeitsverfassung neu reglementierte, und viele weitere Verordnungen auf dem Gebiete des Arbeitsrechts erlassen wurden. Das AOG baute auf dem „Führergedanken" auf und wollte einen „Idealtypus des deutschen Arbeitsmenschen" schaffen.[23] Es liegt somit nahe, zu untersuchen, wie die Hamburger Gerichte, vor die arbeitsrechtliche Streitfragen gebracht wurden, auf diese Umstellungen reagierten und die entsprechenden nationalsozialistischen Regelungen anwendeten.

„Unabhängigkeit der Richter" sollte im Nationalsozialismus die selbstständige „Bindung an die leitenden Grundsätze des völkischen Führerstaates bedeuten.[24] Der Hamburger Oberlandesgerichtspräsident Senator *Rothenberger* sagte zur Stellung des Richters im nationalsozialistischen Staat:[25]

> „Aufgabe des Richters ist nicht mehr Kontrolle der politischen Führung, ist auch nicht mehr Gewährleistung der individuellen Freiheitssphäre, sondern Sicherung der völkischen Gemeinschaft. Der Richter ist nicht mehr nur Staatsorgan zur Entscheidung privater Interessenkonflikte, sondern er ist souveräner Wahrer der Lebensgesetze der Gemeinschaft und damit einer der vornehmsten Vollstrecker des Führerwillens."[26]

---

20 Hans Frank, Rechtsgrundlegung des nationalsozialistischen Führerstaates. München 1938, S. 31.

21 Sämtliche Hervorhebungen durch den zitierten Autor (Fn. 20).

22 RGBl. I, S. 45.

23 Vgl. dazu: Werner Mansfeld/Wolfgang Pohl/Gerhard Steinmann/Arthur Bernhard Krause (Hrsg.), Die Ordnung der nationalen Arbeit. Kommentar zu dem Gesetz zur Ordnung der nationalen Arbeit und zu dem Gesetz zur Ordnung der Arbeit in öffentlichen Verwaltungen und Betrieben unter Berücksichtigung aller Durchführungsbestimmungen, 2. Aufl., Berlin/Leipzig/Mannheim/München 1934, Erster Abschnitt Vorbem. S. 72.

24 Eduard Kern, Zur Unabhängigkeit des Richters, in: Archiv für Rechts- und Sozialphilosophie 1934/35, S. 424, 425.

25 Carl Rothenberger, Die Stellung des Richters im Führerstaat, Deutsches Recht 1939, S. 831.

26 Sämtliche Hervorhebungen durch den zitierten Autor (Fn. 25).

Die Untersuchung ist regional auf Hamburg beschränkt: Eine lokale Eingrenzung bietet die Möglichkeit, die veröffentlichten Entscheidungen der Gerichte zu arbeitsrechtlichen Streitfragen nicht nur in der Breite, sondern auch in der Tiefe zu untersuchen. Dadurch entsteht die Gelegenheit, Sachverhalte eingehender zu verfolgen und sie mit entsprechender Rechtsprechung anderer bzw. höher-instanzlicher Gerichte zu vergleichen. Die gewonnenen Erkenntnisse können ein Bild Hamburgs im Bereich der Arbeitsrechtsprechung darstellen und möglicherweise die Behauptung der erwähnten „Vorreiterrolle" zumindest für diesen Bereich bestätigen oder widerlegen.

Das Arbeitsgerichtsgesetz vom 23. Dezember 1926[27] (ArbGG 1926) war am 1. Juli 1927 in Kraft getreten.[28] Die in Hamburg vorher zuständigen Gewerbe- und Kaufmannsgerichte haben zum 30. Juni 1927 ihre Tätigkeit eingestellt und sind durch Arbeitsgerichte ersetzt worden, die für die erste Instanz in Hamburg und Cuxhaven, für die zweite Instanz als Landesarbeitsgericht beim Landgericht Hamburg errichtet worden sind.[29] Das Arbeitsgericht Hamburg war für die Bezirke der Amtsgerichte Hamburg und Bergedorf, sowie das Arbeitsgericht Cuxhaven war für den Bezirk des Amtsgerichts Cuxhaven, welcher damals zu Hamburg gehörte, zuständig.[30]

Mit einem Schreiben vom 22. März 1933 bekannte sich der Vorstand des Hamburgischen Richtervereins nachdrücklich zu der Kundgebung des Deutschen Richterbundes, womit „der neuen Regierung volles Vertrauen" entgegengebracht und der „Entschluß der Regierung, der ungeheuren Not und Verelendung unseres Volkes ein Ende zu machen"[31] begrüßt wurde.[32]

27 RGBl. 1926 I, S. 507; RABl., Beilage zu Nr. 2 von 1927.

28 § 122 ArbGG 1926 (RGBl. 1926 I, S. 507).

29 Albert Wulff, Hamburgische Gesetze und Verordnungen, 3. Aufl., Hamburg 1930, Nr. 81, S. 234 f., Fn. 3.

30 Paul Dahns, Chronik des Arbeitsgerichts Hamburg seit 1945, in: Zwei Jahrzehnte Arbeitsgerichtsbarkeit in Hamburg (1945-1966), hrsg. v. Senat der Freien und Hansestadt Hamburg, Hamburg 1967, S. 3.

31 Wahrscheinlich Bezugnahme auf die „Verordnung des Reichspräsidenten zum Schutz von Volk und Staat" vom 28. Februar 1933 (Reichstagsbrandverordnung), RGBl. I 1933, S. 83.

32 Ergebenheitsadresse des Hamburgischen Richtervereins an die nationalsozialistische Regierung im Reich und in Hamburg vom 22. März 1933, abgedruckt bei Ursula Büttner/Werner Jochmann, Hamburg auf dem Weg ins Dritte Reich, 4. Aufl., Hamburg 1993, Dokument 63 S. 194.

Mit dem Gesetz über Groß-Hamburg und anderen Gebietsbereinigungen vom 26. Januar 1937[33] gingen verschiedene Stadtkreise und Gemeinden auf Hamburg über. Unter anderem gehören Altona, Wandsbek und Harburg-Wilhelmsburg erst seit 1937 zu Hamburg.[34] Im Gegenzug dazu hatte Hamburg unter anderem die Stadt Cuxhaven an das Land Preußen abgetreten.[35] Damit wurden auch die Gerichtsbezirke neu gegliedert. Nach dem Gesetz über die Gerichtsgliederung in Groß-Hamburg und anderen Gebietsteilen vom 16. März 1937[36] wurde das Arbeitsgericht Harburg-Wilhelmsburg dem Landesarbeitsgericht Hamburg, als dem zuständigen Berufungsgericht,[37] zugelegt[38] und die Arbeitsgerichte Altona und Wandsbek aufgehoben[39]. Die Bezirke der Amtsgerichte Altona, Altona-Blankenese und Wandsbek wurden dem Arbeitsgericht Hamburg zugelegt.[38] Die Landesarbeitsgerichte Altona[40] und Harburg-Wilhelmsburg[41] wurden aufgehoben.

Die letzte Sitzung des Hamburger Arbeitsgerichts fand am 27. April 1945 statt.[42] Am 3. Mai 1945, als Hamburg durch die britischen Truppen besetzt wurde, hatten alle hamburgischen Gerichte, einschließlich der Arbeitsgerichte, ihre Tätigkeit eingestellt.[43]

---

33 RGBl. 1937 I, S. 24.

34 § 1 Abs. 1 Groß-Hamburg-Gesetz (wie Fn. 33).

35 § 1 Abs. 2 Groß-Hamburg-Gesetz (wie Fn. 33).

36 RGBl. 1937 I, S. 312.

37 Dahns, Chronik des Arbeitsgerichts Hamburg (wie Fn. 30), S. 3.

38 § 3 Abs. 1 des Gesetzes über die Gerichtsgliederung in Groß-Hamburg und anderen Gebietsteilen (wie Fn. 36).

39 § 3 Abs. 2 des Gesetzes über die Gerichtsgliederung in Groß-Hamburg und anderen Gebietsteilen (wie Fn. 36).

40 § 9 Abs. 4 S. 2 des Gesetzes über die Gerichtsgliederung in Groß-Hamburg und anderen Gebietsteilen (wie Fn. 36).

41 § 12 Abs. 5 des Gesetzes über die Gerichtsgliederung in Groß-Hamburg und anderen Gebietsteilen (wie Fn. 36).

42 Dahns, Chronik des Arbeitsgerichts Hamburg (wie Fn. 30), S. 3.

43 Albert Ebeling, Organisation und Dienstbetrieb der hamburgischen Arbeitsgerichte, in: Zwei Jahrzehnte Arbeitsgerichtsbarkeit in Hamburg (1945-1966), hrsg. v. Senat der Freien und Hansestadt Hamburg, Hamburg 1967, S. 39.

C. Forschungsstand

Auch wenn im Jahr 1992 zur Tätigkeit der Arbeitsgerichtsbarkeit in Hamburg Untersuchungen geplant waren,[44] so ist bisher keine Darstellung zur Rechtsprechung der Hamburger Arbeitsgerichte erschienen, welche den Einfluss des Nationalsozialismus auf die Rechtsprechung dieser Gerichte darlegt. Dagegen würde eine Wiedergabe aller Untersuchungen zum Recht im Nationalsozialismus den Rahmen der Arbeit an dieser Stelle sprengen.[45]

Immer noch grundlegende Bedeutung hat die mittlerweile in 6. Auflage erschienene Habilitationsschrift von *Bernd Rüthers* „Die unbegrenzte Auslegung".[46] Nach *Rüthers* wurde die Perversion der Rechtsordnung „vor allem mit antipositivistischen Argumenten und Instrumenten bewirkt, nämlich mit der Verkündung einer neuen, nationalsozialistischen Rechtsidee, mit der Proklamation neuer Rechtsquellen (Führertum, Parteiprogramm, Rasse, gesundes Volksempfinden), mit dem 'Umdenken' der Rechtsgrundbegriffe (konkrete Ordnungen, konkret-allgemeine Begriffe) und mit 'völkischen' Auslegungsmethoden".[47] Die Rechtsprechung ist nach *Rüthers* unter dem Einfluss des Nationalsozialismus „zu einem Herrschaftsinstrument des Unrechtsstaates umgestaltet worden".[48]

Allgemeine Untersuchungen zur Arbeitsgerichtsbarkeit in der Zeit des Nationalsozialismus sind unter anderem von *Michel,*[49] *Kranig,*[50] *Mayer-Maly,*[51] *Lin-*

---

44 Scheffler/Grabitz/Bästlein, „Für Führer, Volk und Vaterland ..." (wie Fn. 1), S. 13.

45 Vgl. dazu u.a. Michael Ruck, Bibliographie zum Nationalsozialismus (Zwei Bände), Darmstadt 2000, A. 3. 5 Justizwesen und Rechtspolitik, Bd. 1, S. 198 – 225.

46 Rüthers, Die unbegrenzte Auslegung (wie Fn. 2).

47 Rüthers, Die unbegrenzte Auslegung (wie Fn. 2), S. 479.

48 Rüthers, Die unbegrenzte Auslegung (wie Fn. 2), S. 481.

49 Bertram Michel, Die Entwicklung der Arbeitsgerichtsbarkeit, in: Das Recht des Unrechtsstaates. Arbeitsrecht und Staatsrechtswissenschaften im Faschismus, hrsg. v. Udo Reifner, Frankfurt/New York, 1981.

50 Kranig, Lockung und Zwang (wie Fn. 7), S. 190 ff.

51 Theo Mayer-Maly, Arbeitsgerichtsbarkeit im Nationalsozialismus. Judikatur als Instrument von „Säuberung" und Disziplinierung, in Archiv für Sozialgeschichte 31, 1991; ders., Nationalsozialismus und Arbeitsrecht (wie Fn. 5), S. 173, 186 ff.; ders., Arbeitsrecht, Arbeitsgerichtsbarkeit und Nationalsozialismus (wie Fn. 8), S. 125 ff.; ders., Die Arbeitsgerichtsbarkeit und der Nationalsozialismus, in: Die Arbeitsgerichtsbarkeit. Festschrift zum 100jährigen Bestehen des Deutschen Arbeitsgerichtsverbandes, hrsg. v. Deutscher Arbeitsgerichtsverband, Neuwied 1994, S. 89 ff.

der,[52] *Wahsner*[53] und *Sawall*[54] erschienen, wobei letztere lediglich einen kurzen Überblick über die Entwicklung und Rechtsprechung der Arbeitsgerichtsbarkeit im Nationalsozialismus gibt[55]. Nach *Michel* übte auch die Arbeitsgerichtsbarkeit einen „kaum verhüllten Justizterror" aus und besorgte „das eigentliche Schmutzgeschäft".[56] *Mayer-Maly* betont wiederholt, dass die Richter, die in der Arbeitsgerichtsbarkeit verblieben, „zum Handlanger des Regimes" wurden, eine innere Emigration nicht möglich war und „viele Richter mehr als das Nötige" taten.[57] Nach *Linder* hatte sich der Tätigkeitsbereich und nicht der Einfluss der Arbeitsgerichte verschoben, indem sie zwar nicht mehr für Tarifstreitigkeiten, wohl aber für die Umsetzung zahlreicher administrativer Anordnungen auf dem Gebiet des Arbeitsrechts zuständig waren.[58] Nach *Kranig* besaßen die Arbeitsgerichte noch einen Rest an Unabhängigkeit, weshalb sie im arbeitspolitischen Bereich für den NS-Staat immer mehr an Bedeutung verloren hätten.[59] Allerdings muss auch *Kranig* zugeben, dass sich zahlreiche Arbeitsgerichte und Landesarbeitsgerichte „mehr und mehr den nationalsozialistischen Arbeitsrechtslehren" anpassten und damit „letzten Endes eher zur Stabilisierung als zur Beeinträchtigung des Herrschaftssystems" beitrugen.[60]

Raedel[61] und *Thiele*[62] analysieren speziell die Auflösung von Arbeitsverhältnissen und Amtsenthebungen von Betriebsräten in der Rechtsprechung des Reichsarbeitsgerichts. Die von *Kranig* bemerkte sukzessive Anpassung der Arbeitsgerichtsbarkeit an die Wertmaßstäbe des Nationalsozialismus bestätigt auch

---

52 Marc Linder, The Supreme Labor Court in Nazi Germany. A Jurisprudential Analysis, Frankfurt am Main 1987.

53 Roderich Wahsner, Arbeitsrecht unter'm Hakenkreuz. Instrument des faschistischen Terrors und der Legitimation von Unternehmerwillkür, Baden-Baden 1994, S. 113 ff.

54 Sandra Sawall, Die Entwicklung der Arbeitsgerichtsbarkeit, Aachen 2007, S. 283 ff.

55 Sawall, Arbeitsgerichtsbarkeit (wie Fn. 54), S. 283-287.

56 Michel, Arbeitsgerichtsbarkeit (wie Fn. 49), S. 154, 169 f.

57 Mayer-Maly, Die Arbeitsgerichtsbarkeit und der Nationalsozialismus (wie Fn. 51), S. 89, 104; ders., Arbeitsgerichtsbarkeit im Nationalsozialismus (wie Fn. 51), S. 137, 155.

58 Linder, Supreme Labour Court (wie Fn. 52), S. 65.

59 Kranig, Arbeitsrecht im NS-Staat (wie Fn. 18), S. 72 f.

60 Kranig, Arbeitsrecht im NS-Staat (wie Fn. 18), S. 74; ders., Lockung und Zwang (wie Fn. 7), S. 228.

61 Christiane Raedel, Amtsenthebungen und Kündigungen von Betriebsräten in der Rechtsprechung des Reichsarbeitsgerichts, Berlin 1999.

62 Michaela Thiele, Die Auflösung von Arbeitsverhältnissen aufgrund Anfechtung und außerordentlicher Kündigung nach der Rechtsprechung des Reichsarbeitsgerichts (1927-1945), Frankfurt am Main 2000.

Thiele in ihren Untersuchungen, indem sie auf die Aufrechterhaltung einer gewissen Unabhängigkeit beim Reichsarbeitsgericht abstellt, jedoch eine schleichende Intensivierung der nationalsozialistischen Ideologie über die Anwendung der Generalklauseln einwendet.[63] *Raedel* stellt fest, dass „das bereits seit der Anfangszeit des RAG bei Kündigungen und Amtsenthebungen zu beobachtende forcierte Zurückdrängen gewerkschaftlicher und politischer, vor allem aber kommunistischer Einflüsse, [...] die Nationalsozialisten mittels Terror und scheinbar legaler legislativer und exekutiver Mittel" unternahmen.[64]

Eine vergleichende Darstellung der „Sozialen Ehrengerichtsbarkeit" ist bei *Hamann*[65] zu finden. Weitere kurze Erläuterungen zu diesem Gebiet geben *Wahsner*[66] und *Kranig*[67]. Nach *Hamann* war die praktische Bedeutung der Ehrengerichtsbarkeit eher gering, da der nationalsozialistische Staat „die Terrorisierung oppositioneller Arbeitnehmer über drastische polizeiliche und strafgerichtliche Maßnahmen" bevorzugte sowie „den Arbeitgebern mit Betriebsbußen, Schadenersatzansprüchen und der außerordentlichen Kündigung arbeitsrechtliche Sanktionen zur Verfügung standen".[68] Auch *Kranig* stellt die geringe Bedeutung der „Sozialen Ehrengerichtsbarkeit" für die Arbeitnehmer und die eher unerheblichen Verfahren der Disziplinargerichte gegen Arbeitgeber heraus.[69]

Eine der ersten Forschungen zur Rechtsprechung für den Oberlandesgerichtsbezirk Hamburg in den Jahren 1933 bis 1945 präsentierte *Johe*[70] in den sechziger Jahren. Die Justizbehörde Hamburg stellte in den neunziger Jahren Untersuchungen zur Justiz in Hamburg im Nationalsozialismus unter dem Titel „Für Führer, Volk und Vaterland ..." vor.[71] *Bozyakali* konstatierte 2005 für das „Sondergericht am Hanseatischen Oberlandesgericht, dass es sich dabei „keinesfalls um ein Standgericht" handelte, da dieser Charakter „weder aus der Kürze der Verfahren, noch aus der Höhe der verhängten Strafen" hergeleitet werden

---

63 Thiele, Rechtsprechung des Reichsarbeitsgerichts (wie Fn. 62), S. 337 ff.

64 Raedel, Amtsenthebungen und Kündigungen (wie Fn. 61), S. 379.

65 Steffen Hamann, Die soziale Ehrengerichtsbarkeit und die Konfliktkommissionen. Ein rechtshistorischer Vergleich, Göttingen 2007.

66 Wahsner, Arbeitsrecht unter'm Hakenkreuz (wie Fn. 53), S. 113 ff.

67 Kranig, Lockung und Zwang (wie Fn. 7), S. 232 ff.

68 Hamann, Ehrengerichtsbarkeit und Konfliktkommission (wie Fn. 65), S. 96 f.

69 Kranig, Lockung und Zwang (wie Fn. 7), S. 236 f.

70 Werner Johe, Die gleichgeschaltete Justiz. Organisation des Rechtswesens und Politisierung der Rechtsprechung 1933 – 1945 dargestellt am Beispiel des Oberlandesgerichtsbezirks Hamburg, Frankfurt am Main 1967.

71 Scheffler/Grabitz/Bästlein, „Für Führer, Volk und Vaterland ..." (wie Fn. 1).

konnte.[72] Nach *Johe* haben viele Richter die Forderung, sich den veränderten Gegebenheiten und der neuen Weltordnung anzupassen, „wenn auch mit einem gewissen Vorbehalt“ anerkannt.[73] Allerdings sei „die Mehrheit der Richter schließlich nicht bereit“ gewesen, an der Verwandlung von Recht in Willkür mitzuwirken.[74] Die Rechtsprechung der Hamburger Arbeitsgerichte ist in die Untersuchungen nicht einbezogen worden. Gleiches gilt für den Sammelband der Justizbehörde Hamburg. Die Untersuchungen beschäftigen sich mit Hamburger Richtern und Staatsanwälten, mit dem Hamburger Justizsenator, Präsidenten des Hanseatischen Oberlandesgerichts und späteren Staatssekretär im Reichsjustizministerium Curt Rothenberger, mit Strafrecht und Strafverfolgung sowie Ehe- und Familiensachen am Hamburger Landgericht.[75]

Die vorstehenden Arbeiten zeigen, dass keineswegs alle Bereiche, die vom Nationalsozialismus beeinflusst waren, untersucht worden sind. Gerade der Bereich der Zivilgerichtsbarkeit und damit der der Arbeitsgerichtsbarkeit unter der Herrschaft des Nationalsozialismus wurde in Hamburg bisher wenig beleuchtet. Die vorliegende Arbeit soll nun auf die vorstehenden Untersuchungen zur Rechtsprechungsgeschichte aufbauen und einen Beitrag zur weiteren Erforschung der Hamburger Justiztätigkeit unter der Herrschaft des Nationalsozialismus leisten.

D. Quellenlage

Grundlagen der Untersuchung sind vor allem die noch erhaltenen Entscheidungen der Arbeitsgerichtsbarkeit in Hamburg. Im Staatsarchiv Hamburg befindet sich aus dem Bereich der Arbeitsgerichtsbarkeit in der Zeit des Nationalsozialismus heute nur noch eine einzige Prozessakte aus der Zeit von 1936. Die meisten Akten sind vermutlich den Bombenangriffen der Alliierten auf Hamburg und dem „Feuersturm“ im Juli und August 1943 zum Opfer gefallen.[76] Die Akten und Titel, die sich 1967 noch im Archiv des Hamburger Arbeitsgerichts befun-

---

72 Can Bozyakali, Das Sondergericht am Hanseatischen Oberlandesgericht. Eine Untersuchung der NS-Sondergerichte unter besonderer Berücksichtigung der Anwendung der Verordnung gegen Volksschädlinge, Frankfurt am Main 2005, S. 311.

73 Johe, Die gleichgeschaltete Justiz (wie Fn. 70), S. 243.

74 Johe, Die gleichgeschaltete Justiz (wie Fn. 70), S. 243.

75 Scheffler/Grabitz/Bästlein, „Für Führer, Volk und Vaterland ...“ (wie Fn. 1), S. 5 f.

76 Paul Flamme/Peter Gabrielsson, Klaus-Joachim Lorenzen-Schmidt, Kommentierte Übersicht über die Bestände des Staatsarchivs der Freien und Hansestadt Hamburg, 2. Aufl., Hamburg 1999, S. 18; vgl. auch Martin Krieger, Geschichte Hamburgs, München 2006, S. 103 f.

den hatten,[77] sind inzwischen vernichtet worden.[78] Lediglich die Prozessregister der Arbeitsgerichtsbarkeit sind erhalten und im Staatsarchiv einsehbar.

Bei der Recherche zu arbeitsrechtlicher Rechtsprechung aus der Zeit des Nationalsozialismus vor dem Zweiten Weltkrieg fiel auf, dass sich nicht nur das Hamburger Arbeitsgericht und Landesarbeitsgericht mit arbeitsrechtlichen Streitigkeiten befassten, sondern dass auch andere Gerichte über Streitigkeiten zwischen Arbeitgeber und Arbeitnehmer entschieden. Dazu zählten vor allem weniger bekannte Gerichte wie das „Tarifschiedsgericht für die deutsche Seeschiffahrt“ und die im Nationalsozialismus eingerichtete „Soziale Ehrengerichtsbarkeit“.

Für die vorliegende Untersuchung bilden daher die in der Zeit von 1933 bis 1939 veröffentlichten Entscheidungen der Hamburger Gerichte, die sich mit arbeitsrechtlichen Streitfragen in der Vorkriegszeit zu befassen hatten, das Zentrum der Analyse. Die Urteile stammen vom Arbeitsgericht und Landesarbeitsgericht Hamburg, vom „Sozialen Ehrengericht“ Nordmark und vom „Tarifschiedsgericht für die deutsche Seeschiffahrt“. Abgedruckt sind diese Entscheidungen in der „Bensheimer Sammlung“, welche ab dem 19. Band „Arbeitsrechtssammlung“ genannt wurde, und in einschlägigen Fachzeitschriften, wie der Hanseatischen Rechts- und Gerichtszeitschrift.

Urteilsveröffentlichungen beruhen auf Auswahlentscheidungen, die für gewöhnlich rationalen Kriterien genügen. Ob aber mit den publizierten Urteilen auch eine statistische Repräsentativität der Gerichtstätigkeit erreicht wird, ist nicht zu klären. Sie wird daher hier auch nicht beansprucht.

Aus der Zeit von 1933 bis 1939 liegen gedruckt 21 Entscheidungen des Hamburger Arbeitsgerichts, 61 Entscheidungen des Landesarbeitsgerichts Hamburg, 26 Entscheidungen des „Sozialen Ehrengerichts Nordmark“ und vier Entscheidungen des „Tarifschiedsgerichts für die deutsche Seeschiffahrt“ zu arbeitsrechtlichen Streitfragen vor.

---

77 Dahns, Chronik des Arbeitsgerichts Hamburg (wie Fn. 30), S. 3: „ … die letzte Sitzung hat, soweit feststellbar, am 27. April 1945 stattgefunden; es befinden sich ein an diesem Tage verkündetes Urteil und ein Vergleich von diesem Tage im Archiv des Gerichts“.

78 Nach den heutigen Aufbewahrungsfristen des Arbeitsgerichts Hamburg sind Titel dreißig Jahre und Akten fünf Jahre aufzubewahren. Auch damals wurden Akten nach kurzer Zeit vernichtet: vgl. bspw. Öffentliche Bekanntmachung über die Vernichtung von Akten, Büchern und Listen, Amtlicher Anzeiger 1934, S. 931.

Diese Auswahl an Entscheidungen begründet die Festlegung des Zeitraums der Untersuchung auf die Vorkriegszeit. Für die Zeit ab Kriegsbeginn liegen lediglich eine Entscheidung des Arbeitsgerichts, sieben Entscheidungen des Landesarbeitsgerichts, eine Entscheidung des Tarifschiedsgerichts und neun Entscheidungen des „Sozialen Ehrengerichts" Nordmark vor.

E. Gang der Untersuchung

Aus diesen überlieferten Entscheidungen werden einzelne unter chronologischen Aspekten ausgewählt und auf den Einfluss des Nationalsozialismus hin untersucht. Dabei werden die juristischen Probleme separat herausgegriffen und einem Vergleich zwischen Lehre sowie Rechtsprechung zu dieser Thematik in der Weimarer Zeit und der Zeit des Nationalsozialismus unterzogen. Unter Zugrundelegung der theoretischen Gesichtspunkte wird die Entscheidung des jeweiligen Hamburger Gerichts dahingehend analysiert, ob sie von der nationalsozialistischen Ideologie geprägt war.

Die Quantität von 82 veröffentlichten Entscheidungen der Hamburger Arbeitsgerichte für die Jahre von 1933 bis 1939 schließt die eingehende Untersuchung aller Urteile aus. Eine Auswahl der zu analysierenden Entscheidungen war daher notwendig. Eine Rolle spielten solche Kriterien, die möglichst verschiedene Entscheidungen erfassten, wie z.B. unterschiedliche Sachverhalte, Beteiligte am Rechtsstreit und verschiedene Rechtsfragen. Zunächst fielen die Urteile in eine nähere Auswahl, deren wiedergegebene Sachverhalte ausreichende Informationen über die tatsächlichen Geschehnisse enthielten. Das Ziel war ebenfalls, eine chronologische Analyse durchzuführen. Danach sollten die auszuwählenden arbeitsrechtlichen Urteile zeitlich nicht zu dicht beieinander liegen, um eine mögliche Entwicklung auszumachen. Ferner lag das Augenmerk auf der nationalsozialistischen Ideologie. Da diese, wie oben dargelegt[79], vornehmlich auch das Arbeitsleben dominierte, wurden solche Entscheidungen ausgewählt, in denen spezielle Institutionen, wie die „Deutsche Arbeitsfront" (DAF) oder „Treuhänder der Arbeit", sowie das „neue" Verhältnis Arbeitgeber – Arbeitnehmer zueinander eine besondere Rolle spielten. Unter Bezugnahme auf den oben dargestellten Bericht in der Berliner Börsen-Zeitung vom 6. März 1937[80] untersucht die vorliegende Arbeit solche Urteile, die sich mit Kündigun-

---

79 Siehe oben S. 3 ff.

80 Vgl. oben S. 2.

gen, Urlaub und Tariflohnverzicht beschäftigt haben. Die Entscheidungen der Gerichte, die sich sonst noch mit Arbeitsrechtssachen befassten und keine originären Arbeitsgerichte war, wurden nach der Vergleichbarkeit im Sachverhalt und in der rechtlichen Problematik mit den Entscheidungen des Hamburger Arbeitsgerichts und Landesarbeitsgerichts gewählt.

Sicherlich hätten auch andere oder mehr Fälle eine nähere Analyse verdient. Die gewählte Anzahl der Entscheidungen ist jedoch ausreichend, um eine Entwicklung zwischen 1933 und 1939 zu beobachten, ein chronologisches Abbild der publizierten Rechtsprechung der Arbeitsgerichte darzustellen und einen Vergleich mit der Rechtsprechung anderer Gerichte vorzunehmen. Die ausgewählten Fälle eignen sich aber gut, um die spezifischen Merkmale der arbeitsgerichtlichen Rechtsprechung in Hamburg während der Zeit des Nationalsozialismus herauszufiltern und zu analysieren. Die zur Analyse herangezogenen Entscheidungen werden in ihren wichtigsten Passagen wörtlich wiedergegeben, um die Wortwahl der Richter zu veranschaulichen und einen eigenen Eindruck von der damaligen Justiz zu ermöglichen.

Im Rahmen einer rechtshistorischen Analyse der arbeitsrechtlichen Entscheidungen von 1933 bis 1939 kann es nicht um eine Revision im prozessualen Sinne gehen. Die besonderen zeitlichen Hintergründe müssen bei der Bewertung der Vorgänge Berücksichtigung finden. Die Untersuchung verzichtet daher auf die Bewertung, ob die Urteile aus heutigen Gesichtspunkten anders zu beurteilen gewesen wären. Die Maßstäbe der Beurteilung müssen diejenigen sein, die der damaligen Zeit entsprachen.[81]

Die Untersuchung beginnt im zweiten Teil mit der Analyse der Rechtsprechung der Hamburger Arbeitsgerichte. Sie umfasst drei Entscheidungen des Arbeitsgerichts Hamburg und vier Entscheidungen des Landesarbeitsgerichts Hamburg, welche nach der vorstehenden Methode dargestellt werden. Dran schließt sich die Erläuterung je einer Entscheidung des „Sozialen Ehrengerichts Nordmark“ und des „Tarifschiedsgerichts für die deutschen Seeschiffahrt“ an und wird mit den Ergebnissen, die zur Arbeitsgerichtsbarkeit gewonnen wurden, verglichen. Abschließend werden in einem dritten Teil die einzelnen Erträge zusammengefasst und die eingangs aufgestellten Fragen und Thesen beantwortet.

81 Vgl. dazu Tilman Repgen, Der Müller Arnold und die Unabhängigkeit des Richters im friderizianischen Preußen, in: Fälle aus der Rechtsgeschichte, hrsg. v. Ulrich Falk/Michele Luminati/Matthias Schmoeckel, München 2008, Fn. 113.

2. Teil: Querschnitt durch die arbeitsrechtliche Rechtsprechung Hamburgs

Im Folgenden sollen die oben aufgeworfenen Fragen für die Rechtsprechung des Hamburger Arbeitsgerichts und des Landesarbeitsgerichts sowie des Tarifschiedsgerichts für die deutsche Seeschiffahrt und des „Sozialen Ehrengerichts" Nordmark analysiert werden.

A. Rechtsprechung des Arbeitsgerichts Hamburg

I. „In den Mantel scharfer Kalkulation gehüllt" - Urteil des Arbeitsgerichts Hamburg vom 8. März 1934 (Arb. Nr. 5087-5089/34)[82]

1. Sachverhalt

Das Arbeitsgericht Hamburg hatte im März 1934 über folgenden Fall zu entscheiden:[83]

Drei Kellner waren im Gewerbebetrieb des Beklagten gegen 10% des Umsatzes, sog. Bedienungsgeld, bei einem Tarif-Garantie-Monatslohn von 151 RM beschäftigt. Dass ihnen der 10%ige Bedienzuschlag zustand, ergab sich aus dem Lohntarif.[84] Für den Zeitraum vom 1.12.1932 bis zum 10.2.1934 hatte der Arbeitgeber den Kellnern im Durchschnitt jedoch lediglich 9,2% statt 10% ihres Umsatzes ausgekehrt. Darüber hinaus mussten die Kellner, trotz gegenteiliger Abmachung im Tarifvertrag, die spezielle Bekleidung für zwei besondere Anlässe im Winter 1931/32 und 1932/33 selbst bezahlen. Schließlich hatte einer der Kellner dem Beklagten aufgrund eines „Verpflichtungsscheins" 93 RM, trotz entgegenstehendem Gerichtsurteil, gezahlt. Dieser Betrag war die Hälfte einer von einem anderen Kellner begangenen Unterschlagung. Die drei Kellner for-

82 ARS Bd. 23, ArbG S. 119 ff.

83 Sachverhaltsdarstellung dem Urt. v. 8. März 1934, Arb. Nr. 5087-5089/34, ARS Bd. 23, ArbG S. 119 ff. entnommen.

84 Dieser Anspruch ergab sich aus Teil B des Tarifvertrages, dem Lohntarif, abgedruckt in „Norddeutscher Gastwirt" 1933, Nr. 8.

derten nun die entsprechenden Beträge und die Lohndifferenz vom Beklagten zurück.

Der Beklagte beantragte Klageabweisung, bestritt jedoch nicht die Höhe der einzelnen Beträge. Stattdessen berief er sich darauf, dass alle Kellner, indem sie die 9,2%-Preisliste stillschweigend billigten, auf den Differenzbetrag verzichtet bzw. ihren Anspruch verwirkt hätten. Die Lohnforderungen der Kellner seien nach § 5 Ziff. 5 des Tarifs ausgeschlossen gewesen. Letzteres habe auch für die Forderung auf Ersatz der Kosten für die Bekleidung gelten sollen. Ferner erwiderte der Beklagte, dass der eine Kellner die Verpflichtung, 93 RM zu zahlen, freiwillig übernommen habe, daher den Betrag nicht zurückfordern könne und darüber hinaus diese Rückforderung schon verjährt sei.

Das „Eingreifen" der Deutschen Arbeitsfront (DAF) führte wohl dazu, dass die Kellner ihre Forderungen gegen den Arbeitgeber gerichtlich geltend machten.[85]

2. Besprechung

Die Richter des Hamburger Arbeitsgerichts hatten hier also zunächst die Frage zu klären, ob die Kellner wirksam auf den ihnen zustehenden Tariflohn verzichtet oder einen Anspruch darauf verwirkt hatten. Nicht umstritten war die Frage, ob allen drei Kellnern der 10%ige Bedienzuschlag zustand. Weiterhin war jedoch fraglich, wer die Kosten für die spezielle Arbeitskleidung zu tragen hatte und ob die Geltendmachung dieses Anspruchs durch die Kläger möglicherweise ausgeschlossen war. Schließlich war zu prüfen, ob der eine Kellner seinen Rückzahlungsanspruch auf die 93 RM zu Recht geltend gemacht hatte.

Das Arbeitsgericht Hamburg legte seiner Entscheidung über die vorliegenden Streitpunkte den „Rahmentarifvertrag für das Gastwirtsgewerbe der Städte Hamburg, Altona und Wandsbek" zugrunde.[86] Für den umstrittenen Zeitraum galten zwei Rahmentarifverträge. Der zweite galt ab dem 1. Februar 1933. Er setzte den ersten Rahmentarifvertrag in leicht modifizierter Form fort und wurde am 1. Juni 1933 für allgemeinverbindlich erklärt.[87]

85 ARS Bd. 23, ArbG S. 119, 123.

86 ARS Bd. 23, ArbG S. 119, 121.

87 Hanseatische Gastwirtszeitung 1933, Nr. 4 S. 1, Nr. 5 S. 3; Reichsarbeitsblatt VI 1933, Nr. 18, S. 169 (Allgemeinverbindlichkeitserklärung).

a) Preisliste

Fraglich war, ob die Kellner, indem sie lediglich 9,2% vom Umsatz als Lohn annahmen, auf den ihnen tariflich zustehenden Lohn in Höhe von 10% des Umsatzes wirksam verzichtet hatten.

(1) Tariflohnverzicht

Unter einem Tariflohnverzicht verstand man einen Vertrag zwischen Arbeitgeber und Arbeitnehmer, gerichtet auf den Erlass des tariflich zustehenden Gehalts.[88] Der Verzicht auf den Tariflohn war danach keine einseitige Erklärung von Seiten des Arbeitnehmers, sondern ein Vertrag über den Erlass einer Schuld nach § 397 BGB.[89]

In der Zeit der Weimarer Republik war höchst umstritten, ob ein Tariflohnverzicht überhaupt möglich war.[90] Zum einen sollte jeder frei über den zustehenden Lohn verfügen dürfen. Andererseits war das Unabdingbarkeitsprinzip[91] in § 1 TVVO[92] normiert. Rechtsprechung und Literatur waren sich allerdings darüber einig, dass ein Verzicht auf zukünftigen Lohn aufgrund der Unabdingbarkeit des § 1 TVVO nicht wirksam war.[93] Das RAG führte dazu aus:[94]

---

88 Kuno Bender, Verwirkung tariflich begründeter Lohnansprüche unter Berücksichtigung des Tariflohnverzichts, Frankfurt a.M. 1933, S. 9 f.

89 Arthur Nikisch, Der Tariflohnverzicht nach altem und neuem Arbeitsrecht, in: Zeitschrift der Akademie für Deutsches Recht (ZAfDR) 1935, S. 924, 925.

90 Alfred Hueck, Deutsches Arbeitsrecht – Ein Grundriss, Berlin 1938, S. 165; Bender, Tariflohnverzicht (wie Fn. 88), S. 7; Paul Peter Amon, Die Untersuchung des Tariflohnverzichts unter dem Gesichtspunkt der ungerechtfertigten Bereicherung und des Abänderungsvertrags, Gießen 1934, S. 3; Bernhard Wehner, Die Einwirkung des Gesetzes zur Ordnung der nationalen Arbeit auf die Frage des Tariflohnverzichts, Düren 1936, S. 6 f.; Heinz Speier, Der Rechtsgrund des sog. Tariflohnverzichts, Köln 1933, S. 7; Karl Hagemann, Der nachträgliche Verzicht auf Tariflohn und das Urteil des Reichsarbeitsgerichts vom 30. März 1935, in: Deutsches Arbeitsrecht (Dt. ArbR) 1935, S. 254; Rudolf Joerges, Tariflohnverzicht und Tarifordnungssinn, Dt. ArbR 1935, S. 256 f.

91 Das Prinzip der Unabdingbarkeit besagte, dass der Inhalt der Tarifverträge nach § 1 TVVO von den Parteien des Arbeitsvertrages nicht ausgeschlossen werden konnte.

92 Tarifvertragsverordnung, RGBl. 1928 I, S. 47.

93 RAG Urt. v. 27. Nov. 1929, RAG 293/29, Bensh. Samml. Bd. 7, S. 464 ff.; RAG Urt. vom 1. Dez. 1928, RAG 215/28, Bensh. Samml. Bd. 4, S. 375 f.; Alfred Hueck, Das Recht des Tarifvertrages unter besonderer Berücksichtigung der Verordnung vom 23. Dezember 1918, Berlin 1920, S. 116; Speier, Tariflohnverzicht (wie Fn. 90), S. 7; Bender, Tariflohnverzicht (wie Fn. 88), S. 8.

94 RAG Urt. v. 4. Jan. 1928, RAG 58/27, Bensh. Samml. Bd. 2, S. 1, 6.

„Daß ein Verzicht auf den Tariflohn für die Zukunft unwirksam sein würde, bedarf keiner weiteren Ausführung; denn ein solcher Verzichtsvertrag würde eine Abänderung des Arbeitsvertrages bedeuten."

Ein Teil des Schrifttums vertrat die Ansicht, dass jeder Tariflohnverzicht ein Abänderungsvertrag sei.[95] Danach sollte es keinen Unterschied machen, ob der Abänderungsvertrag für die Vergangenheit oder die Zukunft vereinbart wurde, weil § 1 TVVO bestimmte, dass Arbeitsverträge unwirksam waren, sobald sie von den Tarifbestimmungen abwichen.[96] Alle Vereinbarungen arbeitsrechtlicher Art sollten nach dieser Auffassung dem Unabdingbarkeitsprinzip unterstehen.[97]

Nach der Rechtsprechung des RAG und der herrschenden Meinung in der Literatur der Weimarer Zeit war der Verzicht auf Tariflohn für die Vergangenheit, während des bestehenden Arbeitsverhältnisses und nach seiner Beendigung allerdings nicht ausgeschlossen (sog. Verzichtstheorie).[98] Als Begründung führte

95 Amon, Tariflohnverzicht (wie Fn. 90), S. 45, 84 f.; Hans Carl Nipperdey, Das kollektive Arbeitsrecht, in: Hueck/Nipperdey, Lehrbuch des Arbeitsrechts II, 3. bis 5. Aufl., Mannheim/Berlin/Leipzig 1932, § 24, S. 278, 281 ff.; Fritz Hirschfeld, Der „Tariflohnverzicht" und sein Rechtsgrund, Neue Zeitschrift für Arbeitsrecht (NZA) 1933, Sp. 192 ff.

96 Hirschfeld, NZA 1933 (wie Fn. 95), Sp. 194 f.; Heinz Potthoff, Zum Inhalte des Normenzwanges, Juristische Wochenschrift (JW) 1930, S. 3073; Nipperdey (zit. nach Nikisch, ZAkDR 1935 (wie Fn. 89), S. 924, 925) vertrat jedoch, dass nach Beendigung des Arbeitsverhältnisses ein Verzicht auf den Tariflohn möglich sein sollte.

97 Nipperdey, in: Hueck/Nipperdey, Lehrbuch des Arbeitsrechts II (wie Fn. 95), § 24, S. 278, 281 ff.

98 Unter anderem: RAG (wie Fn. 94) Bensh. Samml. Bd. 2, S. 1 ff.; RAG Urt. v. 1. Feb. 1928, RAG 47/27, Bensh. Samml. Bd. 2, S. 12 ff.; RAG Urt. v. 15. Feb. 1928, RAG 59/27, Bensh. Samml. Bd. 2, S. 85 ff. (wonach der Verzicht sogar stillschweigend erfolgen konnte); RAG Urt. v. 21. März 1928, RAG 101/27, Bensh. Samml. Bd. 2, S. 254 ff.; RAG Urt. v. 13. Juni 1928, RAG 28/28, Bensh. Samml. Bd. 3, S. 37 f.; RAG Urt. v. 27. Juni 1928, RAG 56/28, Bensh. Samml. Bd. 3, S. 125 ff.; RAG (wie Fn. 93) Bensh. Samml. Bd. 4, S. 375, 376; RAG Urt. v. 23. Jan. 1929, RAG 332/28, Bensh. Samml. Bd. 5, S. 108 ff. (mit Anmerkungen von Nipperdey); RAG Urt. v. 13. März 1929, RAG 467/28, Bensh. Samml. Bd. 5, S. 456 ff.; RAG Urt. v. 13. März 1929, RAG 460/28, Bensh. Samml. Bd. 6, S. 75 ff.; RAG Urt. v. 13. Apr. 1929, RAG 523/28, Bensh. Samml. Bd. 6, S. 130 ff.; RAG Urt. v. 3. Juli 1929, RAG 629/28, Bensh. Samml. Bd. 6, S. 455 ff.; RAG Urt. v. 19. Okt. 1929, RAG 168/29, Bensh. Samml. Bd. 7 S. 219 ff.; RAG (wie Fn. 93) Bensh. Samml. Bd. 7, S. 464 ff.; RAG Urt. v. 22. Jan. 1930, RAG 347/29, Bensh. Samml. Bd. 8, S. 115 ff.; RAG Urt. v. 22. März 1930, RAG 492/29, Bensh. Samml. Bd. 8, S. 468 ff.; Hueck, Tarifvertrag (wie Fn. 93), S. 115 f.; weitere

die herrschende Lehre an, dass § 1 TVVO nur den Abschluss eines Arbeitsvertrages über tarifgemäßen Lohn, nicht aber auch zugleich seine Durchführung gewährleisten wolle.[99] Der Arbeitnehmer solle nach freiem Willen über bereits entstandene Rechte wirksam verfügen und damit auch verzichten können.[98] Das RAG erörterte zu dieser Streitfrage in einer Entscheidung, in der ein Bankangestellter Lohn nachforderte, folgendes:[100]

> „Sollte die Verfügungsberechtigung des Arbeitnehmers über den ihm erwachsenen Lohnanspruch in diesem außergewöhnlichen Ausmaße ausgeschlossen werden, so hätte es hierzu angesichts der bisherigen Rechtslage eines besonderen Ausspruches des Gesetzes bedurft; es erscheint nicht angängig, aus der in § 1 TarifVO bestimmten Unabdingbarkeit der Tarifverträge ohne eine ausdrückliche Bestimmung des Gesetzes eine so weitgehende Folgerung zu ziehen. [...] Ein Verzicht für bereits erworbene Lohnansprüche ist aber auch bei der Geltung eines Tarifvertrages grundsätzlich für zulässig und rechtswirksam zu erachten."

Dieser Verzicht war nach Ansicht des RAG nicht nur ausdrücklich, sondern auch durch stillschweigende Entgegennahme des niedrigeren Lohnes möglich:[101]

> „Der Verzicht kann nicht nur mit ausdrücklichen Worten, sondern auch stillschweigend erklärt werden, d. h. aus einem Verhalten des Anspruchsberechtigten sich ergeben, das der Verpflichtete nach Treu und Glauben als Kundgebung eines Verzichtswillens auffassen kann und darf, ..."

Die Arbeitsgerichte prüften in derartigen Fällen sehr genau, ob tatsächlich ein Verzicht auf den Tariflohn nicht von vornherein vorlag oder es an dem tatsächlichen Verzichtswillen aufgrund irgendeines Druckes (sog. Theorie vom „wirtschaftlichen Druck" oder auch Drucktheorie genannt[102]) und damit ein wirksamer Erlassvertrag gem. § 397 BGB fehlte.[103]

Nachweise bei Bender, Tariflohnverzicht (wie Fn. 88), S. 14 ff. und bei Nipperdey, in: Hueck/Nipperdey, Lehrbuch des Arbeitsrechts II (wie Fn. 95), § 24, S. 268, Fn. 4.

99 Hueck, Tarifvertrag (wie Fn. 93), S. 115 f.; ders., Arbeitsrecht (wie Fn. 90), S. 165; Bender, Tariflohnverzicht (wie Fn. 88); weitere Nachweise bei Nipperdey, in: Hueck/Nipperdey, Lehrbuch des Arbeitsrechts II (wie Fn. 95), § 24, S. 268, Fn. 4.

100 RAG (wie Fn. 94) Bensh. Samml. Bd. 2, S. 1, 6.

101 RAG (wie Fn. 94) Bensh. Samml. Bd. 2, S. 1, 6.

102 Nach RAG vom 26. Sept.1928, RAG 180/28, Bensh. Samml. Bd. 4, S. 118 ff. lag ein wirtschaftlicher Druck dann vor, wenn der Arbeitnehmer Nachteile für sich befürchtet oder nach RAG (wie Fn. 93) Bensh. Samml. Bd. 4, S. 375 f. lag der wirtschaftliche Druck in „dem Einfluß der Vorstellung, sonst sich der Gefahr der Kündigung durch die Beklagte auszusetzen".

103 Bspw. RAG Urt. v. 1. Febr. 1930, RAG 374/29, Bensh. Samml. Bd. 8, S. 235 ff. und RAG (wie Fn. 98) Bensh. Samml. Bd. 8, S. 498 – wenn der Arbeitnehmer den Tarifvertrag und damit das zu verzichtende Recht nicht kannte, konnte er nicht wirksam ver-

So erläuterte das RAG:[104]

> „... und es wird stets einer vorsichtigen Prüfung durch den Tatrichter bedürfen, ob in der widerspruchslosen Annahme des vereinbarten untertariflichen Lohnes schon der Ausdruck eines Verzichts gefunden werden kann, da unter Umständen ein wirtschaftlicher Druck, unter dem der Arbeitnehmer steht, für sein Verhalten bestimmend sein wird, während, für den Anspruchsschuldner erkennbar, ein Wille, auf rechtlich begründete Ansprüche zu verzichten, nicht vorliegt."

Nach der Machtergreifung der Nationalsozialisten änderte sich die herrschende Ansicht dahingehend, dass Rechtsprechung und Schrifttum grundsätzlich jeden Verzicht des Arbeitnehmers ablehnten.[105] Als Argumente gegen die frühere Verzichtstheorie führte das Schrifttum die neue Rechtsverbindlichkeit der von den „Treuhändern der Arbeit" festgesetzten Tarifnormen als Mindestbedingungen an (§ 32 Abs. 2 AOG).[106] Weitere Argumente gegen die Verzichtstheorie waren unter anderem, dass nach § 19 Abs. 1 Nr. 6 AOG die Durchfüh-

---

zichten; RAG Urt. v. 26. Sept. 1928, RAG 85/28, Bensh. Samml. Bd. 4, S. 108, 111 f. - wo die vorbehaltlose Annahme des geringeren Gehalts nicht als Verzicht aufgefasst werden konnte (mit Anmerkungen von Hueck); zur „Drucktheorie vgl. auch RAG (wie Fn. 94) Bensh. Samml. Bd. 2, S. 1 ff.; RAG (wie Fn. 98) Bensh. Samml. Bd. 2, S. 12 ff. RAG (wie Fn. 98) Bensh. Samml. Bd. 2, 85 ff. (wonach der Verzicht sogar stillschweigend erfolgen konnte); RAG (wie Fn. 98) Bensh. Samml. Bd. 2, 254 ff; RAG (wie Fn. 98) Bensh. Samml. Bd. 3, S. 37 f.; RAG (wie Fn. 98) Bensh. Samml. Bd. 3, S. 125 ff.; RAG (wie Fn. 93) Bensh. Samml. Bd. 4, S. 375, 376; RAG (wie Fn. 98) Bensh. Samml. Bd. 5, S. 108 ff. (mit Anmerkungen von Nipperdey), RAG (wie Fn. 98) Bensh. Samml. Bd. 5, S. 456 ff.; RAG (wie Fn. 98) Bensh. Samml. Bd. 6, S. 75 ff.; RAG (wie Fn. 98) Bensh. Samml. Bd. 6, S. 130 ff.; RAG (wie Fn. 98) Bensh. Samml. Bd. 6, S. 455 ff.; RAG (wie Fn. 98) Bensh. Samml. Bd. 7, S. 219 ff.; RAG (wie Fn. 98) Bensh. Samml. Bd. 7, S. 464 ff.; RAG (wie Fn. 98) Bensh. Samml. Bd. 8, S. 115 ff.; RAG (wie Fn. 98) Bensh. Samml. Bd. 8, S. 468 ff.; sowie Bender, Tariflohnverzicht (wie Fn. 88), S. 8 f.; Speier, Tariflohnverzicht (wie Fn. 90), S. 7 f.; Hueck, Tarifvertrag (wie Fn. 93), S. 116 f.

104 RAG (wie Fn. 94) Bensh. Samml. Bd. 2, S. 1, 6.

105 Hermann Lippert, Der Treuhänder der Arbeit, seine Stellung und seine Aufgaben, Erlangen 1935, S. 53; Karl Wiesel, Der Treuhänder der Arbeit als Organ der neuen Sozialordnung, Weimar 1936, S. 23; Nikisch, ZAkDR 1935, S. 924, 926 ff. mit weiteren Hinweisen zu Rechtsprechung und Literatur.

106 Alfred Hueck/Hans Carl Nipperdey/Rolf Dietz, Gesetz zur Ordnung der nationalen Arbeit mit sämtlichen Durchführungsverordnungen, dem Gesetz zur Ordnung der Arbeit in öffentlichen Verwaltungen und Betrieben mit seinen Durchführungsverordnungen und den neuen Arbeitszeitbestimmungen. Kommentar, München/Berlin 1934, § 32 RN 211; Lippert, Treuhänder der Arbeit (wie Fn. 105) S. 53; Nikisch, ZAkDR 1935, S. 924, 926; Karl Hagemann, Der Tariflohnverzicht und das Gesetz zur Ordnung der nationalen Arbeit, in: Dt. ArbR 1935, S. 42.

rung und Überwachung der Tarifordnungen den Treuhändern der Arbeit als Staatsbeamten übertragen war und der Staat die Schutzbestimmungen zugunsten der Arbeiter überwachen sollte sowie darin, dass § 22 AOG Strafen für die Zuwiderhandlung gegen Anordnungen der Treuhänder vorsah, da es sich dabei um einen Verstoß gegen ein gesetzliches Verbot handelte.[107]

Mit Urteil vom 13. Juli 1935[108] hatte schließlich auch das RAG ausdrücklich entschieden, dass der Tariflohnverzicht für die Zeit des Bestehens des Arbeitsverhältnisses unwirksam, bzw. ein entsprechender Erlassvertrag unzulässig war. Danach war „die Festsetzung der Löhne [...] nicht mehr Gegenstand von Machtkämpfen der Tarifvertragsparteien, sondern Gegenstand der Erwägung und Betreuung durch eine übergeordnete staatliche Stelle“[109]. Das RAG führte weiterhin aus:[110]

> „Sind danach Erlaßverträge über solche Tariflohnteile im Gegensatz zum bisherigen Recht rechtsunwirksam, und, sofern sie allgemeinen schriftlichen Anordnungen des Treuhänders in Tarifordnungen zuwiderlaufen, die sie als Umgehung festgesetzter Mindestlohnforderungen unter Strafandrohung (§ 22 AOG) verbieten, als gesetzlich verboten nichtig (§ 134 BGB), ...“

Dass das entscheidende Urteil des Reichsarbeitsgerichts erst im Juli 1935 ergangen ist, spielt für den Ausgangsfall keine Rolle, da das Arbeitsgericht Hamburg schon am 8. März 1934 urteilte. Tatsächlich schien es nach dessen Ansicht so gewesen zu sein, dass alle Kellner gegen die Preisliste des Beklagten protestiert und damit nicht auf ihren Lohnanspruch verzichtet hatten:[111]

> „... das schlüssige Vorbringen der Kl., sie hätten sofort gegen den Preiskurant protestiert, spricht eindeutig gegen die Einwendung des Bekl. und ist von ihm nicht entkräftet worden. Die Kl. haben durch den Hinweis auf den unzureichenden Bedienungsaufschlag in der Preisliste vom 1.12.32 ihre Ansprüche auf noch ausstehenden Tariflohn hinreichend geltend gemacht.“

---

107 Kurt Ganser, Die Tarifordnung nach dem Gesetz zur Ordnung der nationalen Arbeit, Köln 1935, S. 32 f.; Hueck/Nipperdey/Dietz, AOG (wie Fn. 106), § 32 RN 214; Hueck, Arbeitsrecht (wie Fn. 90), S. 165; Nikisch, ZAkDR 1935, S. 924, 926; Otto Vielhaber, Der Tariflohnverzicht unter der Herrschaft des AOG, in: Dt. ArbR 1935, S. 200; a.A.: nach August Dänzer-Vanotti, Der Tariflohnverzicht nach dem Arbeitsordnungsgesetz, in: Dt. ArbR 1935, S. 251 ff., war aus dem AOG kein Verbot des Tariflohnverzichts zu ersehen und ein solches auch nicht praktikabel.

108 RAG Urt. vom 13. Juli 1935, RAG 16/35, ARS Bd. 24, S. 93 ff.

109 RAG (wie Fn. 108), ARS Bd. 24, S. 93, 95.

110 RAG (wie Fn. 108), ARS Bd. 24, S. 93, 96.

111 Aus den Gründen des Urteils ARS Bd. 23, ArbG S. 119, 121.

Demzufolge hatte keiner der Kellner auf den ihm zustehenden Tariflohn iHv. 10% des verdienten Umsatzes sowohl vor als auch nach 1933 wirksam verzichtet. Eine ausdrückliche oder konkludente Willenserklärung zum Abschluss eines Erlassvertrages lag nach Ansicht der Richter nicht vor. Der Beklagte sei diesen Beweis schuldig geblieben.

(2) Verwirkung und Ausschluss

Allerdings blieb noch offen, ob die Kellner ihren Anspruch auf die Differenz des gezahlten und des tariflich zustehenden Lohnes verwirkt hatten oder die Geltendmachung ihrer Ansprüche aus anderen Gründen ausgeschlossen war. Das urteilende Arbeitsgericht führte dazu im zweiten Leitsatz der Entscheidung aus:[112]

> „Bei einer in den Mantel scharfer Kalkulation gehüllten, offensichtlich bewußten und schematischen Tarifunterschreitung kann sich der ArbG nicht auf Verwirkung oder eine Ausschlußfrist berufen."

Die Verwirkung solcher Ansprüche war allerdings nicht ausgeschlossen.[113] Sie lag dann vor, wenn der Berechtigte seinen Anspruch nicht innerhalb einer im Einzelfall zu prüfenden angemessenen Frist[114] geltend gemacht und der Verpflichtete sich auf die Nichtgeltendmachung dieses Rechts eingerichtet hatte und einrichten durfte.[115]

Diese Auffassung erfuhr nach der Machtergreifung der Nationalsozialisten keine grundlegende Änderung und bestand nach wie vor.[116] Sie nahm eine Verwirkung dann an, wenn der Beschäftigte „gegen die sich aus der Betriebsgemeinschaft ergebende Pflicht zur gegenseitigen Rücksichtnahme und gegen die

---

112 ARS Bd. 23, ArbG S. 119.

113 Bender, Tariflohnverzicht (wie Fn. 88), S. 8.

114 Eine einheitliche Linie bei der Bemessung dieser Verwirkungsfrist lässt sich nicht erkennen. Nachweise dazu bei Nipperdey, in: Hueck/Nipperdey, Lehrbuch des Arbeitsrechts II (wie Fn. 95), § 24, S. 286 f.

115 Nipperdey, in: Hueck/Nipperdey, Lehrbuch des Arbeitsrechts II (wie Fn. 95), § 24, S. 286 f.; Bender, Tariflohnverzicht (wie Fn. 88), S. 29 ff.

116 Hueck/Nipperdey/Dietz, AOG (1934) (wie Fn. 106), § 32 RN 218; Joerges, Dt. ArbR 1935, S. 256, 257; Ganser, Tarifordnung (wie Fn. 106), S. 33; Wolfgang Siebert, Verwirkung und Unzulässigkeit der Rechtsausübung. Ein rechtsvergleichender Beitrag zur Lehre von den Schranken der privaten Rechte und zur exceptio doli (§§ 226, 242, 826 BGB) unter besondere Berücksichtigung des gewerblichen Rechtsschutzes (§ 1 UWG), Marburg 1934, S. 241 f.

Treuepflicht“ verstieß.[117] Als gesetzliche Grundlage sollte der Verwirkung § 242 BGB dienen.[118] Damit die Verwirkung nicht zu einer Durchbrechung des Unabdingbarkeitsprinzips führte, war sie an strenge Anforderungen geknüpft.[119] Das LAG Hamburg sagte in einer späteren Entscheidung vom 7. Januar 1937[120], in der der Kläger ein Jahr nach seinem Ausscheiden aus dem Betrieb als Volontär die Zahlung des Tariflohns für ein festes Anstellungsverhältnis begehrte, dass der Rechtsgedanke der Verwirkung von Tariflohnansprüchen nur mit „größter Vorsicht“ anzuwenden sei. Was unter diesen eher nebulösen Formulierungen zu verstehen ist, erfährt dadurch Aufhellung, dass hierbei der Rechtsgedanke Treu und Glauben des § 242 BGB fruchtbar gemacht und die Geltendmachung eines Anspruches als unzulässige Rechtsausübung bezeichnet wurde.[121]

Laut Sachverhaltsangaben machten alle drei Kellner ihre Ansprüche immer wieder geltend und hatten damit auch nicht gegen ihre Treuepflicht dem Arbeitgeber gegenüber verstoßen.[122] Der Beklagte hätte sich demnach also zu Unrecht auf die Verwirkung des Tariflohns berufen.[123]

Das Arbeitsgericht Hamburg ging allerdings auf die Voraussetzungen von Verwirkung und Ausschluss möglicher Rechte gar nicht ein, sondern brachte gegen diese Einwände des Arbeitgebers die Einrede der Arglist seitens der Arbeitnehmer ins Spiel:[124]

> „Es würde auf das gröbste Treu und Glauben widerstreiten, wollte man dem Bekl. zubilligen, daß er sich angesichts dieses kunstvoll praktizierten Tarifverstoßes auf eine Verwirkung oder Ausschluß der Rechte mit Erfolg sollte berufen können. Gegen einen derartigen Einwand des Bekl. können die Kl. mit Erfolg die Einrede der Arglist entgegensetzen; denn es ist arglistig, mit der Macht des Stärkeren unter Ausnutzung der Ar-

---

117 Hueck/Nipperdey/Dietz, AOG (1934) (wie Fn. 106), § 32 RN 221; Hueck, Arbeitsrecht (wie Fn. 90), S. 166.

118 Siebert, Verwirkung und Unzulässigkeit der Rechtsausübung (wie Fn. 115), S. 239.

119 Hueck, Arbeitsrecht (wie Fn. 90), S. 166; RAG Urt. v. 7. Dez. 1935, RAG 134/35, ARS Bd. 26, S. 34 ff.; RAG Urt. v. 11. März 1936, RAG 308/35, ARS Bd. 27, S. 83 ff.

120 LAG Hamburg Urt. v. 7. Jan. 1937, 19 Sa 111/36, ARS Bd. 29, LAG S. 97 ff.; DAF-Entscheidungssammlung 1937, S. 153 ff.

121 Vgl. RAG Urt. v. 5. Okt. 1938, RAG 86/38, ARS Bd. 34, S. 147, 149 f.; LAG Hamburg (wie Fn. 120), ARS Bd. 29, S. 97, 100; zur unbegrenzten Auslegung von Generalklauseln wie § 242 BGB vgl. Bernd Rüthers, Die unbegrenzte Auslegung, Tübingen 2005; zu § 242 BGB vgl. Hans-Peter Haferkamp, Die heutige Rechtsmißbrauchslehre – Ergebnis nationalsozialistischen Rechtsdenkens?, Berlin 1995.

122 ARS Bd. 23, ArbG S. 119, 121.

123 ARS Bd. 23, ArbG S. 119, 120.

124 ARS Bd. 23, ArbG S. 119, 122.

beitsmarktlage den Tarif bewußt zu unterschreiten und dann der berechtigten Nachforderung der ArbN entgegenzuhalten, sie hätten es sich ja stillschweigend gefallen lassen."

Ohne die oben erwähnten Kriterien für das Vorliegen einer Verwirkung zu problematisieren, hielten die Arbeitsrichter danach eine Verwirkung der Ansprüche der Kellner nach § 242 BGB für gegeben und blockierten diesen Einwand des Arbeitgebers aber wiederum mit der Einrede der Arglist nach § 242 BGB seitens der Kellner.

Das Arbeitsgericht Hamburg sprach hier außerdem an, dass sich neben den erörterten allgemeinen Verwirkungsregeln in § 5 Abs. 5 des Tarifvertrages eine Ausschlussklausel bezüglich der Geltendmachung von Ansprüchen aus dem Tarifvertrag fand. Danach mussten „Forderungen an tariflichem Lohn und Prozenten" innerhalb eines Jahres nach Fälligwerden geltend gemacht werden.[125] Das Gericht tat dazu neben dem oben angeführten Zitat allerdings schlicht kund:[126]

> „Auch die Berufung auf § 5 des Tarifes mit seiner Ausschlußfrist schlägt nicht durch."

Es berief sich auch hier wieder auf die Einrede der Arglist nach § 242 BGB seitens der Kellner gegen die Anwendung der tarifrechtlich geregelten Ausschlussfrist zugunsten des Arbeitgebers.[127]

Das Reichsarbeitsgericht erörterte allerdings zu einer solchen Ausschlussklausel bezüglich der Geltendmachung von Ansprüchen innerhalb bestimmter Monate in einer Entscheidung vom 24. Januar 1934:[128]

> „Eine derartige Verwirkungs- oder Ausschlußklausel gehört nach feststehender Rechtspr. zu dem normativen Inhalt eines TV (RAG. Entsch. Bd. 9 S. 64, Bd. 12 S. 81). Sich auf eine solche Klausel zu berufen, ist nicht minder das gute Recht des ArbG, wie es das Recht des ArbN ist, sich auf die Lohnfestsetzungen des TV zu berufen. Rechtsirrig ist daher die Meinung des BerR., daß die Bekl. arglistig handle, wenn sie sich auf die Ausschlußklausel berufe. [...] Demzufolge kann die Kl. im Ergebnis Nachzahlung des untertarifl. Lohnes nur für die Zeit fordern, die nicht gemäß der Ausschlußklausel verwirkt ist; mit weitergehenden Ansprüchen wird sie abzuweisen sein."

Es wäre also nach Ansicht des Reichsarbeitsgerichts keineswegs arglistig gewesen, wenn sich der beklagte Arbeitgeber auf eine Ausschlussklausel aus

125 Hanseatische Gastwirtszeitung 1933, Nr. 4 S. 1 Sp. 2.
126 ARS Bd. 23, ArbG S. 119, 121.
127 ARS Bd. 23, ArbG S. 119, 122.
128 RAG Urt. v. 24. Jan. 1934, RAG 294/33, ARS Bd. 20, S. 119 f.

dem Tarifvertrag berief und stellte keinen Verstoß gegen Treu und Glauben dar.[129] Diese Ansicht vertrat das Reichsarbeitsgericht auch schon in seiner früheren Rechtsprechung.[130] Gleiches galt für die damalige Literatur, wonach ebenfalls kein Verstoß gegen das Unabdingbarkeitsprinzip oder § 138 BGB vorliegen sollte, wenn die Tarifordnung eine solche Verwirkungs- oder Ausschlussklausel enthielt.[131]

Demzufolge wäre die Geltendmachung der Differenzbeträge für die Zeit, welche nach § 5 Abs. 5 des Tarifvertrages ausgeschlossen war, nicht mehr möglich gewesen. Vom Ausschluss betroffen waren also alle tariflichen Lohnforderungen, die länger als ein Jahr seit Klageerhebung zurücklagen. Die drei Kellner hätten ihre Ansprüche nur noch für die nicht von der Ausschlussfrist betroffenen zwölf Monate erheben können. Die Einrede der Arglist nach § 242 BGB wäre danach wirkungslos.

Das Hamburger Arbeitsgericht sah diesen Punkt jedoch anders. Es meinte schlicht, dass „auch die Berufung auf § 5 des Tarifes mit seiner Ausschlußfrist […] nicht“ durchschlüge. Als Begründung für seine Ansicht führte das Gericht § 3 Ziff. 2 des Tarifvertrages an, wonach „andere als die gesetzlichen Abzüge vom Lohn der Arbeitnehmer“ unzulässig waren. Die weitergehende Erklärung, warum der beklagte Arbeitgeber sich hier nicht auf die Ausschlussklausel des Tarifvertrages berufen konnte, sollte in der Arglisteinrede nach § 242 BGB liegen. Die Richter betonten, dass sich der Arbeitgeber als der Stärkere nicht auf seine Rechte aus der Tarifordnung solle berufen können, wenn er die tarifliche Lohnregelung unterschritt.[132] Das Reichsarbeitsgericht hingegen entschied in der gleichen Situation wiederholt, dass es sowohl das Recht des Arbeitgebers, wie auch des Arbeitnehmers sei, sich auf die tariflichen Regelungen zu berufen und daher gerade keine Arglist seitens des Arbeitgebers vorläge.[133] Die Mutmaßung

---

129 RAG (wie Fn. 128), ARS Bd. 20, RAG S. 120; Hans Carl Nipperdey, Urteilsanmerkung zu RAG Urt. v. 24. Jan. 1934, RAG 294/33, in: ARS Bd. 20, S. 120; vgl. auch LAG Darmstadt Urt. v. 16. Feb. 1934, LAG 3/34, ARS Bd. 20, LAG S. 92.

130 Vgl. dazu RAG Urt. v. 8. Juli 1931, RAG653/30, Bensh. Sammlg. Bd. 12, S. 536 ff.; RAG Urt. v. 19. Nov. 1932, RAG 258/32, Bensh. Sammlg. Bd. 17, RAG S. 3 ff.; RAG Urt. v. 22. März 1933, RAG 535/32, Bensh. Sammlg. Bd. 18, S. 99 ff.

131 Wiesel, Treuhänder der Arbeit (wie Fn. 105), S. 23 f.; Nipperdey, in: Hueck/Nipperdey, Lehrbuch des Arbeitsrechts II (wie Fn. 95), S. 86, Fn. 96 mwNw.

132 ARS Bd. 23, ArbG S. 119, 122.

133 RAG (wie Fn. 128), ARS Bd. 20, RAG S. 119 f.

liegt also nahe, dass es keine bessere juristische Erklärung für die Nichtanwendung der Ausschlussklausel des § 5 des Tarifvertrages gab.[134]

Das Gericht hob stattdessen die Kalkulationsgrundlage, auf der auch die Lohnberechnung der Kellner basierte, hervor und bediente sich metaphorischer Redewendungen sowie nebulöser Formulierungen, um seinem Standpunkt Ausdruck zu verleihen.[135] Dem beklagten Arbeitgeber warf das Gericht „eine in den Mantel scharfer Kalkulation sich hüllende offensichtliche und bewußte Tarifunterschreitung“ vor und schreckte auch nicht vor einer beschimpfenden Maßregelung zurück:[136]

> „Eine juristische Argumentation, die dem stattgäbe, würde sich dem Vorwurf volksfremder Spintisiererei aussetzen und eine Prämie auf Tarifunterschreitung und soziale Treulosigkeit bedeuten. Dazu bietet das Gericht seine Hand nicht. Der kläg. Anspruch auf Nachzahlung der Tarifdifferenz ist vollen Umfanges berechtigt. Wenn der Bekl. vorbringt, es wäre für ihn hart, auf einmal eine so große Summe nachzahlen zu müssen, so mag er sich vergegenwärtigen, daß er selbst an diesem Endergebnis die Schuld trägt, und daß die Nachzahlung noch die geringste Strafe für sein unsoziales, scharf zu mißbilligendes Verhalten darstellt.“

Die vom Gericht an dieser Stelle gebotene Argumentation mit „volksfremder Spintisiererei“ und „sozialer Treulosigkeit“ war aufgrund dessen eher fragwürdig. Die anzuwendenden Normen hätten bei konsequenter Anwendung zu einem anderen Ergebnis geführt, da sie auch keinen anderen Beurteilungsspielraum ließen. Auf die Rechtsprechung des RAG und anderer höherinstanzlicher Gerichte ging das Arbeitsgericht nicht ein. Der Einwand der Ausschlussfrist durch den beklagten Arbeitgeber wäre nach gängiger Rechtsprechung durchgeschlagen. Das Arbeitsgericht fand dieses Ergebnis allerdings offenbar unbillig und versuchte mit Hilfe des § 242 BGB ein nach seiner Ansicht gerechteres Ergebnis zu erzielen.

---

134 In der Anmerkung zu dem vorliegenden Urteil in: ARS Bd. 23, ArbG S. 123 betonte Nipperdey, dass „im neuen Arbeitsrecht nur eine enge Verwendung des Verwirkungsgedankens in Frage kommen“ könne. Das liefert aber auch keine Begründung für die Nichtanwendung der Ausschlussklausel. Nipperdey selbst schrieb, dass die vorliegende Entscheidung sehr weit gegangen sei und die gerichtliche Begründung nicht hinreichend erscheine.

135 ARS Bd. 23, ArbG S. 119, 121 f.

136 ARS Bd. 23, ArbG S. 119, 122.

b) Arbeitskleidung

Neben dem Streit um den Tariflohn, waren sich die Parteien über die Kostentragung für die Arbeitskleidung uneinig. Nach § 14 des Tarifvertrages müsste der Arbeitgeber, also der Beklagte, die spezielle Arbeitskleidung auf seine Kosten liefern.[137] Hier hatten die Kellner ihre Kleidung jedoch selbst gezahlt, bzw. die entsprechenden Kosten wurden von ihrem Lohn einbehalten. Das legte einen Anspruch auf Ersatz der Anschaffungskosten nahe. Der Beklagte berief sich hingegen wieder auf § 5 Ziff. 5 des Tarifvertrages. Danach mussten alle übrigen Forderungen, außer solche über tariflichen Lohn und Prozente, innerhalb von zwei Monaten nach Fälligwerden geltend gemacht werden.[138]

Das Arbeitsgericht entschied, dass der Beklagte alle bisherigen Kosten für die Arbeitskleidung voll und ganz zu tragen hatte und gab dem Anspruch der Kläger mithin statt:[139]

> „Auch hier konnte der Bekl. aus den oben angeführten Gründen nicht mit dem Einwand des Ausschlusses gehört werden."

Die erste Spezialkleidung musste vor dem Frühjahr 1932, die zweite vor dem Frühjahr 1933 beschafft worden sein. Allerdings sollten die Ansprüche nach § 5 des Tarifvertrages innerhalb von zwei Monaten geltend gemacht werden. Danach wären die Ansprüche der drei Kellner auf Ersatz für die Kosten für die Arbeitskleidung, da sie keine Lohnforderungen darstellten, ebenso ausgeschlossen wie die länger als zwölf Monate zurückliegenden Ansprüche auf die Differenzbeträge zwischen tatsächlich gezahltem und tariflich zustehendem Lohn.

Die Kosten für die Arbeitskleidung wurden allerdings vom Lohn einbehalten. Wie oben dargestellt, setzte die Ausschlussklausel für tarifliche Lohnforderungen die Geltendmachung der Ansprüche innerhalb eines Jahres voraus. Eine kläger- bzw. arbeitnehmerfreundliche Anwendung des § 5 Abs. 5 des Tarifvertrages könnte ergeben, dass hier keine sonstigen Forderungen, sondern wiederum Lohnforderungen geltend gemacht wurden. Danach hätten die Kläger (abhängig vom Zeitpunkt der Klageerhebung und dem Lohnabzug für die Dienstbekleidung) zumindest einen Anspruch auf Bezahlung der Arbeitsbekleidung, die für Feste im Winter 1932/33 angeschafft wurde.

137 ARS Bd. 23, ArbG S. 119, 122.

138 Hanseatische Gastwirtszeitung 1933, Nr. 4 S. 1.

139 ARS Bd. 23, ArbG S. 119, 122.

Festzuhalten bleibt hier, dass das Arbeitsgericht Hamburg bei seiner Entscheidungsbegründung keineswegs die einzelnen Ansprüche detailliert nachprüfte. In einem solchen Fall wäre es sehr wahrscheinlich wieder zu einem anderen Ergebnis gelangt.

c) Rückzahlungsanspruch

Schließlich hatte einer der Kellner eine Zahlung in Höhe von 93 RM aufgrund eines unterschriebenen Verpflichtungsschein vom 26. November 1932 getätigt, ohne zu der Zahlung verpflichtet gewesen zu sein.[140] Das Arbeitsgericht Hamburg entschied, dass der Kellner die Erklärung „nur unter dem Druck des Beklagten abgegeben" hatte:[141]

> „Diese Erklärung hat der Kl. gem. § 123 BGB wirksam angefochten. Die Erklärung ist auch schon infolge des erkennbar bestehenden wirtschaftlichen Druckes nichtig (RAG ArbRSamml. Bd. 11 S. 595). Der Kl. kann das völlig grundlos vom Bekl. einbehaltene Geld zurückfordern."

Die Entscheidung des RAG, welche das Arbeitsgericht Hamburg anführte[142], konnte jedoch bei Licht betrachtet nicht die Schlussfolgerung der Nichtigkeit der Erklärung aufgrund wirtschaftlichen Druckes des Kellners begründen. Bei der Entscheidung des RAG vom 18. April 1931[143] ging es um die Nichtigkeit einer Verzichtserklärung in Form einer Ausgleichsquittung und nicht um ein Versprechen, eine fremde Schuld zur Hälfte als eigene zu tilgen. Eine Verzichtserklärung, die unter wirtschaftlichem Druck abgegeben wurde, war danach unzulässig.[144] Die „Theorie vom wirtschaftlichen Druck" wurde vom RAG speziell für Verzichtserklärungen im Arbeitsrecht entwickelt und konnte nicht ohne weiteres auf andere Erklärungen angewendet werden.[145]

Ein einseitig verpflichtender Vertrag zwischen Versprechendem und Versprechensempfänger, durch den die Verpflichtung einer Leistung vom Versprechenden übernommen wurde, war ein Schuldversprechen im Sinne von § 780 BGB und damit etwas vollkommen anderes als eine Verzichtserklärung, bei der nach § 397 BGB dem anderen Vertragspartner eine Schuld erlassen wurde, sei

140 Aus den Sachverhaltsangaben ARS Bd. 23, ArbG S. 119 f.

141 ARS Bd. 23, ArbG S. 119, 122 f.

142 ARS Bd. 23, ArbG S. 119, 123.

143 RAG Urt. v. 18. Apr. 1931, RAG 456/30, ARS Bd. 11, S. 595 ff.

144 Vgl. unter anderem RAG (wie Fn. 103), ARS Bd. 8, S. 235; RAG (wie Fn. 98), ARS Bd. 8, S. 498; Bender, Tariflohnverzicht (wie Fn. 88), S. 21.

145 Bender, Tariflohnverzicht (wie Fn. 88), S. 21.

es auch durch den Verzicht auf Lohn iHv. 93 RM.[146] Das Versprechen des Kellners, die 93 RM an den Arbeitgeber zu zahlen, sollte die Verpflichtung zu dieser Zahlung selbstständig begründen und war folglich als ein Schuldversprechen im Sinne von § 780 BGB zu klassifizieren. Diese Verpflichtung konnte damit auch nicht aufgrund eines sog. wirtschaftlichen Druckes nichtig sein, wie das Arbeitsgericht Hamburg es hier annahm.

Das Arbeitsgericht Hamburg begründete seine Entscheidung neben der Nichtigkeit aufgrund der Drucktheorie mit der Nichtigkeit nach § 142 BGB durch Anfechtung nach § 123 BGB.[147] Möglich war die Anfechtung nach § 123 Abs. 1 Var. 2 BGB, wenn der Kellner das Schuldversprechen abgegeben hatte, weil sein Arbeitgeber ihm widerrechtlich drohte. Eine Drohung bestand auch damals in der Ankündigung eines Übels für den Fall, dass der Bedrohte nicht so handelte, wie es der Drohende begehrte.[148] Laut der Sachverhaltswiedergabe des Hamburger Arbeitsgerichts und der Urteilsbegründung drohte dem Kellner die Arbeitslosigkeit für den Fall, dass er den Verpflichtungsschein nicht unterschrieb.[149] Darauf hatte der Arbeitgeber maßgeblichen Einfluss. Die Drohung müsste auch widerrechtlich gewesen sein. Eine Kündigung an sich war ebenso rechtmäßig, wie der Wille des Arbeitgebers zum Ausgleich von Mankobeträgen.[150] Damit war weder das Mittel noch der Zweck der Drohung an sich widerrechtlich. Hier ist allerdings zu beachten, dass der Arbeitgeber gegen den Kellner, von dem er das Schuldversprechen verlangte, keinen Anspruch hatte. Das hatte das Arbeitsgericht Hamburg am 26. November 1932 (Arb. Nr. 1722/32) festgestellt. Folglich lag zumindest ein Verstoß gegen Treu und Glauben vor, indem der Arbeitgeber von seinem Arbeitnehmer verlangte, sich zu etwas dem Urteil genau Entgegengesetztem zu verpflichten. Darin könnte eine widerrechtliche Drohung nach § 123 Abs.1 Var. 2 BGB liegen. Ob der Arbeitgeber aber tatsächlich mit der Kündigung drohte oder der Arbeitnehmer sich nur bedroht

---

146 Bernhard Schaffeld, in: Busch/Schaffeld/Dr. Ebbecke/Erler/Kiehl/Dr. Lobe/Dr. Mansfeld/Michaelis/Oegg/Schliewen/Senffahrth (RGRK), Das Bürgerliche Gesetzbuch mit besonderer Berücksichtigung der Rechtsprechung des Reichsgerichts, Berlin/Leipzig 1921, 3. Aufl., I. Band, § 780, Anm. 1.

147 ARS Bd. 23, ArbG S. 119, 123.

148 Louis Busch, in: Busch/Schaffeld/Dr. Ebbecke/Erler/Kiehl/Dr. Lobe/Dr. Mansfeld/Michaelis/Oegg/Schliewen/Senffahrth (RGRK), Das Bürgerliche Gesetzbuch mit besonderer Berücksichtigung der Rechtsprechung des Reichsgerichts, Berlin/Leipzig 1921, 3. Aufl., I. Band, § 123, Anm. 3.

149 ARS Bd. 23, ArbG S. 119, 121 f.

150 Zur Mankohaftung: RAG Urt. v. 27. Sept. 1930, RAG 134/30, Bensh. Sammlung Bd. 10, S. 156, 159 mwNw.

fühlte und glaubte, bei Nichtunterzeichnung des Schuldversprechens, seinen Arbeitsplatz zu verlieren, lässt sich heute nicht mehr ermitteln. Das Urteil des Arbeitsgerichts Hamburg nahm zu diesem Punkt nicht weiter Stellung. Es ging aber davon aus, dass die Anfechtungserklärung mit der Erwiderung auf den Beklagtenschriftsatz abgegeben wurde und eine widerrechtliche Drohung des Arbeitgebers vorlag.[151]

Nach Aussage des Gerichts war die einjährige Ausschlussfrist des § 124 BGB bei Klageerhebung noch nicht abgelaufen.[152] Der Kellner konnte sein Schuldversprechen wirksam anfechten und die 93 RM nach § 812 Abs. 1 BGB zurückfordern.

§ 814 BGB stand hier nicht entgegen, da die Leistung aufgrund des Schuldversprechens, welches nur unter der widerrechtlichen Drohung zustande kam, nicht freiwillig erfolgte.[153]

Abschließend wäre nur noch festzustellen, ob die Ausschlussfrist des § 5 Ziff. 5 des Tarifvertrages einschlägig war. Das Arbeitsgericht sagte dazu:[154]

> „Die Frist des § 5 Ziff. 5 TV konnte auch auf diesen Fall aus den gleichen Gründen keine Anwendung finden."

Zunächst könnte hier zugunsten des Klägers das schon zur Arbeitsbekleidung Gesagte wieder gelten. Da der Beklagte die 93 RM vom Lohn einbehalten hatte,[155] könnte wiederum die zwölf- und nicht nur die zweimonatige Ausschlussfrist greifen. Allerdings hatte der Kläger sein Schuldversprechen am 26. November 1932 abgegeben. Die Mutmaßung liegt nahe, dass der Arbeitgeber den Lohn iHv. 93 RM auch zeitnah einbehielt. Je nach dem, wann die Klage erhoben wurde, könnte der Anspruch auf die Lohnforderung ausgeschlossen sein oder auch nicht.

Die Rückforderung der 93 RM nach § 812 Abs. 1 BGB wäre allerdings keine Forderung von Lohn, sondern als „übrige Forderung" nach § 5 Abs. 5 des Tarifvertrages zu klassifizieren. Damit betrug die Ausschlussfrist hier nur zwei

---

151 ARS Bd. 23, ArbG S. 119, 121.

152 ARS Bd. 23, ArbG S. 119, 123.

153 Vgl. Werner Mansfeld, in: Busch/Schaffeld/Dr. Ebbecke/Erler/Kiehl/Dr. Lobe/Dr. Mansfeld/Michaelis/Oegg/Schliewen/Senffahrth (RGRK), Das Bürgerliche Gesetzbuch mit besonderer Berücksichtigung der Rechtsprechung des Reichsgerichts, Berlin/Leipzig 1921, 3. Aufl., I. Band, § 814, Anm. 2.

154 ARS Bd. 23, ArbG S. 119, 123.

155 ARS Bd. 23, ArbG S. 119, 123.

Monate. Diese zwei Monate waren seit der Anfechtung durch die Erwiderung auf den Beklagtenschriftsatz noch nicht verstrichen, sodass auch hiernach der Anspruch auf die 93 RM nicht ausgeschlossen war.

Auch unter Anwendung der Ausschlussfrist des § 5 Abs. 5 ergab sich das gleiche Ergebnis, welches das Arbeitsgericht durch Nichtanwendung einschlägiger Normen zu erreichen suchte.

3. Ertrag

Die Richter des Arbeitsgerichts Hamburg hatten der Klage der Kellner vollumfänglich stattgegeben. Sie lehnten alle Einwände des Beklagten, wie den Verzicht der Kellner auf Zahlung des Tariflohns, den Ausschluss der Forderungen durch den Tarifvertrag und die Verwirkung der Forderung, ab. Für die vorliegende Entscheidung des Arbeitsgerichts Hamburg bleibt festzuhalten, dass das Gericht bei allen aufgeworfenen Streitfragen versuchte, mit Argumenten nach § 242 BGB seine Auffassung durchzusetzen. Einschlägige Normen, wie die tariflich geregelte Ausschlussfrist, wurden durchweg einfach nicht angewandt. Bei konsequenter Anwendung wäre das Gericht vermutlich zu teilweise anderen Ergebnissen gekommen.

Zum einen war die Lohnforderung aller drei Kläger für den länger als zwölf Monate seit Klageerhebung zurückliegenden Zeitraum ausgeschlossen. Der Zeitraum, für den Lohn nachgefordert wurde, begann am 1. Dezember 1932. Das vorliegende Urteil war vom 8. März 1934. Ab Klageerhebung zwölf Monate zurückgerechnet konnten nur wenige Monate aufgrund der Ausschlussklausel ausgeschlossen sein.

Von dem Zeitpunkt der Klageerhebung hing auch der Ausschluss des zweiten Punktes bezüglich der Forderung des einbehaltenen Lohnes zumindest für die Dienstbekleidung im Winter 1932/33 iHv. jeweils 7 RM ab. Die Forderung der klagenden Kellner für die erste Dienstbekleidung für die Feste im Winter 1931/32 war aufgrund der Ausschlussklausel nicht durchsetzbar.

Gleiches galt auch für die Forderung des einen Klägers bezüglich der 93 RM, zu deren Zahlung an den Beklagten er sich verpflichtete. Zwischen der Einbehaltung vom Lohn und der Klageerhebung durften wiederum keine zwölf Monate verstrichen sein. Hilfsweise dürften zwischen der Anfechtung und der Kondiktion keine zwei Monate verstrichen sein.

Damit ist im Ergebnis die Abweichung von den durchsetzbaren Ansprüchen der Kläger gegen den Beklagten nicht sehr gravierend. Das Arbeitsgericht Hamburg hatte sich jedoch mit Verweisen auf seine Ausführungen zu Treu und Glauben, Arglist, sozialem und unsozialem Verhalten begnügt, um der systematischen Ausnutzung der Arbeitskräfte im Gastwirtsgewerbe entgegenzuwirken.

Diese unbestimmten Begriffe gaben hier die Möglichkeit her, eine Urteilsbegründung mithilfe des § 242 BGB zu erzielen und verhinderten eine notwendige Beschäftigung mit dem eigentlich einschlägigen Recht, welches den Schutz aller Parteien im Auge hatte. Die Richter bedienten sich damit einer Rechtsgrundlage, ließen die einschlägige Norm aber unbeachtet. Durch die Anwendung des § 242 BGB machte sich das Gericht nicht angreifbar und konnte in einem gleich gelagerten Fall möglicherweise anderes entscheiden. Die Argumentation mit „volksfremder Spintisiererei" und der Anwendung auslegungsbedürftiger Normen statt entgegenstehender einschlägiger Regelungen bedeuten schon einen beginnenden Einfluss der gewandelten Wertvorstellungen auf die privatrechtlichen Vorschriften.

Das Urteil zeigt zumindest, dass das Gericht bereit war, seine Auffassung von Recht entgegen den anzuwendenden Normen mithilfe der gesetzlichen Generalklauseln durchzusetzen. Die Negierung einzelner tarifvertraglicher Klauseln zeigt hier zumindest, dass die Richter bereit waren, den Willen der Tarifvertragsparteien bei Vertragsschluss zu ignorieren und ihn durch eigenes Gutdünken zu ersetzen.

II. „Der Tariflohnverzicht der Schreibwarenverkäuferin" - Urteil des Arbeitsgerichts Hamburg vom 10. September 1935 – 8 Ca 151/35[156]

1. Sachverhalt

Im September 1935 hatte das Hamburger Arbeitsgericht über folgenden Sachverhalt zu entscheiden:[157]

156 HRGZ 1936 B 236 ff.

157 Die folgenden Sachverhaltsangaben entstammen dem Urteil des Arbeitsgerichts Hamburg v. 10. Sept. 1935, 8 Ca 151/35, HRGZ 1936 B 236 ff.

Die Klägerin war bei der Beklagten vom 6. Dezember 1934 bis 31. August 1935 als Verkäuferin tätig. Die Beklagte war eine Papier- und Schreibwarenhandlung. Aufgrund einer vertraglichen Vereinbarung erhielt die Klägerin ein monatliches Gehalt von 70 RM brutto. Sie verlangte unter Berufung auf die Zusatzvereinbarung zu dem Tarifvertrag der Fachgruppe Papier- und Schreibwaren vom 21. März 1929 Nachzahlung der Differenz zwischen dem tatsächlich gezahlten und dem ihr tariflich zustehenden Gehalt. Die Beklagte behauptete demgegenüber, dass sie mit der Klägerin einen Erlassvertrag geschlossen habe, worin die Klägerin auf den Tariflohn verzichtet hätte und die nachträgliche Forderung des Differenzbetrages gegen die guten Sitten verstoßen würde.

Darüber hinaus hatte die Beklagte bei dem „Treuhänder der Arbeit“ für das Wirtschaftsgebiet Nordmark einen Antrag auf Herausnahme aus der einschlägigen Tarifordnung eingereicht. Dieser Antrag wurde im Juni 1935 im Sinne der Beklagten beschieden. Die Beklagte berief sich neben dem mit der Klägerin geschlossenen Erlassvertrag auf diesen Bescheid, wonach sie der Klägerin untertariflichen Lohn zahlen dürfe.

2. Besprechung

Eine Frage, über die das Arbeitsgericht Hamburg hier zu entscheiden hatte, war also die, ob zwischen der Klägerin und der Beklagten eine Vereinbarung über den Tariflohnverzicht getroffen wurde oder ob die Klägerin einen Anspruch auf die Zahlung des Differenzbetrages zwischen tatsächlich gezahltem und tariflich zustehendem Gehalt hatte.

Weiterhin hatte das Gericht zu dem Bescheid des „Treuhänders der Arbeit“ und dessen Auswirkungen auf das Vertragsverhältnis zwischen Klägerin und Beklagter Stellung zu nehmen.

Unbestritten war die Tatsache, dass die Klägerin untertariflichen Lohn erhalten hatte.[158] Als Anspruchsgrundlage diente der Tarifvertrag der Fachgruppe Papier- und Schreibwaren vom 21. März 1929, welcher aufgrund der Anordnung des Reichsarbeitsministers vom 28. März 1934[159] und 20. Oktober 1934[160] als Tarifordnung weiter galt.

158 HRGZ 1936 B 236.
159 HRGZ 1936 B 236; RABl. I 1934, S. 85.
160 RABl. I 1934, S. 254.

a) Der zuwenig gezahlte Lohn

Fraglich war also, ob die Verkäuferin des Papier- und Schreibwarenladens auf den ihr tarifmäßig zustehenden Lohn verzichtet hatte.

(1) Der Tariflohnverzicht

Der Tariflohnverzicht war ein Vertrag zwischen Arbeitgeber und Arbeitnehmer, gerichtet auf den Erlass des tariflich zustehenden Gehalts.[161] Verzichtete ein Arbeitnehmer auf den ihm tariflich zustehenden Lohn, war dies keine einseitige Erklärung seinerseits, sondern ein Vertrag über den Erlass einer Schuld nach § 397 BGB.[162]

Oben stellt die Arbeit schon ausführlich dar, [163] dass in der Zeit vor 1933/34 höchst umstritten war, ob ein Tariflohnverzicht überhaupt möglich sein sollte. Zusammenfassend kann an dieser Stelle festgestellt werden, dass Rechtsprechung und herrschende Lehre die Möglichkeit des nachträglichen Verzichts auf tarifmäßigen Lohn bejaht hatten.[164] Zur Begründung führte die herrschende Meinung an, dass § 1 TVVO nur den Abschluss eines Arbeitsvertrages über tarifgemäßen Lohn, nicht aber auch zugleich seine Durchführung gewährleisten wolle.[165]

---

161 Kuno Bender, Verwirkung tariflich begründeter Lohnansprüche unter Berücksichtigung des Tariflohnverzichts, Frankfurt a.M. 1933, S. 9 f.

162 Arthur Nikisch, Der Tariflohnverzicht nach altem und neuem Arbeitsrecht, in: Zeitschrift der Akademie für Deutsches Recht (ZAfDR) 1935, S. 924, 925.

163 Vgl. oben S. 17; Alfred Hueck, Deutsches Arbeitsrecht – Ein Grundriss, Berlin 1938, S. 165; Bender, Tariflohnverzicht (wie Fn. 161), S. 7; Paul Peter Amon, Die Untersuchung des Tariflohnverzichts unter dem Gesichtspunkt der ungerechtfertigten Bereicherung und des Abänderungsvertrags, Gießen 1934, S. 3; Bernhard Wehner, Die Einwirkung des Gesetzes zur Ordnung der nationalen Arbeit auf die Frage des Tariflohnverzichts, Düren 1936, S. 6 f.; Heinz Speier, Der Rechtsgrund des sog. Tariflohnverzichts, Köln 1933, S. 7; Karl Hagemann, Der nachträgliche Verzicht auf Tariflohn und das Urteil des Reichsarbeitsgerichts vom 30. März 1935, in: Deutsches Arbeitsrecht (Dt. ArbR) 1935, S. 254; Rudolf Joerges, Tariflohnverzicht und Tarifordnungssinn, in: Dt. ArbR 1935, S. 256 f.

164 Vgl. dazu S. 17 ff.

165 RAG Urt. v. 4. Jan. 1928, RAG 58/27, Bensh. Samml. Bd. 2, S. 1, 6; RAG Urt. v. 23. Jan. 1929, RAG 332/28, Bensh. Samml. Bd. 5, S. 108 ff. (mit Anmerkungen von Nipperdey); RAG Urt. v. 13. März 1929, RAG 467/28, Bensh. Samml. Bd. 5, S. 456 ff.; RAG Urt. v. 13. März 1929, RAG 460/28, Bensh. Samml. Bd. 6, S. 75 ff.; RAG Urt. v. 13. Apr. 1929, RAG 523/28, Bensh. Samml. Bd. 6, S. 130 ff.; RAG Urt. v. 3. Juli 1929, RAG 629/28, Bensh. Samml. Bd. 6, S. 455 ff.; RAG Urt. v. 19. Okt. 1929, RAG

In der Praxis wurde der Verzicht in Form des Erlassvertrages auf ausstehenden Tariflohn häufig in Gestalt der sog. Ausgleichsquittung erklärt.[166] Dabei handelte es sich in der Regel um eine vom Arbeitnehmer unterschriebene Erklärung, dass er oder sie die Arbeitspapiere erhalten und keine weiteren Ansprüche gegen den Arbeitgeber hatte.[167]

Nach 1933/34 hatte sich die herrschende Ansicht dahin geändert, dass Rechtsprechung und Schrifttum grundsätzlich jede Möglichkeit des Verzichts ablehnten.[168] Zusammenfassend für die gewandelte herrschende Auffassung entschied das RAG am 13. Juli 1935[169]:

> „Die allgemeinen schriftlichen Anordnungen des Treuhänders stehen unter Strafandrohung des § 22 AOG[170]. Der Unterschied gegen die frühere Rechtslage springt in die Augen: nicht Machtkämpfe der Interessenten, sondern Erlaß durch eine objektive, staatliche Stelle nach sachverständiger Prüfung u. a. auch der Bedürfnisse und Leistungsfähigkeit der betroffenen Betriebe. Wenn unter diesen Umständen das Gesetz vorschreibt, daß die Bestimmungen einer solchen Tarifordnung für die von ihr erfaßten Arbeitsverhältnisse als Mindestbedingungen rechtsverbindlich sind, so kann das nur dahin verstanden werden, daß der Gesetzgeber Lohnansprüche der Arbeitnehmer, die in derartigen Tarifordnungen als Mindestlöhne vom Treuhänder der Arbeit festgesetzt sind, ihrer Entstehung und[171] Durchführung nach rechtlich sichern und auch nachträgliche Erlaßverträge während der Dauer des Arbeitsverhältnisses für unzulässig erklären wollte."

168/29, Bensh. Samml. Bd. 7 S. 219 ff.; Alfred Hueck, Das Recht des Tarifvertrages unter besonderer Berücksichtigung der Verordnung vom 23. Dezember 1918, Berlin 1920, S. 115 f.; ders., Arbeitsrecht (wie Fn. 163), S. 165; Bender, Tariflohnverzicht (wie Fn. 161); weitere Nachweise bei Hans Carl Nipperdey, Das kollektive Arbeitsrecht, in: Hueck/Nipperdey, Lehrbuch des Arbeitsrechts II, Mannheim/Berlin/Leipzig 1932, § 24, S. 268, Fn. 4.

166 Bender, Tariflohnverzicht (wie Fn. 161), S. 10; Speier (wie Fn. 163), Tariflohnverzicht, S. 9 f.

167 Vgl. dazu die Erläuterungen des RAG Urt. v. 22. Jan. 1930, RAG 347/29, Bensh. Samml. Bd. 8, S. 115 ff. - hier hatte die Arbeitnehmerin eine solche Erklärung unterschrieben, ohne deren Inhalt gelesen zu haben.

168 Vgl. dazu oben S. 20 f.; sowie Hermann Lippert, Der Treuhänder der Arbeit, seine Stellung und seine Aufgaben, Erlangen 1935, S. 53; Karl Wiesel, Der Treuhänder der Arbeit als Organ der neuen Sozialordnung, Weimar 1936, S. 23; Nikisch, ZAfDR 1935, S. 924, 926 ff. mit weiteren Hinweisen zu Rechtsprechung und Literatur.

169 RAG Urt. vom 13. Juli 1935, RAG 16/35, ARS Bd. 24, S. 93, 95 f.

170 § 22 I AOG: Wer schriftlichen Anordnungen des Treuhänders der Arbeit, die dieser in Erfüllung der ihm obliegenden Aufgaben erläßt, wiederholt vorsätzlich zuwiderhandelt, wird mit Geldstrafe bestraft; in besonders schweren Fällen kann an die Stelle der Geldstrafe oder neben sie Gefängnisstrafe treten. Die Strafverfolgung tritt nur auf Antrag des Treuhänders der Arbeit ein.

171 Hervorhebung durch das RAG.

Daher musste nun ein Erlassvertrag zwischen Unternehmer und Beschäftigten über den Verzicht auf Tariflohn als Verstoß gegen § 134 BGB nichtig sein.[172]

An dieser Rechtsprechung, dass ein Verzicht vor Beendigung von Arbeitsverhältnissen nichtig war, dies dem Willen des Gesetzgebers nach dem AOG entsprach und der Grundsatz der Unabdingbarkeit des Tariflohns Vorrang hatte, hielt das RAG auch in zeitlich folgenden Entscheidungen fest.[173]

Das Arbeitsgericht Hamburg erörterte folgendes zu der Möglichkeit des Tariflohnverzichts:[174]

> „Es ergibt sich aus dem Charakter der Tarifordnung, als Rechtsverordnung, ganz eindeutig, daß ihre Einwirkung auf die Einzelarbeitsverträge eine andere ist als die der alten Tarifverträge. Da weiter hinzukommt, daß die Sätze der Tarifordnungen im Gesetz [gemeint war das AOG – M.B.] als Mindestbedingungen bezeichnet wurden, so kann hinsichtlich der Möglichkeit, auf diese Mindestbedingungen während der Dauer des Dienstverhältnisses zu verzichten, der in der oft zitierten Entscheidung des Reichsarbeitsgerichts vom 13. Juli 1935 eingenommene Standpunkt nur als selbstverständliche Folge aus der Neuordnung der Verhältnisse bezeichnet werden."

Das Arbeitsgericht Hamburg folgte in seiner Entscheidung ganz und gar der Auffassung des Reichsarbeitsgerichts. Es bestätigte, dass nach früherer Rechtsprechung ein Verzicht möglich gewesen wäre. Nach der vorliegenden gesetzlichen Grundlage durch das AOG vom 20. Januar 1934 sollte ein Verzicht auf Tariflohn auch in dem zu entscheidenden Fall der Schreibwarenverkäuferin nicht mehr möglich sein. Alle Argumente, die die Beklagte hinsichtlich des Erlassvertrages vorbrachte, lehnte das Gericht mit Verweis auf die „neue Ordnung" ab und erklärte dessen Nichtigkeit:[175]

> „Die Einwendungen, die die Beklagte gegen diesen Anspruch erhebt, beweisen, daß ihr der Sinn der neuen Ordnung der gesetzlichen Arbeitsvertragsregelung noch nicht klar geworden ist. [...] Geht man aber von den oben angeführten Grundsätzen hinsichtlich des Tariflohnverzichts aus, dann sind demgegenüber alle Einwendungen, die die Beklagte in bezug auf das Einverständnis der Klägerin macht, hinfällig. Soweit ein Erlaßvertrag

---

172 RAG (wie Fn. 169), ARS Bd. 24, S. 93, 94; Alfred Hueck/Hans Carl Nipperdey/Rolf Dietz, Gesetz zur Ordnung der nationalen Arbeit (AOG), München/Berlin 1934, § 32 RN 214; Wehner, Tariflohnverzicht (wie Fn. 163), S. 4; Nikisch, ZAkDR 1935, S. 924, 928; Otto Vielhaber, Der Tariflohnverzicht unter der Herrschaft des AOG, in: Deutsches Arbeitsrecht (Dt. ArbR) 1935, S. 200.

173 Vgl. u.a. RAG Urt. v. 25. Nov. 1936, RAG 128/36, ARS Bd. 28, S. 285 ff.; RAG Urt. v. 5. Okt. 1938, RAG RAG 86/38, ARS Bd. 34, S. 147 ff.

174 HRGZ 1936 B 236, 237.

175 HRGZ 1936 B 236, 237 f.

hinsichtlich der überschießenden Ansprüche geschlossen sein sollte, ist dieser, da er gegen ein Gesetz verstößt, nichtig. Seine Folgen sind daher ohne Wirksamkeit."

Das Arbeitsgericht prüfte an dieser Stelle nicht mehr die Voraussetzungen, die für einen Verzicht hätten vorliegen müssen. Denn selbst wenn alle diese Voraussetzungen gegeben wären, so hätte der Vertrag aufgrund der neuen gesetzlichen Regelung[176] gegen § 134 BGB verstoßen. Das Gericht wollte allerdings auch nicht umhin, die Sonderstellung, die der Staat hier bei Verträgen zwischen Privatpersonen einnahm, zu beleuchten:[177]

> „Die Zeiten der Aushandelung des Lohnes sind beendet. Der Staat stellt sich schützend vor die arbeitenden Volksgenossen und garantiert ihnen die von seinen Vertretern, den Treuhändern der Arbeit, nach Prüfung in besonderen Ausschüssen festgelegten Lohnsätze als Mindestsätze. Einer Einzelregelung zwischen den Parteien des Arbeitsvertrages bleibt daher lediglich die Bestimmung eines höheren Lohnes vorbehalten."[178]

Ein nach Beendigung des Arbeitsverhältnisses geschlossener Erlassvertrag über den Verzicht auf Tariflohn sollte allerdings nach wie vor möglich sein.[179] Der wirtschaftliche Druck, unter dem Beschäftigte während des laufenden Arbeitsverhältnisses stünden, sei nicht mehr gegeben und die Gründe des § 32 Abs. 2 AOG wären weggefallen.[180] Ob es sich hier um einen solchen nachträglichen Verzicht handeln könnte, hatte das Arbeitsgericht Hamburg allerdings konsequent nicht mehr problematisiert. Es stellte fest, dass die Klägerin „zunächst mit der untertariflichen Bezahlung einverstanden war und erst Ansprüche erhob, als sie gekündigt hatte".[181] Ein Verzicht nach Beendigung des Arbeitsverhältnisses lag demnach nicht vor.

(2) Verwirkung und Sittenwidrigkeit des Anspruchs

Die Klägerin erhob ihre Ansprüche auf Zahlung des Tariflohnes erst nachdem sie gekündigt hatte.[182] Daraus hatte die Beklagte auf eine mögliche Verwirkung

---

176 Gesetz zur Ordnung der nationalen Arbeit vom 20. Januar 1934, RGBl. I 1934, S. 45.

177 HRGZ 1936 B 236, 237.

178 Mit Kriegsbeginn wurden jedoch in allen Wirtschaftszweigen auch zwingende Höchstlöhne festgesetzt. Vgl. dazu: Andreas Kranig, Arbeitsrecht im NS-Staat. Texte und Dokumente, Köln 1984, S. 134 f.

179 Hueck, Arbeitsrecht (wie Fn. 163), S. 165; Vielhaber, Dt. ArbR 1935, S. 200, 201; Hagemann, Dt. ArbR 1935, S. 42, 44; RAG Urt. v. 18. März 1936, RAG 296/35, ARS Bd. 26, 242.

180 Hueck, Arbeitsrecht (wie Fn. 163), S. 165; Vielhaber, Dt. ArbR 1935, S. 200, 201.

181 HRGZ 1936 B 236, 238.

182 HRGZ 1936 B 236, 238.

oder Sittenwidrigkeit der Geltendmachung des Anspruchs der Klägerin schließen wollen. Das Arbeitsgericht Hamburg meinte zu dem Vorbringen aber:[183]

> „Wenn schließlich die Beklagte einwendet, daß das Verhalten der Klägerin gegen die guten Sitten verstieße, so muß der Beklagten entgegengehalten werden, daß die Klägerin ihr gesetzlich zustehende Ansprüche geltend macht."

Wie oben bereits festgestellt,[184] konnten solche Ansprüche auf die Differenz zwischen gezahltem und tariflich zustehendem Lohn nach wie vor 1933 verwirkt werden. Das war dann der Fall, wenn der Berechtigte seinen Anspruch nicht innerhalb einer angemessenen Frist[185] geltend gemacht und der Verpflichtete sich auf die Nichtgeltendmachung dieses Rechts eingerichtet hatte und einrichten durfte.[186] Als gesetzliche Grundlage für die Verwirkung von Tariflohnansprüchen wurde später § 242 BGB herangezogen.[187]

Die Papier- und Schreibwarenverkäuferin hatte hier, wie bereits festgestellt, auf den tarifmäßigen Lohn während der Dauer des Arbeitsverhältnisses verzichten wollen. Dieser Verzicht war nach der damaligen Rechtslage (1934/35) und dem oben Gesagten, nicht mehr möglich und mithin unwirksam. Unmittelbar nach der Kündigung machte die Klägerin ihre Ansprüche gerichtlich geltend. Eine Frist, innerhalb derer sich die Beklagte auf die Nichtgeltendmachung dieser Ansprüche einrichten konnte und durfte, konnte nicht vorgelegen haben, auch wenn das Urteil keine genaueren Angaben zu den damaligen Zeitabläufen macht. Die Klägerin hatte ihre Ansprüche demnach nicht verwirkt.

Nach Auffassung der Beklagten stand noch in Frage, ob die Verkäuferin durch die Geltendmachung ihrer Ansprüche gegen die guten Sitten (§ 138 BGB) verstoßen hatte. Ein Rechtsgeschäft war dann sittenwidrig, wenn es „sich nach seinem erhellenden Gesamtcharakter aus der Zusammenfassung von Inhalt, Be-

---

183 HRGZ 1936 B 236, 238.

184 Vgl. zu Verwirkung von Lohnansprüchen S. 24 f.

185 Eine einheitliche Linie bei der Bemessung dieser Verwirkungsfrist lässt sich nicht erkennen. Nachweise dazu bei Nipperdey, in: Hueck/Nipperdey, Lehrbuch des Arbeitsrechts II (wie Fn. 165), § 24, S. 286 f.

186 Nipperdey, in: Hueck/Nipperdey, Lehrbuch des Arbeitsrechts II (wie Fn. 165), § 24, S. 286 f.; Bender, Tariflohnverzicht (wie Fn. 161), S. 29 ff.

187 Wolfgang Siebert, Verwirkung und Unzulässigkeit der Rechtsausübung. Ein rechtsvergleichender Beitrag zur Lehre von den Schranken der privaten Rechte und zur exceptio doli (§§ 226, 242, 826 BGB) unter besonderer Berücksichtigung des gewerblichen Rechtsschutzes (§ 1 UWG), Marburg 1934, S. 239.

weggrund und Zweck als ein sittenwidriges“ darstellte.[188] „Als Maßstab für die guten Sitten im Sinne des Gesetzes dient[e] nicht eine bestimmte Sitte, eine Anschauung, wie sie in bestimmten Kreisen [bestand], sondern nur das, was dem herrschenden Volksbewußtsein, dem Anstandsgefühl aller billig und gerecht Denkenden [entsprach].“[189] Eine Geltendmachung von Ansprüchen, deren Verzicht gegen ein gesetzliches Verbot nach § 134 BGB verstoßen würde, konnte danach schlechterdings nicht gegen das Anstandsgefühl aller billig und gerecht Denkenden verstoßen. Das sah auch das Arbeitsgericht Hamburg so:[190]

> „Diese Geltendmachung [der Tariflohnansprüche – M.B.] kann aber nicht gegen die guten Sitten oder gegen Treu und Glauben verstoßen. Daß das Verhalten der Klägerin, soweit sie zunächst mit der untertariflichen Bezahlung einverstanden war und erst Ansprüche erhob, als sie gekündigt hatte, und zwar in Kenntnis der schlechten wirtschaftlichen Lage der Beklagten, nicht moralisch unbedingt zu billigen ist, muß der Beklagten zugegeben werden. Ein Verstoß gegen die guten Sitten oder Treu und Glauben liegt aber nicht darin.“

Folglich waren die Ansprüche auf die Differenz zwischen dem tatsächlich gezahlten und dem zu zahlenden Tariflohn weder verwirkt, noch stellte deren Geltendmachung einen Verstoß gegen die guten Sitten dar. Das Arbeitsgericht Hamburg prüfte diese Punkte zwar nicht so ausführlich, kam jedoch mit dem dargestellten Begründungsaufwand zu dem gleichen Ergebnis.

b) Der Bescheid des „Treuhänders der Arbeit“

Neben den erörterten Einwendungen der Beklagten berief sich die Arbeitgeberin auf den Bescheid des „Treuhänders der Arbeit“, woraus sie das Recht herleitete, der Klägerin niedrigeren Lohn als tariflich vereinbart zu zahlen.

(1) Funktion der „Treuhänder der Arbeit“

Der „Treuhänder der Arbeit“ war ein sozialpolitischer Reichsbeamter, der „im Dienst des Reiches öffentliche Gewalt“ ausübte.[191] Sie fungierten zunächst als Regierungskommissare der Reichsregierung und standen später als Kontroll-

---

188 Louis Busch, in: Busch/Schaffeld/Dr. Ebbecke/Erler/Kiehl/Dr. Lobe/Dr. Mansfeld/Michaelis/Oegg/Schliewen/Senffahrth (RGRK), Das Bürgerliche Gesetzbuch mit besonderer Berücksichtigung der Rechtsprechung des Reichsgerichts, Berlin/Leipzig 1921, 3. Aufl., I. Band, § 138 Anm. 1.

189 Busch, in: RGRK zum BGB (wie Fn. 188), § 138 Anm. 1.

190 HRGZ 1936 B 235, 238.

191 Lippert, Stellung und Aufgaben (wie Fn. 168), S. 17, 19; Jacob Westrich, Der Treuhänder der Arbeit, Köln 1934, S. 8 f.

und Rechtsmittelbehörden unter der Aufsicht des Reichsarbeits- und Reichswirtschaftsministeriums.[192] *Westrich* bezeichnete die „Treuhänder der Arbeit“ als die „bahnbrechendste Neuschöpfung des nationalsozialistischen Reiches und als die originellste Leistung auf dem Gebiete des sozialen Lebens“.[193] Nach *Lippert* verlieh die Existenz des „Treuhänders der Arbeit“ und seine „Machtstellung [...] auf sozialpolitischem Gebiete dem modernen deutschen Arbeitsrecht seine charakteristische Prägung“.[194]

Rechtsquellen über den „Treuhänder der Arbeit“ waren zunächst das „Gesetz über Treuhänder der Arbeit“ vom 19. Mai 1933 (RGBl. 1933 I S. 285) und dessen Durchführungsverordnung, welche durch das „Gesetz zur Ordnung der nationalen Arbeit“ (AOG) und dessen Durchführungsverordnungen abgelöst wurden. Das AOG befasste sich im Zweiten Abschnitt mit den „Treuhändern der Arbeit“. Dieser sollte die „geschaffene Institution der Treuhänder“ verankern und ausbauen.[195] Als Reichsbeamte unterstanden sie der Dienstaufsicht des Reichsarbeitsministers. § 19 AOG gewährte dem „Treuhänder der Arbeit“ eine, wie oben beschriebene, große Fülle von abschließend aufgezählten Zuständigkeiten.[196] § 18 Abs. 1 AOG legte fest, dass für größere Wirtschaftsgebiete „Treuhänder der Arbeit“ ernannt wurden. Die Erste Verordnung zur Durchführung (DVO) des Gesetzes zur Ordnung der nationalen Arbeit vom 1. März 1934[197] hielt an den festgelegten Wirtschaftsgebieten und damit am Wirtschaftsgebiet Nordmark mit dem Freistaat Hamburg fest. Hamburg wurde Sitz des „Treuhänders der Arbeit“ für das Wirtschaftsgebiet Nordmark (Erste DVO des AOG).

Die Zwanzigste DVO[198] des AOG regelte die Aufteilung der Wirtschaftsgebiete und die Sitze der jeweiligen „Reichstreuhänder der Arbeit“ neu. Veranlassung dafür war das preußische Änderungsgesetz über die Gebietsbereinigungen

---

192 Steffen Hamann, Die soziale Ehrengerichtsbarkeit und die Konfliktkommissionen. Ein rechtshistorischer Vergleich, Göttingen 2007, S. 27.

193 Westrich, Treuhänder der Arbeit (wie Fn. 191), S. 1; ähnlich: Werner Mansfeld, Das Gesetz zur Ordnung der nationalen Arbeit vom 20. Januar 1934 (RGBl. I S. 45), in: Dt. ArbR 1934, S. 33.

194 Lippert, Stellung und Aufgaben (wie Fn. 168), S. 9.

195 Mansfeld, Dt. ArbR, 1933/1934, S. 33, 36.

196 Vgl. Hermann Dersch, Das Gesetz zur Ordnung der nationalen Arbeit. Kommentar, Berlin 1934, § 18, S. 125; Mansfeld, Dt. ArbR, 1933/1934, S. 33, 36.

197 RGBl. 1934 I S. 174.

198 Zwanzigste Verordnung zur Durchführung des Gesetzes zur Ordnung der nationalen Arbeit vom 24. Dez. 1938, RGBl. I S. 1968.

(Gesetz über Groß-Hamburg und andere Gebietsbereinigungen vom 26. Januar 1937[199]). § 1 dieser Verordnung legte in Nr. 5 das Wirtschaftsgebiet Nordmark neu fest. Dazu gehörte nach wie vor die Hansestadt Hamburg, nun in der Ausdehnung nach dem Groß-Hamburg-Gesetz vom 26. Januar 1937.[200] Hamburg war nach § 2 der Zwanzigsten DVO nach wie vor Sitz des „Treuhänders der Arbeit" für das Wirtschaftsgebiet Nordmark.

Den „Treuhändern der Arbeit" kamen drei Aufgaben zu. Zunächst hatten sie anstelle der Arbeitgeber- und Arbeitnehmerverbände die Bedingungen für den Abschluss von Arbeitsverträgen festzusetzen.[201] Eine weitere Aufgabe bestand darin, die für die Sozialverfassung zuständigen Stellen zu unterrichten.[202] Hervorzuheben ist jedoch die Aufgabe, welche der „Treuhänder der Arbeit" zur Aufrechterhaltung des Arbeitsfriedens innehatte.[203] Zur Erreichung dieses Ziels war der „Treuhänder der Arbeit" „zu allen obrigkeitlichen Maßnahmen und Eingriffen in das Eigentum und die Freiheit befugt".[204] Die Aufrechterhaltung des Arbeitsfriedens war auch gerade als die bestimmende Aufgabe des „Treuhänders der Arbeit" in § 19 AOG übernommen worden. Die damalige Literatur ging davon aus, dass § 19 Abs. 1 AOG die Aufgaben der „Treuhänder der Arbeit abschließend bezeichnete.[205]

Die „Treuhänder der Arbeit" traten damit nicht nur die Nachfolge der Tarifvertragsparteien und der staatlichen Schlichter bei der Gestaltung der Löhne und Arbeitsbedingungen in der Weimarer Zeit an, sondern übernahmen auch die betriebsverfassungsrechtlichen Kompetenzen der Arbeitsgerichtsbarkeit sowie die

---

199 RGBl. 1937 I, S. 24.

200 Sog. Groß-Hamburg-Gesetz vom 26. Januar 1937, RGBl. I S. 91.

201 Westrich, Treuhänder der Arbeit (wie Fn. 191), S. 16; § 2 des Gesetzes über Treuhänder der Arbeit (RGBl. I 1933, S. 285); § 2 der DVO zum Gesetz über Treuhänder der Arbeit (RGBl. I 1933, S. 368).

202 Lippert, Stellung und Aufgaben (wie Fn. 168), S. 68; Westrich, Treuhänder der Arbeit (wie Fn. 191), S. 16; Carl Luer, Aus der Praxis des Treuhänders der Arbeit, in: Dt. ArbR 1933/1934, S. 53, 54; Ferner ergab sich dies aus § 2 Abs. 3 des Gesetzes über Treuhänder der Arbeit.

203 Lippert, Aufgaben und Stellung (wie Fn. 168), S. 40; Alfred Himmel, Der Treuhänder der Arbeit als Treuhänder der nationalsozialistischen Weltanschauung, Heidelberg 1934, S. 45; Westrich, Treuhänder der Arbeit (wie Fn. 191), S. 16; § 2 Abs. 2 des Gesetzes über Treuhänder der Arbeit; Luer, Dt. ArbR 1933/1934, S. 53, 54.

204 Westrich, Treuhänder der Arbeit (wie Fn. 191), S. 16; Luer, Dt. ArbR 1933/1934, S. 53, 54.

205 Hueck/Nipperdey/Dietz, AOG (wie Fn. 172), § 19 Anm. 1.

Kompetenzen der Landesbehörden für den Massenentlassungsschutz.[206] Die §§ 22, 36 Abs. 1, Nr. 3, Alt. 3 AOG sicherten unter Strafandrohung die Durchsetzung der Anordnungen der „Treuhänder der Arbeit“ gegen Zuwiderhandlungen durch Arbeitnehmer und / oder Arbeitgeber.

(2) Wirkung des Bescheides

Die „Treuhänder der Arbeit“ hatten unter anderem nach der Änderung der Ziff. 1 Abs. 2 der Anordnung des Reichsarbeitsministers über die Weitergeltung von Tarifverträgen als Tarifordnungen vom 20. Oktober 1934,[207] später durch § 2 der 14. DVO zum AOG,[208] die Möglichkeit, einzelne Betriebe aus dem Geltungsbereich der Tarifordnungen herauszunehmen. Dem bisherigen Mangel an Elastizität, der den alten Tarifnormen zugeschrieben wurde,[209] war angeblich durch die Möglichkeit der Befreiung der Geltung von Tarifnormen für einzelne Betriebe durch die Treuhänder der Arbeit abgeholfen worden.[210] Diese Ansicht betonte sogar das RAG in seiner Entscheidung vom 13. Juli 1935:[211]

> „Ein aus der Tragbarkeit der Löhne für den einzelnen Betrieb herzuleitendes Bedürfnis [des Tariflohnverzichts – M.B.] steht, wie dargelegt, dem nicht mehr entgegen, da diese Belange vor Erlaß der Tarifordnung sachverständig und objektiv geprüft sind. Notfalls ist der Betriebsführer jederzeit in der Lage, beim Treuhänder der Arbeit die Herausnahme seines Betriebes aus der Tarifordnung zu beantragen, über die alsdann wieder nach sachverständiger Prüfung entschieden wird. Im übrigen kommt den Anordnungen des Treuhänders der Arbeit nach der Stellung, die das Gesetz dem Treuhänder als übergeordneter staatlicher Stelle gibt, und dem besonderen strafrechtlichen Schutz, mit dem es sie umkleidet, autoritativer Charakter zu.“

Inwieweit solche einzelnen Prüfungen tatsächlich durchgeführt wurden, lässt sich heute nicht mehr nachprüfen. Vorgeschrieben waren sie.[212] Nach §§ 32

206 § 16 AOG: Entscheidung über Anträge des Vertrauensrates betreffend der Abänderung von Entscheidungen des Führers des Betriebes über die Gestaltung der allgemeinen Arbeitsbedingungen, insbesondere der Betriebsordnung; § 20 AOG: Entscheidung über Massenentlassungsschutz; § 26 AOG: Überwachung der Betriebsordnung; Hamann, Die Soziale Ehrengerichtsbarkeit (wie Fn. 192), S. 28.

207 RABl. I 1934, S. 254.

208 Vierzehnte Verordnung zur Durchführung des Gesetzes zur Ordnung der nationalen Arbeit vom 15. Oktober 1935, RGBl. I, S. 1240; Wiesel, Treuhänder der Arbeit (wie Fn. 168), S. 22.

209 Dieser Mangel sollte gerade durch die Möglichkeit des Tariflohnverzichts reguliert werden (Nikisch, ZAkDR 1935, S. 924, 925).

210 Hueck, Arbeitsrecht (wie Fn. 163), S. 165.

211 RAG (wie Fn. 169), ARS Bd. 24, S. 93, 96.

212 Dazu kurz: Wiesel, Treuhänder der Arbeit (wie Fn. 168), S. 20.

Abs. 2, 23 AOG hatten zumindest für den Erlass der Tarifordnungen Sachverständigenausschüsse zusammen zu kommen. Fest steht aber, dass Unternehmen solche Anträge stellen konnten und dass diesen Anträgen auch entsprochen wurde.[213] Das Arbeitsgericht Hamburg führte dazu aus:[214]

> „Daß dem Treuhänder, nach vorangegangener sachverständiger Prüfung, die Möglichkeit gegeben ist, einzelne Betriebe mit Rücksicht auf ihre besondere wirtschaftliche Lage aus der für sie an sich gültigen Tarifordnung herauszunehmen, ist anerkannten Rechtens. Im vorliegenden Fall hat der Treuhänder für das mit der Klägerin geschlossene Dienstverhältnis hiervon auf Antrag der Beklagten Gebrauch gemacht, wie das vorgelegte Schreiben des Treuhänders vom 12.6.35 ausweist."

Die Beklagte hatte vorliegend einen solchen Antrag auf Herausnahme aus der Tarifordnung gestellt, über welchen der „Treuhänder der Arbeit" für das Wirtschaftsgebiet Nordmark am 12. Juni 1935 positiv beschied. Von diesem Tag an war die Beklagte nicht mehr an den tarifgesetzlich vorgeschriebenen Mindestlohn gebunden und durfte die Klägerin rechtswirksam unterhalb dieser Grenze entlohnen. Zu dem davor liegenden Zeitraum ab Dezember 1934, seit dem die Klägerin bei der Beklagten angestellt war, erläuterte das Gericht folgendes:

> „Von dem Recht, seiner Genehmigung rückwirkende Kraft beizulegen, hat der Treuhänder, wie die Beklagte selbst zugeben mußte, keinen Gebrauch gemacht. Die Meinung der Beklagten, daß die Rückwirkung der treuhänderischen Genehmigung mindestens auf den Zeitpunkt erfolgen müsse, in dem der Antrag eingegangen sei, oder doch das grundsätzliche Einverständnis erfolgt sei, ist durch nichts begründet."

Für den Zeitpunkt des Inkrafttretens einer Tarifordnung galt der Zeitpunkt der Verkündung und Bekanntmachung, wenn nichts anderes bestimmt war.[215] Auch rückwirkend konnten Tarifordnungen erlassen werden, wenn die Tarifordnung dies ausdrücklich bestimmte, da das AOG nichts Gegenteiliges vorschrieb.[216] Das musste dann auch für die Herausnahme aus der Tarifordnung gelten, da die oben genannte Bekanntmachung der neuen Fassung der Anordnung des Reichsarbeitsministers vom 20. Oktober 1934[217] nichts Gegenteiliges regelte. Später bestimmte die 14. DVO in § 2 ausdrücklich auch die Möglichkeit

---

213 Als Beispiel dazu dient unter anderem der vorliegende Sachverhalt sowie Wiesel, Treuhänder der Arbeit (wie Fn. 168), S. 22.

214 HRGZ 1936 B 236.

215 Lippert, Treuhänder der Arbeit (wie Fn. 168), S. 51.

216 Hueck/Nipperdey/Dietz, AOG (wie Fn. 172), § 32 Rn. 143.

217 Vgl. oben Fn. 159.

der rückwirkenden Herausnahme eines Betriebes oder Betriebsteils aus dem Geltungsbereich einer Tarifordnung.[218]

Nach den Angaben des Arbeitsgerichts Hamburg hatte der „Treuhänder der Arbeit" für das Wirtschaftsgebiet Nordmark den Betrieb der Beklagten zwar aus der geltenden Tarifordnung herausgenommen. Diese Wirkung trat jedoch erst mit dem Tag der Zustellung der Entscheidung des „Treuhänders der Arbeit", dem 12. Juni 1935, ein. Diese galt auch nicht rückwirkend, da der „Treuhänder der Arbeit" eine Rückwirkung der Herausnahmeanordnung nicht vorgesehen hatte und eine solche sonst ausdrücklich hätte benennen müssen. So sah es, wie oben dargelegt, auch das Hamburger Arbeitsgericht.

Gegen solche hoheitlichen Maßnahmen der „Treuhänder der Arbeit" bestand kein Rechtsschutz.[219] Das heißt, dass die Beklagte hier auch keine Möglichkeit hatte, gegen die Entscheidung des „Treuhänders der Arbeit" auf irgendeine Art Widerspruch einzulegen und eine rückwirkende Neubescheidung der Herausnahme aus der Tarifordnung zu beantragen.

Die Beklagte berief sich weiter darauf, dass sie aus wirtschaftlichen Gründen den Lohn der Klägerin herabsetzen musste und nicht wusste, dass eine Herausnahme aus der Tarifordnung aufgrund dessen nur durch den Treuhänder erfolgen konnte. Das Arbeitsgericht Hamburg sagte dazu:[220]

> „Wenn demnach die Beklagte, aus wirtschaftlichen Gründen, deren Vorhandensein nicht bezweifelt wird, eine Senkung der Tariflohnsätze erstreben muß, dann war nur der Weg zum Treuhänder die gegebene Möglichkeit zur Erreichung dieses Zieles. [...] Mit der Unkenntnis der gesetzlichen Bestimmungen kann die Beklagte nicht gehört werden, insbesondere deshalb nicht, weil von der Deutschen Arbeitsfront in zahlreichen Veröffentlichungen in der Tagespresse immer wieder auf diese Möglichkeiten hingewiesen worden ist. Wenn daher die Beklagte, deren Inhaber wohl nicht Mitglied der DAF ist, auch nicht die unmittelbaren Einrichtungen der DAF benutzen kann, so wird sie aus der von ihr gelesenen Tagespresse alles Wissenswerte darüber haben entnehmen können."

Aspekte, wie die wirtschaftliche Lage eines Betriebes, welche früher bei Vertragsabschlüssen über Arbeitsverhältnisse eine erhebliche Rolle gespielt haben dürften, waren nicht länger von Relevanz. Sie spielten für den privatrechtlichen Bereich des Abschlusses von Arbeitsverträgen keine Rolle mehr. Die beklagte Arbeitgeberin konnte sich hier gegenüber dem Gericht nicht auf ihre

---

218 Vgl. dazu auch Wiesel, Treuhänder der Arbeit (wie Fn. 168), S. 22.

219 Lippert, Treuhänder der Arbeit (wie Fn. 168), S. 23 ff.; Westrich, Treuhänder der Arbeit (wie Fn. 191), S. 51 ff.

220 HRGZ 1936 B 236, 237 f.

schlechte wirtschaftliche Lage berufen, um die niedrigere Lohnzahlung bzw. die Vereinbarung eines niedrigeren Lohns zu begründen. Durch die Wortwahl des Gerichts entsteht beim Lesen der Eindruck, dass die Beklagte bei Gericht auch dadurch in Misskredit geriet, dass sie nicht Mitglied der DAF war. Näher ging das Gericht aber nicht auf diesen Vorwurf ein. Es verwies darauf, dass diese Informationen auch in der Tagespresse[221] zu lesen waren, dass der „Treuhänder der Arbeit" bei solch einer schlechten wirtschaftlichen Lage, wie der der Beklagten, solche Betriebe aus der Tarifordnung herausnehmen konnte.

3. Ertrag

Unter Bezugnahme auf die Grundsätze des AOG sollte der Erlassvertrag zwischen der Klägerin und der Beklagten aufgrund gesetzlichen Verbots nichtig gewesen sein.[222] Das Einverständnis der Klägerin zum Tariflohnverzicht, welches in der Zeit vor dem AOG zu einem stillschweigenden Erlassvertrag über tarifliche Entlohnung geführt hätte, war danach hinfällig.

Die Beklagte berief sich auf wirtschaftliche Gründe als Ursache für die untertarifliche Lohnzahlung. Das Arbeitsgericht Hamburg bezweifelte deren Vorhandensein nicht, betonte allerdings, dass es Sache der Beklagten gewesen wäre, rechtzeitig einen Antrag auf Herausnahme des Betriebes der Beklagten aus dem Geltungsbereich der Tarifordnung zu stellen.[223]

Diese wirtschaftlichen Gründe, die die Beklagte hier anführte, waren ursprünglich in der Zeit vor 1933 ein Grund für die Rechtfertigung des Erlassvertrages über die Zahlung von Tariflöhnen.[224] Sie waren als Regulativ eingesetzt worden. Nach 1933 sollte ein Ausgleich für wirtschaftliche Härten nur noch über den „Treuhänder der Arbeit" ausgeglichen werden.[225] Entsprechende Verhandlungen zum Ausgleich schlechter wirtschaftlicher Lagen standen nicht mehr zur Disposition der Vertragsparteien des Arbeitsvertrages. In der Weimarer Zeit wäre der Erlassvertrag zwischen den beiden Vertragsparteien wirksam gewesen und die Klägerin hätte ihren Anspruch auf den Differenzlohn sehr wahrscheinlich nicht zugesprochen bekommen.

---

221 Vgl. dazu bspw.: RABl. 1934 I, Nr. 31, S. 254; Amtliche Mitteilungen des Treuhänders der Arbeit für das Wirtschaftsgebiet Nordmark 1934, S. 2.

222 HRGZ 1936 B 236, 238.

223 HRGZ 1936 B 236, 237.

224 Vgl. dazu Nikisch, ZAkDR 1935, S. 924, 925.

225 Nikisch, ZAkDR 1935, S. 924, 927.

Nach 1933/34 griffen jedoch staatliche Institutionen, wie hier der „Treuhänder der Arbeit“, in private Rechtsverhältnisse ein. Dies hatte zur Folge, dass die Parteien von den Anordnungen nicht durch Vereinbarung abweichen durften, da dies schlimmstenfalls einen Verstoß gegen Gesetz bedeutet hätte. Diese Einmischung in Arbeitsverhältnisse stellte in diesen Fällen eine Einschränkung der Vertragsfreiheit der Beteiligten dar.

Hier wendete die Beklagte schließlich ein, dass das Verhalten der Klägerin gegen die guten Sitten oder Treu und Glauben verstoße. Zu Zeiten der Weimarer Republik wäre schon der Erlassvertrag wirksam gewesen. Danach hätte die Klägerin eine Lohnnachzahlung für den fraglichen Zeitraum nicht geltend machen können. Eine solche entsprechende Forderung hätte mit größter Wahrscheinlichkeit, wie auch heute, gegen den Grundsatz *venire contra factum proprium* und damit § 242 BGB verstoßen. Die Klägerin wäre vor 1933/34 nicht mit ihrem Anspruch durchgedrungen.

Tatsächlich wurde ihr der Anspruch in der Zeit nach 1933 aber vom Arbeitsgericht Hamburg gewährt, auch wenn das Gericht die Geltendmachung desselben, wie es betonte, moralisch nicht billigen wollte.[226] Damit hatte sich die Rechtsprechung zu der Problematik des Tariflohnverzichts und aller damit in Zusammenhang stehender Fragen in wenigen Monaten verändert.

Zusammenfassend kann hier festgestellt werden, dass das Gericht seine Entscheidung auf die einschlägigen gesetzlichen Grundlagen stützte. Obwohl es die Anspruchsgeltendmachung durch die Klägerin moralisch nicht billigte, stützte das Hamburger Arbeitsgericht die Entscheidung auf die geltenden Normen. Die Richter suchten nicht mithilfe unbestimmter Rechtsbegriffe ein anderes Ergebnis zu erzielen, welches sie als gerechter empfanden. Durch die Hervorhebung der „neuen Ordnung“, in die sich die Beklagte noch nicht hineingefunden hätte, die Betonung der „beschützenden Stellung“ des Staates sowie der aufgrund der Wortwahl anklingende leichte Vorwurf, kein Mitglied der „Deutschen Arbeitsfront“ zu sein, entsteht der Eindruck, dass die Richter dem neuen System eher positiv gegenüber standen. Die grundsätzliche Nichtigkeit eines Tariflohnverzichts wiederum war auch der Ausfluss der nationalsozialistischen Ideologie, die sich gerade in dem Gesetz zur Ordnung der nationalen Arbeit manifestierte. Regelungen des AOG stellten einen der Hauptgründe gegen den Verzicht dar. Eine gewisse Einflussnahme der nationalsozialistischen Wertmaßstäbe auf die Ent-

226 HRGZ 1936 B 236, 238.

scheidung der Richter in der vorliegenden Entscheidung ist daher nicht zu bestreiten.

III. „Die sittenwidrige Kündigung" - Urteil des Arbeitsgerichts Hamburg vom 23. Mai 1938 – 2b Ca 42/38[227]

1. Sachverhalt

Das Arbeitsgericht Hamburg hatte im Mai 1938 über folgenden Sachverhalt zu entscheiden:[228]

Der Kläger war seit 1912 durchgängig bei der beklagten Binnenschiffsreederei beschäftigt. Seit 1924 fuhr er auf den Schiffen als verantwortlicher Schiffsführer. Zu seinem 25-jährigen Dienstjubiläum am 6. Februar 1937 drückte die Beklagte „ihren Dank und ihre Anerkennung für die Treue und die Arbeit" seitens des Klägers durch ein Glückwunschschreiben an diesen aus. Am 27. September 1937 kündigte die Arbeitgeberin dem Kläger zum 31. März 1938 wegen Unzuverlässigkeit im Dienst.

Der Kläger hielt die Kündigung wegen Verstoßes gegen die guten Sitten für nichtig und beantragte die entsprechende Feststellung beim Arbeitsgericht Hamburg. Er sei über 25 Jahre für die Beklagte tätig gewesen und habe seine dienstlichen Verpflichtungen immer gewissenhaft erfüllt, wie die Arbeitgeberin auch in dem Glückwunschschreiben anerkannt hätte. Die Verfehlungen auf die sich die Beklagte hier berief, seien so gering gewesen, dass höchstens ein Verweis hätte ausgesprochen werden können.

Die Beklagte wendete dagegen ein, dass der Kläger zum einen seine Kajüte in einem sehr unsauberen Zustand gehalten habe. Darüber hatte er bereits im Jahr 1936 einen Verweis erhalten. Zum anderen habe der Kläger eine Havarie seines Schiffes (die Beschädigung eines Pfahls bei Potsdam) nicht gemeldet. Das allgemein gehaltene Glückwunschschreiben sei bei solchen Anlässen üblich und könne in dem vorliegenden Rechtsstreit keine Rolle spielen.

---

227 HRGZ 1938 B 439 ff.

228 Sachverhaltsdarstellung dem Urt. v. 23. Mai 1938 in HRGZ 1938 B 439 ff. entnommen.

2. Besprechung

Das Hamburger Arbeitsgericht hatte also darüber zu entscheiden, ob dem Kläger aus den hier angeführten Gründen (nicht gemeldete Havarie und Unsauberkeit) gekündigt werden konnte oder ob die Kündigung des über 25 Jahre Beschäftigten einen Verstoß gegen die guten Sitten darstellte bzw. aus sonstigen Gründen unwirksam war.

a) Zuständigkeit des Arbeitsgerichts

Das Arbeitsgericht war nach § 2 Abs. 1 Nr. 1 a.E. ArbGG (1934)[229] nicht für die nach § 481 HGB zur Schiffsbesatzung gehörenden Personen zuständig. Zur Schiffsbesatzung gehörte auch der Schiffer, bzw. Kapitän oder Schiffsführer. Allerdings galt diese Einschränkung der Zuständigkeit nur für die Schiffsbesatzung von Seeschiffen und nicht für die Besatzung der Binnenschifffahrt.[230]

b) Die ordentliche Kündigung

Die Kündigung war und ist eine einseitige empfangsbedürftige Willenserklärung einer Vertragspartei über die Beendigung des Arbeitsverhältnisses für die Zukunft (sofort oder nach Fristablauf).[231]

Hier handelte es sich um eine ordentliche Kündigung seitens des Arbeitgebers mit einer Frist von sechs Monaten zum Schluss des ersten Kalendervierteljahres 1938.[232]

Offen ist an dieser Stelle, welchen Voraussetzungen die Kündigung des klagenden Schiffsführers unterlag und welche Umstände zu einer möglichen Unwirksamkeit der Kündigung geführt haben könnten.

---

229 Arbeitsgerichtsgesetz in der seit 1. Mai 1934 geltenden Fassung vom 10. April 1934, RGBl. I S. 319.

230 Adolf Baumbach/Robert Teichmann, Arbeitsgerichtsgesetz in der vom 1. Mai 1934 an geltenden Fassung, 3. Aufl., München/Berlin 1934, § 2 Anm. 14.

231 Alfred Hueck, Deutsches Arbeitsrecht. Ein Grundriss, Berlin 1938, S. 127; ders., in: Hueck/Nipperdey, Lehrbuch des Arbeitsrechts Band I, 3. - 5. Aufl., Mannheim/Berlin/Leipzig 1931, S. 300; Erich Sperling, Die Grenzen der ordentlichen Kündigung im Arbeitsrecht, Halle 1937, S. 13 mwNw.; Günter Schaub/Ulrich Koch, Arbeitsrecht von A bis Z, München 2009, 18. Aufl., Kündigung.

232 Aus HRGZ 1938 B 439; vgl. Hueck, Arbeitsrecht (wie Fn. 231), S. 128 f.

(1) Kündigungsbeschränkungen

Allgemein konnte nach § 620 Abs. 2 BGB „jeder Teil das Dienstverhältnis nach Maßgabe der §§ 621 bis 623 kündigen". In den §§ 621 bis 623 BGB waren die einzelnen Kündigungsfristen geregelt.

In der Weimarer Zeit galt grundsätzlich ein „freies und unbeschränktes Kündigungsrecht".[233] Das Kündigungsrecht des Arbeitgebers war lediglich dadurch beschränkt, dass „es unter bestimmten Voraussetzungen von der Zahlung einer Entschädigung abhängig gemacht" wurde oder eine spezielle Kündigungsbeschränkung griff.[234] Spezielle Kündigungsbeschränkungen enthielten das Handelsgesetzbuch[235] und die Gewerbeordnung[236] sowie das Kündigungsschutzgesetz[237], das Schwerbeschädigtengesetz[238], das Mutterschutz- bzw. Schwangerengesetz[239] und die Stilllegungsverordnung[240]. Die wichtigsten Kündigungsbeschränkungen waren in den §§ 84 ff. BRG[241] geregelt. Allerdings war das BRG nach § 5 BRG nicht auf die Binnenschifffahrt und deren Besatzung anzuwenden. Für die Seeschifffahrt und die Binnenschifffahrt sollte eine Sonderregelung geschaffen werden. Diese war jedoch auch bis 1932 noch nicht erlassen.[242]

Eine Veränderung trat mit der Einführung der §§ 56 ff. AOG[243] ein.[244] Das Betriebsrätegesetz war durch § 65 Nr. 1 AOG außer Kraft getreten. Das Gesetz

---

233 Ernst Frey, Die sittenwidrige Kündigung im Arbeitsrecht, Würzburg 1938, S. 1.

234 Hueck, in: Hueck/Nipperdey, Lehrbuch des Arbeitsrechts I (wie Fn. 231) S. 350.

235 In den §§ 66 f., 70 ff. HGB.

236 In den §§ 122 ff., 133a, 133aa, 133b ff. GewO.

237 „Gesetz über die Fristen für die Kündigung von Angestellten" vom 9. Juli 1926, RGBl. I, S. 399 ff.

238 „Gesetz über die Beschäftigung Schwerbeschädigter" vom 12. Januar 1923, RGBl. I, S. 57 ff.

239 „Gesetz über die Beschäftigung vor und nach der Niederkunft" vom 16. Juli 1927, RGBl. I, S. 184 ff.

240 „Verordnung betreffend Maßnahmen gegenüber Betriebsabbrüchen und -stillegungen" vom 8. November 1920 in der Fassung der „Verordnung über Betriebsstillegungen und Arbeitsstreckung" vom 15. Oktober 1923, RGBl. I, S. 983.

241 Betriebsrätegesetz vom 4. Februar 1920, RGBl. S. 147 ff.

242 Vgl. dazu Alfred Gürtler, Betriebsrätegesetz vom 4. Februar 1920 nebst Wahlordnung, Ausführungsverordnungen und Ergänzungsgesetzen: Betriebsbilanzgesetz und Betriebsrats-Aufsichtsratsgesetz nebst Wahlordnung hierzu, 3. Aufl., Hamburg 1932, § 5 S. 21.

243 Gesetz zur Ordnung der nationalen Arbeit vom 20. Januar 1934, RGBl. I, S. 45 ff.

244 Hueck, Arbeitsrecht (wie Fn. 231), S. 135.

zur Erweiterung des Kündigungsschutzes vom 30. November 1934 änderte lediglich § 58 AOG.[245] § 4 Abs. 3 AOG nahm ebenso wie ehemals § 5 BRG Schiffe der Binnenschifffahrt und ihre Besatzungen aus dem Anwendungsbereich des AOG heraus. Das sollte auch gelten, wenn das Schiff mit einem Landbetrieb, auf den das AOG Anwendung fand, verbunden war.[246] Die §§ 56 ff. AOG und das Gesetz zur Erweiterung des Kündigungsschutzes gelangten somit für die Binnenschifffahrt, welcher der Kläger hier angehörte, nicht zur Anwendung. Auch während der Zeit des Nationalsozialismus kam es nicht zu einer gesetzlichen Regelung der Kündigungsbestimmungen für die Schifffahrtsbesatzungen weder der Hochseeschifffahrt noch der Binnenschifffahrt.

Das Gericht wendete die §§ 56 ff. AOG dementsprechend hier nicht auf den Kläger an.[247] Sonstige Kündigungsbeschränkungen für einzelne Arbeitnehmergruppen, wie zum Beispiel für Schwerbeschädigte nach dem „Gesetz über die Beschäftigung Schwerbeschädigter", fanden auf den Kläger ebenso keine Anwendung.

(2) Die sittenwidrige Kündigung

Der Kläger berief sich allerdings darauf, dass seine Kündigung einen Verstoß gegen die guten Sitten darstellte.[248] Die Kündigung wurde vom Reichsarbeitsgericht selbstverständlich als ein Rechtsgeschäft anerkannt, welches den Vorschriften des Allgemeinen Teils des BGBs unterworfen war.[249]

Das sah auch die herrschende Meinung im damaligen Schrifttum der Weimarer Republik so.[250] Dagegen wurde in der Literatur zum Teil vertreten, dass eine Kündigung nicht wegen Sittenwidrigkeit nach § 138 BGB nichtig sein

---

245 RGBl. 1934 I, S. 1193.

246 Alfred Hueck/Hans Carl Nipperdey/Rolf Dietz, Gesetz zur Ordnung der nationalen Arbeit mit sämtlichen Durchführungsverordnungen und dem Gesetz zur Ordnung der Arbeit in öffentlichen Verwaltungen und Betrieben mit seinen Durchführungsverordnungen, 2. Aufl., München/Berlin 1937, §§ 4 Rn. 24, 5 Rn. 3.

247 HRGZ 1938 B 439, 440.

248 HRGZ 1938 B 439.

249 Unter anderem: RAG Urt. v. 7. März 1936, RAG 218/35, ARS Bd. 26, S. 125 f., 130 f. = RAGE Bd. 16, S. 179, 184; RAG Urt. v. 18. März 1936, RAG 226/35, ARS Bd. 26, RAG S. 161 ff.

250 Sperling, Grenzen der ordentlichen Kündigung (wie Fn. 231), S. 5.

konnte.[251] *Molitor* führte dafür an, dass eine Kündigung abstrakt sei bzw. ein Verfügungsgeschäft darstelle und § 138 BGB darauf kaum anzuwenden sei.[252] Diese, auch von anderen Autoren vertretene, Meinung änderte sich allerdings im Laufe der Zeit, sodass eine Kündigung auch nach deren Ansicht grundsätzlich nach § 138 BGB sittenwidrig sein konnte.[253]

Nach 1933 kam ein Teil des Schrifttums mit dem Wandel der Auffassung über die Natur des Arbeitsverhältnisses dazu, dass auf ein solches personenrechtliches Gliedschafts- oder Gemeinschaftsverhältnis der Allgemeine Teil des BGB nicht angewandt werden und eine Kündigung somit nicht nach § 138 BGB sittenwidrig sein könne.[254] Die Rechtsprechung schloss sich dieser Auffassung jedoch nicht an:[255]

> „Daß auf den Dienstvertrag selbst § 138 BGB anwendbar ist, ist in der Rechtsprechung anerkannt. […] Nicht minder aber ist in der Rechtsprechung des Reichsgerichts (vgl. Urt. III 161/32 vom 4. November 1932 in SeuffA. Bd. 87 Nr. 26) und des Reichsarbeitsgerichts (vgl. u. a. RAG Bd. 4 S. 23ff., Bd. 10 S. 27 und 275, Bd. 12 S. 44 = ArbRSamml. RAG Bd. 12 S. 172 und Urt. RAG 637/28 vom 20. März 1929 in ArbRSpr. 1929 S. 190) anerkannt, daß die Kündigung ein den Bestimmungen der §§ 134, 138 BGB unterliegendes Rechtsgeschäft ist[256], das möglicherweise sowohl gegen ein gesetzliches Verbot, als auch nach Zweck und Beweggrund gegen die guten Sitten verstoßen kann. Liegt ein solcher Verstoß vor, so ist die Kündigung nach § 138 Abs. 1 BGB nichtig."

---

251 Frey, Sittenwidrige Kündigung (wie Fn. 233), S. 12 f.; Hans-Heinrich Bech, Die wegen Verstoßes gegen ein gesetzliches Verbot oder die guten Sitten nichtige Kündigung unter besonderer Darstellung der hierzu ergangenen Rechtsprechung, Weimar 1937, S. 14 ff.

252 Erich Molitor, Die Kündigung, Mannheim/Berlin/Leipzig 1935, S. 163 f. mwNw.

253 Vgl. dazu Sperling, Grenzen der ordentlichen Kündigung (wie Fn. 231), S. 4 f.; Frey, Sittenwidrige Kündigung (wie Fn. 233), S. 16 f.

254 Vgl. dazu unter anderem Wolfgang Siebert, Kündigung und Kündigungsschutzverfahren im Arbeitsrecht, in: Deutsches Recht (DR) 1935, S. 566, 568; ders., Das Arbeitsverhältnis als personenrechtliches (sozialrechtliches) Rechtsverhältnis, in: Deutsches Arbeitsrecht (Dt. ArbR) 1935, S. 95 ff.; ders., Die Richtigkeit der Arbeitsverhältnisse, in: Dt. ArbR 1936, S. 6 ff.; Siebert zitiert nach Frey, Sittenwidrige Kündigung (wie Fn. 233), S. 27 f.

255 RAG (wie Fn. 249), ARS Bd. 26, S. 125, 130 = RAGE Bd. 16, S. 179, 184 f.; vgl. auch: RAG (wie Fn. 249), ARS Bd. 26, S. 161 ff. und Hueck, Arbeitsrecht (wie Fn. 231), S. 67 f.

256 Hervorhebung durch das RAG.

Das Arbeitsgericht Hamburg war ebenfalls der Ansicht, dass eine Kündigung den allgemeinen Bestimmungen des BGB unterlag und führte dazu die Rechtsprechung des RAG an:[257]

> „Nach ständiger Rechtsprechung unterliegt die Kündigung eines Arbeitsverhältnisses den Bestimmungen der §§ 134, 138 BGB, sie kann daher wegen Sittenwidrigkeit nichtig sein. (Vgl. RAG Amtliche Sammlg. Bd. 16 Blatt 179)."

Damit ein Rechtsgeschäft sittenwidrig war, musste es „sich nach seinem erhellenden Gesamtcharakter aus der Zusammenfassung von Inhalt, Beweggrund und Zweck als ein sittenwidriges" darstellen.[258] „Als Maßstab für die guten Sitten im Sinne des Gesetzes dient[e] nicht eine bestimmte Sitte, eine Anschauung, wie sie in bestimmten Kreisen [bestand], sondern nur das, was dem herrschenden Volksbewußtsein, dem Anstandsgefühl aller billig und gerecht Denkenden [entsprach]."[259] Eine Kündigung war danach wegen Sittenwidrigkeit nichtig, wenn sie „mit dem Anstandsgefühl aller billig und gerecht Denkenden unvereinbar" war.[260] Das Gericht hatte diese Unvereinbarkeit nach den Umständen des Einzelfalles zu beurteilen.[261] Hier waren den Richtern somit wieder Spielräume gelassen, in denen sie nach ihrer Auffassung entscheiden konnten, was Recht war.

Zu beachten ist, dass gerade ein Begriff wie der der Sittlichkeit nach wie vor dem Wandel der Zeiten unterliegt.[262] Unter die oben genannte Definition der Sittenwidrigkeit wurde die nationalsozialistische Weltanschauung ohne große Anstrengungen oder Argumentationsschwierigkeiten transponiert.[263] Die Generalklausel der Sittenwidrigkeit in der Weimarer Republik war eine andere als die im Nationalsozialismus. Nach *C. Schmitt* sollten sich gerade in einem Begriff

257 HRGZ 1938 B 439.

258 Louis Busch, in: Busch/Schaffeld/Dr. Ebbecke/Erler/Kiehl/Dr. Lobe/Dr. Mansfeld/Michaelis/Oegg/Schliewen/Senffahrth (RGRK), Das Bürgerliche Gesetzbuch mit besonderer Berücksichtigung der Rechtsprechung des Reichsgerichts, Berlin/Leipzig 1921, 3. Aufl., Band I, § 138 Anm. 1.

259 Busch, in: RGRK zum BGB (wie Fn. 258), § 138 Anm. 1.

260 Vgl. zu der vom Reichsgericht aufgestellten und oft wiederholten Formel RG Urt. v. 3. Februar 1910, RG VI 28/09, RGZ 73, 107, 113; RG Urt. v. 15. Oktober 1912, RG VII 231/12, RGZ 80, 219, 221; Bech, Die nichtige Kündigung (wie Fn. 251), S. 51.

261 So RAG (wie Fn. 249), ARS Bd. 26, S. 125 ff. = RAGE Bd. 16, S. 179, 189.

262 Bernd Rüthers, Die unbegrenzte Auslegung. Zum Wandel der Privatrechtsordnung im Nationalsozialismus, Tübingen 2005, 6. Aufl., S. 212 f., 216 f.

263 Michael Stolleis, Gemeinwohlformeln im nationalsozialistischen Recht, Berlin 1974, S. 100.

wie dem der „guten Sitten“ neue juristische Denkweisen durchsetzen.[264] Das RAG führte folgendes in einer Entscheidung vom 7. März 1936, bei der es um den Verstoß gegen die guten Sitten bei einer Kündigung ging, zu dem Inhalt der Sittenwidrigkeit aus:[265]

> „Es kommt darauf an, ob nach Anschauung aller billig und gerecht denkenden Volksgenossen die Kündigung jenem Maß von Sittlichkeits- und Anstandsrücksichten widerspricht, das vom Durchschnittsmenschen gefordert wird. Das herrschende Volksbewußtsein und das Anstandsgefühl kann wechseln, maßgebend ist immer die jeweilige Volksanschauung. So bildet § 138 BGB in Verbindung mit dem allgemeinen Gebot von Treu und Glauben (§§ 157, 242 BGB) auch die besonders geeignete Grundlage, um dem durch die stärkere Betonung des Gemeinschaftsgedankens, der Volksverbundenheit und der Betriebsverbundenheit geläuterten Rechts- und Sittlichkeitsbewußtsein[266] des deutschen Volkes auf dem Gebiet des rechtsgeschäftlichen Verkehrs Geltung zu verschaffen (RGR 8. Aufl. § 138 Anm. 1 Abs. 3). Von ausschlaggebender Bedeutung bei der Beurteilung dieser Fragen sind dabei die Ziele, die sich der Nationalsozialismus gestellt hat und die in den seit der Erhebung erlassenen Gesetze Ausdruck gefunden haben.“

Folglich sollten die Arbeitsgerichte „der Beurteilung das von der nationalsozialistischen Weltanschauung getragene und durchdrungene gesunde Volksempfinden zugrunde“ legen.[267]

Grundsätzlich bedurfte es für eine ordentliche Kündigung weder in der Weimarer Zeit noch nach 1933 der Angabe eines Grundes.[268] Allerdings war für eine wirksame Kündigung „das Fehlen eines rechtlich mißbilligten Kündigungsgrundes Voraussetzung“.[269] Das RAG hatte in einer Entscheidung vom 2. November 1932 eine Kündigung, die allerdings ohne sachlichen Grund erfolgte, als sittenwidrig eingestuft.[270] In diesem Fall hatte der Arbeitgeber einer Schwes-

---

264 Carl Schmitt, Über die drei Arten des rechtswissenschaftlichen Denkens, Hamburg 1934, S. 59.

265 RAG (wie Fn. 249), ARS Bd. 26, S. 125, 135.

266 Hervorhebung durch das RAG.

267 RAG (wie Fn. 249), ARS Bd. 26, S. 161, 166; Frey, Sittenwidrige Kündigung (wie Fn. 233), S. 41; vgl. auch Bech, Nichtige Kündigung (wie Fn. 251), S. 52 f.

268 Friedrich Oegg, in: Busch/Schaffeld/Dr. Ebbecke/Erler/Kiehl/Dr. Lobe/Dr. Mansfeld/Michaelis/Oegg/Schliewen/Senffahrth (RGRK), Das Bürgerliche Gesetzbuch mit besonderer Berücksichtigung der Rechtsprechung des Reichsgerichts, Berlin/Leipzig 1921, 3. Aufl., Band I, § 620 Anm. 2; Hueck, in: Hueck/Nipperdey; Lehrbuch des Arbeitsrechts I (wie Fn. 231), S. 305; Hueck, Arbeitsrecht (wie Fn. 231), S. 127; Molitor, Die Kündigung (wie Fn. 252), S. 80.

269 Molitor, Die Kündigung (wie Fn. 252), S. 151.

270 RAG Urt. v. 2. November 1932, RAG 303/32, Bensh. Samml. Bd. 16, S. 297 ff.

ternschülerin gekündigt, weil er sie für die Aufgaben einer Krankenpflegerin als ungeeignet einstufte. Die Richter des RAG sahen darin keinen hinreichenden Grund:[271]

> „Eine weitere Frage ist es aber, ob nicht mit Rücksicht auf die besonderen Umstände des Falles der von dem Beklagten fristgemäß ausgesprochenen an sich zulässigen Kündigung die Rechtswirksamkeit zu versagen ist. Diese Frage ist zu bejahen. Auch die Kündigung darf im Einzelfall, wie jede Rechtshandlung, wenn sie rechtswirksam sein soll, nicht gegen die Anschauung aller recht und billig Denkenden verstoßen, § 138 BGB."

Das RAG hielt „die Bekanntgabe des wahren Kündigungsgrundes" für verweigert mit dem Ergebnis, dass es die Kündigung des Ausbildungsverhältnisses als sittenwidrig betrachtete.[272]

Die Rechtsfolgen einer sittenwidrigen Kündigung waren nach wie vor 1933 sehr umstritten.[273] Die Rechtsprechung hielt eine sittenwidrige Kündigung fast durchweg für nichtig, sodass das Arbeitsverhältnis fortbestand.[274]

In der Literatur wurde vertreten, dass die sittenwidrige Kündigung „zwar sozial unerwünscht, rechtlich aber dennoch wirksam" war und wollte dem Gekündigten einen Anspruch auf Schadensersatz zugestehen.[275] Erst später schloss sich die herrschende Lehre der Rechtsprechung an und hielt eine sittenwidrige Kündigung für unwirksam mit der Folge des Fortbestehens des Arbeitsverhältnisses.[276]

Die Gründe, auf die die Beklagte die Kündigung des Klägers im vorliegenden Fall stützte, waren zum einen die Unzuverlässigkeit bzgl. der Unsauberkeit seiner Kajüte und zum anderen die Nichtanzeige einer Havarie seines Schiffes bei Potsdam. Ob diese Gründe dem Anstandsgefühl aller billig und gerecht Denkenden widersprochen hatten oder ob sie nach § 138 BGB derartige zu missbilligende Kündigungsgründe darstellten, erörterte das Arbeitsgericht Ham-

---

271 RAG (wie Fn. 270), ARS Bd. 16, S. 297, 299.

272 RAG (wie Fn. 270), ARS Bd. 16, S. 297, 300.

273 Molitor, Die Kündigung (wie Fn. 252), S. 162;

274 RAG Urt. v. 24. April 1929; RAG 533/28, Bensh. Samml. Bd. 6, S. 96 ff.; RAG Urt. v. 16. Mai 1931, RAG 636/30, Bensh. Samml. Bd. 12, S. 172 ff.; RAG Urt. v. 20. Februar 1935, RAG 248/34, ARS Bd. 23, S. 58 ff.; RAG (wie Fn. 249) ARS Bd. 26, S. 125 f., 130 f.; RAG (wie Fn. 249), ARS Bd. 26, RAG S. 161 ff.

275 Frey, Sittenwidrige Kündigung (wie Fn. 233), S. 11, 27 mwNw.

276 Rolf Krieger, Nichtige Kündigungen im bürgerlichen Recht und Arbeitsrecht, Köln 1937, S. 38; Sperling, Grenzen der ordentlichen Kündigung (wie Fn. 231), S. 4 ff. mwNw.

burg in seiner Entscheidung nicht. Es äußerte sich unter dem Gesichtspunkt der Sittenwidrigkeit nicht, ob die von der Arbeitgeberin angeführten Gründe der „neuen Weltanschauung“ widersprachen:[277]

> „Es kann nicht zugegeben werden, daß nur dann das Gefühl für die guten Sitten verletzt wird, wenn der Unternehmer aus dem Verlangen, seine Macht fühlen zu lassen, kündigt. Im vorliegenden Falle kam es aber auf eine Nachprüfung in Richtung auf § 138 BGB nicht an, weil der Klaganspruch in anderen Gründen seine Rechtfertigung findet.“

Statt dessen stütze das Gericht die Begründung auf den „Mißbrauch eines Rechts“, wonach sich die Unwirksamkeit der Kündigung nicht aus der Sittenwidrigkeit nach § 138 BGB ergebe, sondern aus dem Grundsatz, dass jedes Recht dort ende, wo sein Missbrauch beginne.[278]

Zu dem Vorbringen des Klägers bezüglich der Sittenwidrigkeit seiner Kündigung nahm das Arbeitsgericht Hamburg unter diesen Gesichtspunkten nicht weiter Stellung.

(3) Die rechtsmissbräuchliche Kündigung

Dem folgend war fraglich, ob die vorliegende Kündigung tatsächlich aus anderen Gründen unwirksam sein konnte.

Neben der Sittenwidrigkeit gem. § 138 BGB gab es im BGB weitere Generalklauseln, die zur Unwirksamkeit einer Kündigung führen konnten. Dazu zählte die Kündigung als Schikane nach § 226 BGB. Da die Kündigung dann aber keinen anderen Zweck haben durfte, als einen anderen zu schädigen, war die Kündigung als Schikane nach § 226 BGB in der Praxis nach wie vor 1933 selten zu finden.[279] Eine Kündigung konnte weiterhin wegen Verstoßes gegen ein gesetzliches Verbot nach § 134 BGB unwirksam sein.[280]

Schließlich stand § 242 BGB als umfassende Generalklausel für die Unwirksamkeit von Kündigungen zur Verfügung.[281] So wie das ganze Vertrags-

---

277 HRGZ 1938 B 439.

278 HRGZ 1938 B 439, 440.

279 Vgl. dazu Sperling, Grenzen der ordentlichen Kündigung (wie Fn. 231), S. 2, 42; Frey, Sittenwidrige Kündigung (wie Fn. 233), S. 12; Bech, Sittenwidrige Kündigung (wie Fn. 251), S. 92.

280 Vgl. dazu RAG Urt. v. 10. November 1928, RAG 169/28, Bensh. Samml. Bd. 4, S. 146 ff.

281 Sperling, Grenzen der ordentlichen Kündigung (wie Fn. 231), S. 6, 42.

recht sollte auch die Kündigung dem Grundsatz von Treu und Glauben unterliegen.[282]

Der Gedanke von Treu und Glauben aus § 242 BGB fand unter anderem in der Lehre vom Rechtsmissbrauch seine Ausprägung[283] und gewann nach 1933 für den Bereich der Kündigung immer mehr an Bedeutung.[284] Unter Rechtsmissbrauch wurde nach 1933 der „dem gesunden Volksempfinden widersprechende Gebrauch der Rechte" als Rechtsüberschreitung verstanden.[285] Entscheidend trug *Siebert* durch seine Schriften zu dem Wechsel in der Rechtsmissbrauchslehre bei.[286] Nach *Siebert* folgte aus § 242 BGB ein allgemeines Rechtsmissbrauchsverbot, wonach jedermann „in Ausübung seiner Rechte nach Treu und Glauben mit Rücksicht auf die Verkehrssitte zu handeln" hatte.[287] Was in diesem Sinne unter „Treu und Glauben" zu verstehen war, legte *Siebert* nach *Carl Schmitt* im nationalsozialistischen Sinn aus:[288]

> „Im deutschen Staat der Gegenwart ist die nationalsozialistische Bewegung führend. Von ihren Grundsätzen aus muß daher bestimmt werden, was gute Sitten, Treu und Glauben, zumutbare Anforderungen, öffentliche Sicherheit und Ordnung usw. sind".

Diese Ansicht sollte nach *Siebert* auch für § 826 BGB gelten, wonach jede Rechtsausübung, die gegen die guten Sitten verstieß, einen Rechtsmissbrauch darstellte.[289] Die Anwendung des § 826 BGB als Kündigungsschutz wurde von einem Teil der Literatur jedoch mit der Begründung abgelehnt, dass eine Schadenersatzpflicht nicht eintrete, wenn eine Kündigung wegen Sittenwidrigkeit

---

282 RAG Urt. v. 25. Oktober 1933, RAG 215/33, ARS Bd. 19, S. 159, 161; RAG Urt. v. 28. Februar 1934, RAG 139/33, ARS Bd. 20, S. 225, 228; Sperling, Grenzen der ordentlichen Kündigung (wie Fn. 231), S. 6.

283 Vgl. dazu vor allem Hans-Peter Haferkamp, Die heutige Rechtsmißbrauchslehre – Ergebnis nationalsozialistischen Rechtsdenkens?, Berlin 1995, S. 134 ff.

284 Sperling, Grenzen der ordentlichen Kündigung (wie Fn. 231), S. 7, 43; Bech, Nichtige Kündigung (wie Fn. 251), S. 93.

285 Herbert Schneider, Drei Jahre nationalsozialistische Rechtspflege, Deutsches Recht 1936, S. 117, 120; Wolfgang Siebert, Vom Wesen des Rechtsmißbrauchs. Über die konkrete Gestaltung der Rechte, Berlin 1935, S. 19, 27.

286 Haferkamp, Rechtsmißbrauchslehre (wie Fn. 283), S. 183 ff.

287 Wolfgang Siebert, Verwirkung und Unzulässigkeit der Rechtsausübung. Ein rechtsvergleichender Beitrag zur Lehre von den Schranken der privaten Rechte und zur exeptio doli (§§ 226, 242, 826 BGB), unter besonderer Berücksichtigung des gewerblichen Rechtsschutzes (§ 1 UWG), Marburg 1934, S. 125.

288 Siebert, Verwirkung und Unzulässigkeit der Rechtsausübung (wie Fn. 287), S. 113; vgl. auch Siebert, Wesen des Rechtsmißbrauchs (wie Fn. 285), S. 14 f.

289 Siebert, Verwirkung und Unzulässigkeit der Rechtsausübung (wie Fn. 287), S. 110 f.; Haferkamp, Rechtsmißbrauchslehre (wie Fn. 283), S. 195.

nichtig war, da eine nichtige Kündigung nur in den seltensten Fällen zu einem Schaden führen könne und eine Schädigungsabsicht, bzw. eine vorsätzliche Schädigung kaum nachzuweisen sei.[290]

Der Rechtsmissbrauch wurde als Einwendung behandelt, was dazu führte, dass die Richter von Amts wegen zu prüfen hatten, ob eine rechtsmissbräuchliche Ausübungshandlung vorlag.[291] Diese Lehre vom Rechtsmissbrauch gewann in der Rechtsprechung erst ab 1935 an Bedeutung und wurde für Kündigungen erst auf Drängen des Schrifttums als Wirksamkeitshindernis herangezogen.[292] So sagte das RG in einer Entscheidung vom 25. August 1939:[293]

> „Die Ausübung der Kündigungsbefugnis kann sich nicht nur als unzulässige (§ 826 BGB), sondern auch als unrichtige (§ 242 BGB) Rechtsausübung darstellen. Die Ausübung des Kündigungsrechts ist unzulässig, wenn sie willkürlich und in schädigender Absicht erfolgt, aber auch dann, wenn sie nach der besonderen Sachlage im Einzelfall unter dem Gesichtspunkt von Treu und Glauben nicht gebilligt werden kann. Gegen Treu und Glauben kann die Ausübung der Kündigungsbefugnis auch ohne subjektives Verschulden, insbes. ohne Schädigungsabsicht verstoßen."

Damit hatte es sich in der Rechtsprechung durchgesetzt, dass die schwierig zu beweisenden subjektiven Voraussetzungen, wie die Schädigungsabsicht, für eine rechtsmissbräuchliche Kündigung nicht mehr beigebracht werden mussten. Die Kündigung eines Arbeitnehmers konnte einen Rechtsmissbrauch nach § 242 BGB darstellen.

Zur Anwendung der Rechtsmissbrauchslehre auf die Kündigung im vorliegenden Fall führte das Arbeitsgericht Hamburg aus:[294]

> „Die mißbräuchliche Kündigung ist nicht wegen Sittenverstoßes gemäß § 138 BGB nichtig, sondern sie ist rechtsunwirksam, weil ihre Rechtswirksamkeit ausgeschlossen ist gemäß dem Grundsatz, daß jedes Recht da enden muss, wo der Mißbrauch anfängt. Die Voraussetzungen, unter denen ein solcher Rechtsmißbrauch anzunehmen ist, sind nicht dem § 138 BGB, sondern einem allgemeinen Rechtssatz zu entnehmen. Dieser Rechtsgrundsatz findet für das Arbeitsrecht seinen Niederschlag in den §§ 226, 242, 826 BGB in Verbindung mit § 2 AOG."

290 Sperling, Grenzen der ordentlichen Kündigung (wie Fn. 231), S. 42.

291 Haferkamp, Rechtsmißbrauchslehre (wie Fn. 283), S. 189, 226.

292 Haferkamp, Rechtsmißbrauchslehre (wie Fn. 283), S. 224 ff., 257; es gab aber auch Stimmen in der damaligen Literatur, die die Anwendung der Rechtsmissbrauchslehre auf die Kündigung ablehnten, vgl. dazu Krieger, Nichtige Kündigungen (wie Fn. 276), S. 19 f.

293 RG Urt. v. 25. Aug. 1939, RG III 8/39, DR 1939, S. 2041 Nr. 1.

294 HRGZ 1938 B 439, 440.

Das Arbeitsgericht verortete den Rechtsmissbrauch somit nicht in der Sittenwidrigkeit nach § 138 BGB, auf die der Kläger hier seine Klage stützte, sondern prüfte den Rechtsmissbrauch als selbstständigen allgemeinen Rechtsgrundsatz gem. § 242 BGB auch von Amts wegen. Um die Kündigung als Rechtsüberschreitung zu überführen, zog das Arbeitsgericht die §§ 226, 242 und 826 BGB sowie § 2 AOG als einschlägige Rechtsgrundlagen heran.

§ 2 AOG regelte in Abs. 1 das „Führerprinzip" für die Betriebsgemeinschaft und in Abs. 2 das Prinzip der Treue und Fürsorge in dieser.[295] Wie oben bereits erwähnt, fand das AOG nach § 4 Abs. 3 AOG auf den vorliegenden Fall des Binnenschiffers keine Anwendung. Das Arbeitsgericht Hamburg zog § 2 AOG trotzdem als Rechtsgrundlage heran und begründete dieses Vorgehen wie folgt:[296]

> „Bei § 2 AOG handelt es sich nicht um eine programmatische Erklärung für eine bestimmte soziale Gesamthaltung, sondern diese Vorschrift stellt konkretes geltendes Recht dar. [...] Ferner muß als feststehend erachtet werden, daß der in § 2 AOG zum Ausdruck gebrachte Fürsorge- und Treuegedanke auch in all den Fällen Anwendung finden muß, in denen das AOG keine direkte Geltung hat, aber Betriebsführer und Gefolgschaft in einer Betriebsgemeinschaft zusammenarbeiten, d. h. also in allen arbeitsrechtlichen Verhältnissen schlechthin. Dieser Rechtsansicht steht § 4 Abs. 3 AOG, der die Geltung des AOG für die Schiffahrt ausdrücklich ausschließt, nicht entgegen, da nicht eine bestimmte Vorschrift des AOG direkt angewandt, sondern ein allgemeiner Rechtsgedanke des Arbeitsrechts herangezogen werden soll."

Diese Ansicht des Arbeitsgerichts über das „Fürsorge- und Treueprinzip" in der Betriebsgemeinschaft wurde auch im Schrifttum vertreten. Gerade der § 2 Abs. 2 AOG sollte in Verbindung mit § 1 AOG nicht nur für das AOG, sondern für das gesamte Arbeitsrecht von entscheidender Bedeutung sein.[297]

Auf die Tatbestandsvoraussetzung der Schädigungsabsicht, bzw. der vorsätzlichen Schädigung nach §§ 226, 826 BGB, auf die das Arbeitsgericht Hamburg unter anderem den Rechtsmissbrauch im Arbeitsrecht stützte, ist das Gericht an dieser Stelle nicht eingegangen. Es hat auch nicht festgestellt, dass die Absicht, einem anderen einen Schaden zufügen zu wollen, anerkanntermaßen

---

295 § 2 AOG:
(1) Der Führer des Betriebes entscheidet der Gefolgschaft gegenüber in allen betrieblichen Angelegenheiten, soweit sie durch dieses Gesetz geregelt werden.
(2) Er hat für das Wohl der Gefolgschaft zu sorgen. Diese hat ihm die in der Betriebsgemeinschaft begründete Treue zu halten.

296 HRGZ 1938 B 439, 440.

297 Hueck/Nipperdey/Dietz, AOG Kommentar (wie Fn. 246), § 2 vor Anm. 1.

für eine rechtsmissbräuchliche Kündigung nicht mehr vorzuliegen brauchte. Entsprechend hätte es den Rechtsmissbrauch aber auch nicht mehr auf die §§ 226, 826 stützen sollen.

„Für jeden Fall erforderliche rechtserhebliche" Voraussetzungen, die für die Annahme eines Rechtsmissbrauchs nach § 242 BGB erfüllt sein mussten, gab es nach *Siebert* eigentlich nicht.[298] Insbesondere sei ein Verschulden danach für einen Verstoß gegen Treu und Glauben auch nicht notwendig gewesen.[299]

Die Voraussetzungen, die das Arbeitsgericht Hamburg für das Vorliegen eines Rechtsmissbrauchs hier prüfte und erörterte, waren:[300]

> „1. Mangel eines rechten Grundes zur Kündigung und
> 2. Gröblicher Verstoß gegen die Treuepflicht
> Besonders diese zweite Voraussetzung ist sehr schwerwiegend. [...] Trotz des Fehlens der Kündigungswiderrufsklage muß vielmehr an die Klage auf Nichtigkeit oder Unwirksamkeit der Kündigung ein strenger Maßstab angelegt werden."

Das Gericht betonte, dass gerade weil eine mit der Kündigungswiderrufsklage vergleichbare Klage im Seearbeitsrecht fehlte, einer Klage wie der des Klägers auf Unwirksamkeit seiner Kündigung nicht schon bei Vorliegen aller Voraussetzungen der Kündigungswiderrufsklage stattgegeben werden könnte und prüfte daraufhin seine aufgestellten Voraussetzungen, von denen eine zumindest sehr der Voraussetzung des Verstoßes gegen die guten Sitten nach § 138 BGB ähnelte:[301]

> „Das Gericht ist zu der Überzeugung gelangt, daß schon nach dem eigenen Vorbringen der Beklagten ein rechter Grund für die Kündigung nicht vorgelegen hat. In der mangelhaften Instandhaltung der Kajüte kann ein solcher Grund nicht gesehen werden, selbst dann nicht, wenn der Zustand der Kajüte derartig war, wie er von der Beklagten geschildert wird. [...] Dafür, daß der Kläger seine Kajüte trotz des Verweises [im Mai 1936 – M.B.] weiter vernachlässigt habe und auch später Anlaß zu ähnlichen Beanstandungen gegeben habe, ist von der Beklagten nichts vorgetragen worden. Es muß also davon ausgegangen werden, daß später nichts Nachteiliges mehr vorgefallen ist und daß die Sache mit der Rüge im M a i 1 9 3 6[302] ihren Abschluß gefunden hatte."

298 Siebert, Verwirkung und Unzulässigkeit der Rechtsausübung (wie Fn. 287), S. 120 f.
299 Siebert, Verwirkung und Unzulässigkeit der Rechtsausübung (wie Fn. 287), S. 121; RG (wie Fn. 291) DR 1939, S. 2041 Nr. 1.
300 HRGZ 1938 B 439, 440.
301 HRGZ 1938 B 439, 440.
302 Hervorhebung durch das Arbeitsgericht Hamburg.

Die Kündigung erfolgte 16 Monate nach der Rüge unter anderem wegen der Vernachlässigung der Kajüte. Das Gericht zog zur Untermauerung seiner Argumentation für die Grundlosigkeit der Kündigung auch das Glückwunschschreiben zum 25jährigen Dienstjubiläum vom Februar 1937 heran. Es begründete seine Anschauung damit, dass ein Fehlverhalten, welches zum Zeitpunkt des Dienstjubiläums neun Monate zurücklag, keine Grundlage einer Kündigung zeitlich nach diesem Glückwunschschreiben darstellen könnte.[303]

Die vom Kläger begangene Pflichtwidrigkeit der Nichtanzeige der Havarie, sahen die Richter ebenso als nicht ausreichend an, um darauf eine Kündigung zu stützen:[304]

> „Auch der von der Beklagten erhobene Vorwurf, der Kläger habe die Havarien seines Schiffes nicht gemeldet, erweist sich als übertrieben. Die einzige Pflichtwidrigkeit, die die Beklagte dem Kläger nachweisen kann und die vom Kläger auch ohne weiteres zugegeben wird, ist die Nichtanzeige der Beschädigung eines Pfahls in der Nähe von Potsdam. Der hierbei entstandene Schaden beläuft sich auf 60 RM. Es kann dem Kläger geglaubt werden, wenn er vorträgt, er habe der ganzen Sache keine Bedeutung beigemessen und deshalb die Meldung unterlassen. [...] Wenn man berücksichtigt, daß diese geringfügige Beschädigung der einzige Fall einer nicht gemeldeten Kollision während einer 14jährigen Dienstzeit als Kapitän ist, so kann darin ein rechter Grund zur Kündigung nicht gesehen werden."

Das Gericht stellte also für das Nichtvorliegen eines Grundes zum einen darauf ab, dass lediglich eine geringe Beschädigung vorlag. Der Kläger verursachte mit dem Schiff der Beklagten einen Schaden iHv. 60 RM. Aber auch dann, wenn die Beschädigung noch so klein war, lag letzten Endes eine Pflichtverletzung vor, die der Kläger im Rahmen seiner Tätigkeit für die Beklagte begangen hatte und die die Beklagte nachweisen konnte. Ob möglicherweise weitere Pflichtverletzungen in der Vergangenheit vorlagen, konnte nicht mehr festgestellt werden. Dazu sagte das Gericht auch nichts. Zum anderen zogen die Richter die 14jährige Dienstzeit als Kapitän und damit Schiffsverantwortlicher heran. Innerhalb dieser 14 Jahre war keine weitere Pflichtverletzung seiner Dienstpflichten bekannt.

Das Arbeitsgericht Hamburg kam nun, nachfolgend der geschilderten zwei „vorgeschobenen" Gründe der Beklagten, zu seiner zweiten Voraussetzung der rechtsmissbräuchlichen Kündigung. Danach sollte ein gröblicher Verstoß „ge-

303 HRGZ 1938 B 439, 440.
304 HRGZ 1938 B 439, 441.

gen die Treuepflicht innerhalb der Betriebsgemeinschaft" seitens der Beklagten vorliegen:[305]

> „Das Gericht hat in Betracht gezogen, daß der Kläger über 25 Jahre im Dienst der Beklagten tätig war und damit die Arbeit seines ganzen Lebens dem Betriebe der Beklagten gewidmet hat. Jetzt, nachdem der Kläger so alt geworden ist, daß es ihm kaum möglich sein dürfte, bei einer anderen Firma eine gleiche Stellung zu erhalten, hat die Beklagte ihn entlassen. Als Grund hat sie Vorgänge vorgeschoben, die nach Ansicht des Gerichts keinesfalls eine so schwerwiegende Maßnahme rechtfertigen."

Damit sah das Arbeitsgericht Hamburg auch die zweite aufgestellte Voraussetzung für die Rechtsmissbräuchlichkeit der Kündigung, den gröblichen Verstoß gegen die Treuepflicht, durch den Arbeitgeber als erfüllt an. Die Richter gingen hier jedoch noch weiter und nahmen darüber hinaus eine Ehrverletzung durch den Arbeitgeber an:[306]

> „Obgleich der Beklagten nur ein einzelner, ganz belangloser Fall bekannt war, hat sie dem Kläger nachgesagt, er habe die Havarien seines Fahrzeuges nicht gemeldet und sei daher unzuverlässig im Dienst. Sie hat damit gegen den Kläger einen Vorwurf erhoben, der den Kläger in seiner Ehre als Schiffsführer schwer kränken mußte und der in dieser Form unbegründet ist. Die Beklagte hat somit die langjährige Treue des Klägers in einer Weise entgolten, die als gröblicher Treuebruch ihrerseits bezeichnet werden muß."

Diese Anspielungen auf die verletzte Ehre des Klägers als Schiffsführer durch die Äußerungen der Beklagten und den damit einhergehenden „gröblichen Treuebruch" erinnern an die durch das AOG eingeführte „Soziale Ehrengerichtsbarkeit" als eine Disziplinargerichtsbarkeit für jede im Arbeitsleben stehende Person.[307]

Das Gericht nannte die Pflichtverletzung hier wiederum einen belanglosen Fall. Wiederholt betonten die Richter, dass die Beklagte von (mehreren) Havarien statt von einer Havarie gesprochen hätte. Ferner zog es die „schwere Ehrverletzung" des Klägers als Schiffsführer und damit eine Tatbestandsvoraussetzung für den Rechtsmissbrauch heran, die von den Richtern selbst vorher so nicht aufgestellt wurde und begründete daraufhin wiederholt, dass ein „gröblicher Treuebruch" seitens der Beklagten vorlag.

---

305 HRGZ 1938 B 439, 441.

306 HRGZ 1938 B 439, 441.

307 Vgl. dazu Steffen Hamann, Die soziale Ehrengerichtsbarkeit und die Konfliktkommission. Ein rechtshistorischer Vergleich, Göttingen 2007, S. 10 ff. sowie unten S. 136.

Das Arbeitsgericht Hamburg kam hier also zu dem Schluss, dass dem Kläger unter der von der Beklagten gelieferten Begründung nicht gekündigt werden konnte und diese Kündigung einen solchen Rechtsmissbrauch darstellte:[308]

> „Die Voraussetzungen für die Annahme eines Kündigungsmißbrauchs sind in diesem Falle aber gegeben."

3. Ertrag

Das Arbeitsgericht Hamburg kam hier zu der Annahme, dass Kündigungsmissbrauch gegeben war und begründete das mit dem Nichtvorliegen eines wirklichen Grundes und einem groben Treueverstoß des Arbeitgebers gegenüber seinem Arbeitnehmer sowie der damit einhergehenden Ehrverletzung seitens des Arbeitgebers.

Zwar mochte der Schaden nach der Havarie gering gewesen sein, möglicherweise konnte sich der Arbeitgeber für die Zukunft jedoch nicht darauf verlassen, dass der Kläger alle Schäden melden würde. Es stellte sich auch die Frage, welchen Grund der Arbeitnehmer hatte, die Havarie nicht zu melden. Darauf ist das Gericht nicht eingegangen. Diese Nichtanzeige könnte aber schon ein Indiz für ein gestörtes Vertrauensverhältnis zwischen Kläger und Beklagter gewesen sein.

Hinzukommt, dass Unsauberkeit einer Kajüte das Betriebsklima auf einem Schiff tatsächlich nachhaltig beeinträchtigen kann. Besonders musste dies für die kleineren Schiffe gelten, die in der Binnenschifffahrt eingesetzt wurden und werden. Ob es nach der Rüge im März 1936 zu weiteren derartigen Vorfällen kam, lässt sich anhand der vorliegenden Entscheidung nicht ermitteln. Das Gericht sagte jedenfalls, dass die Beklagte keine weiteren Vorwürfe gegen den Kläger vorgebracht hatte.

Die Richter des Hamburger Arbeitsgerichts stützen ihre Entscheidung auf die ständige Rechtsprechung des Reichsarbeitsgerichts. Das Einfallstor der nationalsozialistischen Ideologie stellte hier zunächst die Definition der Sittenwidrigkeit dar. An dem dargestellten Urteil des Reichsarbeitsgerichts zeigt sich der nationalsozialistische Einfluss ganz offensichtlich. Das zeitlich folgende Urteil des RAG forderte die Arbeitsgerichte bei ihrer Entscheidungsfindung auf, die nationalsozialistische Weltanschauung bei dem Maßstab der Sittenwidrigkeit zugrunde zu legen.

---

308 HRGZ 1938 B 439, 440.

Statt die nationalsozialistische Ideologie hier unter § 138 BGB zu subsumieren, wie es das RAG demonstriert hatte, verwendeten die Hamburger Richter auf die Prüfung der Sittenwidrigkeit keine weitere Mühe. Dies ist insofern erstaunlich, da auch § 138 BGB als Generalklausel entsprechende Interpretationsmöglichkeiten bot. Die Richter gingen ohne Umschweife auf die Rechtsfigur des Rechtsmissbrauchs ein und stützten ihre Urteilsbegründung vorrangig und einzig darauf. Damit fand die Generalklausel des § 242 BGB Anwendung und ermöglichte auf diesem Wege über den durch Siebert vorrangig herbeigeführten Wechsel der Lehre vom Rechtsmissbrauch die Einflussnahme der nationalsozialistischen Ideologie auf die Entscheidungsbegründung. Dabei stützen sich die Richter auf die Verletzung der Treuepflicht durch den Beklagten und zogen die Verletzung der Ehre des Klägers zur Argumentation heran. Letztere war besonders in dem nationalsozialistischen AOG verankert. Dessen § 2 wurde ebenso als Rechtsgrundlage für den Rechtsmissbrauch des Beklagten herangezogen. Dies mag auch einen Grund für den Umweg über § 242 BGB darstellen und kein näheres Eingehen auf § 138 BGB begründen. Über Treu und Glauben und in diesem Rahmen der Theorie vom Rechtsmissbrauch konnte § 2 AOG, welcher gerade die nationalsozialistische Vorstellung der Betriebsgemeinschaft versinnbildlichte, herangezogen werden. Dabei betonten die Richter zwar die Nichtanwendbarkeit des AOG auf die Binnenschifffahrt, gründeten ihre Entscheidung aber mit auf § 2 AOG.

Auf der Grundlage des § 242 BGB war es unter Billigkeitsgründen und aus sozialen Erwägungen heraus durchaus vertretbar einen älteren Arbeitnehmer, der seine Pflichten immer zuverlässig erfüllt hatte, im Betrieb zu behalten, dessen Kündigung als unwirksam anzusehen und ihm damit eine zweite Chance einzuräumen.

Dieses Urteil demonstriert aber, dass die Richter mehr als bereit waren, die nationalsozialistischen Ideologien heranzuziehen, um ihre Entscheidung auf eine wirkungsvolle Argumentation zu stellen. Dabei bildeten ausschließlich derartige §§ die Grundlage, die die Einflussnahme der Weltanschauung der Nationalsozialisten ermöglichten und eine interpretative Anpassung mithilfe dieser Generalklauseln ermöglichten.

IV. Zwischenergebnis zu den Entscheidungen des Arbeitsgerichts Hamburg

In dem ersten untersuchten Fall klagten drei Kellner gegen ihren Arbeitgeber auf Zahlung verschiedener Forderungen. Das Gericht kam allen Klagepunkten nach und sprach allen Kellner die unterschiedlichen Zahlungsansprüche gegen den Beklagten zu. Bei differenzierterer Betrachtungsweise der einzelnen Ausschlussfristen, hätte das Arbeitsgericht allerdings zu teilweise anderen Ergebnissen gelangen müssen, da die einzelnen Vorschriften keine anderen Auslegungsmöglichkeiten zuließen. Das Gericht beachtete diese Vorschriften jedoch aufgrund seiner Erwägungen, die es auf § 242 BGB stützte, nicht und lehnte eine Anwendung derselben ohne jede Prüfung ab. Dieses untersuchte Urteil des Hamburger Arbeitsgerichts ist daher vor allem durch den starken Einfluss des § 242 BGB geprägt. Hier zeigt sich deutlich, dass die Richter keine Scheu hatten, sich mithilfe der bewährten Auslegungsmöglichkeit über bis dahin bestehende rechtliche Regelungen, die nun auch mal die Bestimmungen der Tarifverträge darstellten, hinwegzusetzen.

In der zweiten untersuchten Entscheidung klagte eine Papier- und Schreibwarenverkäuferin auf Zahlung der Differenz zwischen tatsächlich gezahltem und tariflich zu zahlendem Lohn. Obwohl das Arbeitsgericht Hamburg dessen Geltendmachung für moralisch missbilligenswert erachtete, gab es der Klage statt. Dabei entschied es unter Bezugnahme auf das nationalsozialistischen Gesetz zur Ordnung der nationalen Arbeit (AOG) zwar im Rahmen der nun geltenden Gesetze. Das AOG selbst stellte jedoch eine Ausprägung der nationalsozialistischen Ideologie dar. Durch die Betonung der „neuen Ordnung", in die sich die Beklagte noch nicht hineingefunden hätte, die Hervorhebung der „beschützenden Stellung" des Staates sowie die von den Richtern erhobene Bemerkung, dass die Beklagte kein Mitglied der „Deutschen Arbeitsfront" zu sein schien, entsteht der Eindruck, dass die Richter des Hamburger Arbeitsgerichts dem neuen System eher positiv und unterstützend gegenüber standen.

In der letzten überprüften Entscheidung des Arbeitsgerichts Hamburg klagte ein Kapitän der Binnenschiffahrt auf Feststellung der Unwirksamkeit seiner Kündigung wegen Sittenwidrigkeit. Statt der Sittenwidrigkeit sah das Gericht hier in der Kündigung einen Rechtsmissbrauch und begründete das damit, dass kein wahrer Grund für eine Kündigung vorlag und der Arbeitgeber seine Treuepflicht gegenüber dem Arbeitnehmer verletzt hatte. Die Untersuchung zeigt jedoch, dass die Richter hier ohne großen Begründungsaufwand auch ein anderes Ergebnis hätten vertreten können. Allerdings basiert ein Großteil der geführten gerichtlichen Argumentation auf den nationalsozialistischen Grundideen der Treue und Fürsorge sowie der Betriebsgemeinschaft. Dabei wird die gesamte Begründung der Entscheidung auf solche Normen gestützt, die auch entsprechende Auslegungsmöglichkeiten boten. Dieses letzte untersuchte Urteil zeigt damit, wie die Richter die nationalsozialistischen Ideologien zur Untermauerung ihrer Entscheidung heranzogen und zu deren Durchsetzung die privatrechtlichen Generalklauseln nutzten.

Zusammenfassend lässt sich feststellen, dass die untersuchten Entscheidungen sehr arbeitnehmerfreundlich ausgefallen sind. Das Auftreten staatlicher Institutionen, wie die DAF oder der „Treuhänder der Arbeit“, spielten in der Entscheidungsbegründung an sich keine große Rolle, wohl aber in der Arbeitswirklichkeit. In der ersten Entscheidung wurde deutlich, dass die Richter bereit waren, einschlägige Normen unberücksichtigt zu lassen. Das zweite Urteil ging ein Stück weiter, wendete das nationalsozialistische Gesetz an, stütze sich auf die „neue Ordnung“ und hob die Schutzrolle des Staates hervor. In der dritten Entscheidung schließlich fand die nationalsozialistische Ideologie in Form der Interpretation rechtlicher Theorien Anwendung.

Ein Vergleich dieser Entscheidungen zeigt, dass die Richter bereit waren, einen Schritt nach dem anderen weiter zu gehen. Die nationalsozialistische Ideologie hatte früh Fuß gefasst und wurde von den Richtern in der Entscheidungsfindung entsprechend mehr und mehr berücksichtigt. Es zeigt sich daran der steigende Einfluss der gewandelten politischen Wertvorstellungen auf das Arbeitsrecht. Die Rechtsprechung nutzte hier die sich bietenden interpretativen Anpassungstechniken durch die Anwendung der privatrechtlichen Generalklauseln immer stärker aus.

B. Die Rechtsprechung des Landesarbeitsgerichts Hamburg

I. „Die ersparten Aufwendungen des Arbeitgebers“ - Urteil des Landesarbeitsgerichts Hamburg vom 23. Dezember 1935 (19 Sa 92/35)[309]

1. Sachverhalt

Das Landesarbeitsgericht Hamburg hatte im Dezember 1935 über folgenden Fall zu entscheiden:[310]

Die Klägerin war Verkäuferin[311] in dem Schlachtereibetrieb der Beklagten. Nach der maßgebenden Tarifordnung für das Schlachtergewerbe in Groß-Hamburg standen der Klägerin 125 RM als Monatslohn zu. Für gewährte volle Beköstigung konnten nach dieser Tarifordnung 32,50 RM abgezogen werden. Das war hier der Fall. Die Klägerin erhielt volle Verpflegung und 92,50 RM ausgezahlt.

Durch das Heben einer Aufschnittmaschine zog sich die Klägerin Anfang August 1935 einen Leistenbruch zu. Sie wurde operiert und befand sich bis 31. August 1935 im Krankenhaus aus dem sie mit 14tägiger Schonzeit entlassen wurde. Der Arzt bescheinigte, dass ihr ein längerer Weg nicht zugemutet werden konnte. Die Klägerin war bis Anfang Oktober 1935 arbeitsunfähig.

Die Beklagte zahlte für sechs Wochen das Gehalt abzüglich der 32,50 RM weiter und zog somit die Verpflegungspauschale auch ab, als die Klägerin nicht

309 ARS Bd. 26, LAG S. 44 ff.

310 Sachverhalt den Angaben der Entscheidung des LAG Hamburg Urt. v. 23. Dez. 1935, 19 Sa 92/35, ARS Bd. 26, LAG S. 44 entnommen.

311 Sie war damit Handlungsgehilfin nach § 59 HGB: Wer in einem Handelsgewerbe zur Leistung kaufmännischer Dienste gegen Entgelt angestellt ist (Handlungsgehilfe), hat, soweit nicht besondere Vereinbarungen über die Art und den Umfang seiner Dienstleistung oder über die ihm zukommende Vergütung getroffen sind, die dem Ortsgebrauch entsprechenden Dienste zu leisten sowie die dem Ortsgebrauch entsprechende Vergütung zu beanspruchen. In Ermangelung eines Ortsgebrauchs gelten die den Umständen nach angemessenen Leistungen als vereinbart.

in der Lage war, die bereitgehaltenen Mahlzeiten entgegenzunehmen. Die Klägerin forderte nun Ersatz dieses Abzuges von 32,50 RM monatlich iHv. 50,08 RM für die nicht in Anspruch genommene Verpflegung während der sechs Wochen.

2. Entscheidung der Vorinstanz

Das Arbeitsgericht Hamburg gab der Klage der Angestellten statt. Die Entscheidungsgründe des Gerichts sind nicht bekannt.

3. Besprechung

Das Landesarbeitsgericht Hamburg hatte also darüber zu entscheiden, ob die Beklagte die Verpflegungspauschale grundsätzlich abziehen durfte oder ob sie zur Zahlung des vorher abgezogenen sog. Kostgeldes an die Klägerin verpflichtet war, ob also der Klägerin der geltend gemachte Anspruch zustand und worauf er beruhte.

Der Arbeitsvertrag zwischen der Klägerin und der Beklagten sah ein Monatsgehalt von 125 RM vor, von dem 32,50 RM für volle Verpflegung im Betrieb abgezogen werden konnten. Fraglich war also, wie sich diese Vergütungsvereinbarung im Krankheitsfalle darstellte und ob die Klägerin hier einen Anspruch auf Kostgeld hatte.

a) Der Lohnanspruch der Klägerin nach der Tarifordnung

Die Lohnzahlungspflicht galt damals, vor und nach 1933, wie heute als die Hauptpflicht des Arbeitgebers.[312] Die Höhe der Vergütung richtete sich in erster Linie nach den vertraglichen Vereinbarungen, wobei in der Weimarer Republik die Tarifverträge die Hauptrolle spielten.[313] Nach 1933 waren die in der Tarif- oder Betriebsordnung festgesetzten Löhne als Mindestsätze zu berücksichtigen.[314]

---

312 Vgl. Alfred Hueck, Individualarbeitsrecht, in: Hueck/Nipperdey, Lehrbuch des Arbeitsrechts. Erster Band, 2. Buch, 3. bis 5. Aufl., Mannheim/Berlin/Leipzig 1931, § 38, S. 195; ders., Deutsches Arbeitsrecht. Ein Grundriss, Berlin 1938, § 22, S. 99; Vgl. auch Palandt/Walter Weidenkaff, Bürgerliches Gesetzbuch, 69. Aufl., München 2010, § 611 Rn. 49.

313 Hueck, in: Hueck/Nipperdey, Lehrbuch des Arbeitsrechts I (wie Fn. 312), § 38 S. 196.

314 Hueck, Arbeitsrecht (wie Fn. 312), § 22, S. 103.

Aufgrund der den Arbeitsvertrag konkretisierenden einschlägigen Tarifordnung für Verkäuferinnen und Kassiererinnen im Groß-Hamburger Schlachtergewerbe hatte die Klägerin zunächst einen Anspruch auf Zahlung eines Gehalts iHv. 125 RM.[315]

Beachtlich ist an dieser Stelle, dass Lohn nicht nur in Form von Geldlohn, sondern auch in Form von Naturalien (Naturallohn) bestehen konnte.[316] Naturallohn war alles, was nicht in Geld ausgedrückte Leistung (Geldlohn) war. Damit fiel vor allem die Gewährung von Verpflegung unter den Begriff des Naturallohns.[317] Kein Naturallohn lag nach *Lotmar* hingegen vor, wenn für die Leistung ein Entgelt entrichtet oder ein bestimmter Betrag von der für die Arbeit geschuldeten Geldvergütung abgezogen wurde.[318] Nach dem einschlägigen Tarifvertrag konnten für volle Verpflegung 32,50 RM in Abzug gebracht werden. Danach könnte man annehmen, dass der Klägerin nach der Tarifordnung, die den Lohnabzug regelte, kein Naturallohn geschuldet war.

Der Beklagten standen hier für die Vergütung der Klägerin allerdings verschiedene Möglichkeiten zur Wahl. Aus den Sachverhaltsdarstellungen des Landesarbeitsgerichts Hamburg ergab sich, dass die Beklagte nach der Tarifordnung die Wahl hatte zwischen der Zahlung von 125 RM Geldlohn oder 92,50 RM Geldlohn plus volle Verpflegung als Naturallohn.[319] Die Beklagte hatte sich für die zweite Variante entschieden und schuldete nach ihrer Wahl folglich Geld- und Naturallohn. Die Klägerin hatte auch nur einen entsprechenden Anspruch auf 92,50 RM, da volle Kost gewährt wurde. Das Landesarbeitsgericht Hamburg erörterte dazu folgendes:[320]

> „Eine derartige Erwägung verkennt, daß vereinbarungsgemäß ein Teil der Arbeitsvergütung in Kost besteht, daß die Kl. diesen Teil ihrer Vergütung nach dem Inhalt ihres Arbeitsvertrages auch nur in der vereinbarten Form der Beköstigung verlangen kann, und daß die Bekl. den Anforderungen der Tarifordnung genügte, wenn sie der Kl. den Betrag der tariflichen Vergütung zahlte, welcher nach Abzug von 32,50 RM verblieb."

---

315 ARS Bd. 26 LAG S. 44.

316 Hueck, in: Hueck/Nipperdey, Lehrbuch des Arbeitsrechts I (wie Fn. 312), § 39, S. 205; Philipp Lotmar, Der Arbeitsvertrag nach dem Privatrecht des Deutschen Reiches, Erster Band, Leipzig 1902, S. 654 ff.

317 Hueck, in: Hueck/Nipperdey, Lehrbuch des Arbeitsrechts I (wie Fn. 312), § 39, S. 205; ders., Arbeitsrecht (wie Fn. 312), § 22, S. 99.

318 Lotmar, Der Arbeitsvertrag (wie Fn. 316), S. 657.

319 Vgl. dazu die Sachverhaltsdarstellung in der Entscheidung des LAG Hamburg (wie Fn. 310), ARS Bd. 26, LAG S. 44.

320 ARS Bd. 26, LAG S. 44, 45.

Das Landesarbeitsgericht Hamburg bezog sich in seinen Entscheidungsgründen auf einen ähnlich gelagerten Sachverhalt, wie den der hier klagenden Hamburger Verkäuferin.[321] Auch in diesem Fall befand sich die Klägerin, die als Verkäuferin beschäftigt war, längere Zeit im Krankenhaus. Allerdings sah der einschlägige Tarifvertrag ausdrücklich vor, dass der Arbeitgeber Kostgeld zu zahlen hatte, wenn er keine Verpflegung für die Arbeitnehmer zur Verfügung stellte. Dazu entschied das Reichsarbeitsgericht 1932 folgendes:[322]

> „Gewährt ein Tarifvertrag einen Anspruch auf Kostgeld, wenn der Arbeitgeber keine Kost zur Verfügung stellt, so ist das Kostgeld auch dann zuzubilligen, wenn der Arbeitnehmer unverschuldet nicht in der Lage ist, die ihm zur Verfügung stehende Kost entgegenzunehmen.“

Ganz im Gegensatz zu dem Tarifvertrag, der Gegenstand des Verfahrens vor dem RAG war, stand die für die Hamburger Verkäuferin einschlägige Tarifordnung für das Groß-Hamburger Schlachtergewerbe. Hier gab es keine Regelung für den Fall, dass Kost geschuldet war, weil der Arbeitgeber die Vergütung Geldlohn und Verpflegung wählte, der Arbeitgeber aber dann keine Mahlzeiten bereitstellte.[323] Dementsprechend fand sich in der Tarifordnung auch keine Regelung für das vorliegende Problem der Entschädigung für unverschuldet nicht entgegengenommene Verpflegung.

Nipperdey bemerkte zu einer Entscheidung des Reichsarbeitsgerichts in einem weiteren ähnlich liegenden Fall, dass dann, wenn der Tarifvertrag zu Kostgeld für nicht gewährten Naturallohn nichts sage, die Lösung nach den allgemeinen Grundsätzen des Arbeitsvertragsrechts zu suchen war und dass dies in der Regel zur Ablehnung der Barentschädigung führte.[324] Das Landesarbeitsgericht Hamburg führte zu dieser Problematik zunächst folgendes aus:[325]

> „Die hier maßgebende Tarifordnung gibt bei Nichtgewährung der Verpflegung keinen tariflichen Anspruch auf Kostgeld. Sie enthält vielmehr lediglich eine zahlenmäßige Vorschrift, welcher Betrag für gewährte volle Kost in Abzug gebracht werden kann, ohne aber die Rechtsfolgen zu regeln, welche sich bei der Nichtgewährung der vereinbarten Kost ergeben.“

---

321 Vgl. ARS Bd. 26, LAG S. 44, 45.

322 RAG Urt. v. 6. Mai 1932, RAG 48/32, Bensh. Samml. Bd. 15, S. 141 ff.

323 So die Sachverhaltsangaben in ARS Bd. 26, LAG S. 44, 45.

324 Hans Carl Nipperdey, Urteilsanmerkung zu RAG Urt. v. 22. September 1934, RAG 117/34, in: ARS. Bd. 22, RAG S. 33 f.

325 ARS Bd. 26, LAG S. 44, 45.

b) Der Anspruch der Klägerin nach dem Arbeitsvertrag

Das Gericht suchte die Lösung des Falles nun nicht mehr in der einschlägigen Tarifordnung, sondern in dem Arbeitsvertrag:[326]

> „Diese Sachlage bedingt, daß die Frage, ob der Kl. für nicht genommene Kost eine Entschädigung zu zahlen ist, nicht aus der Tarifordnung, sondern lediglich aus dem mit der Bekl. bestehenden Arbeitsvertrag beantwortet werden kann."

Danach hatte die Klägerin aus dem Arbeitsvertrag einen Anspruch auf Geldlohn und Verpflegung. Die Beklagte hatte die Pflicht, volle Verpflegung bereitzustellen. Auch in dem Arbeitsvertrag war keine Regelung enthalten, dass die Arbeitgeberin eine Entschädigung zu zahlen hatte, wenn die Arbeitnehmerin die Verpflegung nicht entgegen nahm. Das stellte das Landesarbeitsgericht Hamburg auch so fest:[327]

> „Der Arbeitsvertrag gibt der Kl. einen Anspruch auf Beköstigung. Er verpflichtet die Bekl., für die Kl. Kost bereitzustellen. Er legt aber der Bekl. keine Verpflichtung auf, der Kl. eine Entschädigung zu zahlen, wenn diese von der bereitgehaltenen Kost keinen Gebrauch macht."

c) Der Anspruch der Klägerin nach den allgemeinen Grundsätzen des Arbeitsvertragsrechts

Somit führte auch der Arbeitsvertrag zwischen der Klägerin und dem Beklagten nicht unmittelbar weiter und die allgemeinen Grundsätze des Arbeitsvertragsrechts fanden Anwendung.

Nach der herrschenden Lehre, sowohl der Weimarer Republik als auch nach 1933, sollte die Arbeitnehmerin, wenn sie die Leistung (Verpflegung) der Arbeitgeberin nicht entgegen nahm, nach § 293 BGB in Annahmeverzug geraten, ohne dass es auf ihr Verschulden ankam.[328] Die Arbeitgeberin wurde dann nach § 275 BGB von der Verpflichtung der Leistung frei, da „eine Nachholung der

326 ARS Bd. 26, LAG S. 44, 45.

327 ARS Bd. 26, LAG S. 44, 45.

328 Felix Bondi, in: Staub's Kommentar zum Handelsgesetzbuch, 1. Bd., 14. Aufl., Berlin/Leipzig 1932, § 63 Anm. 6; Alfred Hueck, Urteilsanmerkung zu RAG Urt. v. 6. Mai 1932, RAG 48/32, in: Bensh. Samml. Bd. 15, RAG S. 143; ders., Urteilsanmerkung zu LAG Hamburg Urt. v. 23. Dez. 1935, 19 Sa 92/35, in: Juristische Wochenschrift (JW) 1936, S. 1260 f.; Hermann Dersch, Urteilsanmerkung zu RAG Urt. v. 8. März 1933, RAG 526/32, in: Bensh. Samml. Bd. 18, RAG S. 217, 218.

Leistung nach der Natur der Dinge in aller Regel nicht in Frage" kam und die Leistung nunmehr unmöglich geworden war.[329]

Aufgrund des Annahmeverzuges der Arbeitnehmerin behielt die Arbeitgeberin nach § 324 Abs. 2 BGB trotz der Unmöglichkeit ihren Anspruch auf die Gegenleistung und musste sich nur das anrechnen lassen, was sie aufgrund der Nichtgewährung des Naturallohns ersparte. Die Gegenleistung bestand nun aber nicht in Geld, sondern in Arbeitsleistung und eine entsprechende Anrechnung war nicht möglich.

Nach *Hueck* müsste der Angestellten ein Gegenanspruch auf Erstattung der gesparten Summe zustehen, die seiner Meinung nach jedoch allerhöchstens eine geringe Rolle gespielt haben dürfte.[330] Danach wäre es Parteiwille, dass bei nicht entgegengenommener Kost kein Ersatz zu leisten sei, insbesondere dann, „wenn, wie es meist der Fall sei, auch die Arbeitsleistung ausfalle und die Pflicht zur Fortzahlung des Lohnes nur aus sozialen Billigkeitserwägungen vorgesehen sei".[331] Gerade in einem Fall, wie dem vorliegenden, sollte nach *Bondi* der erkrankte Handlungsgehilfe, der freie Naturalverpflegung erhielt, keinen Ersatz für diese beanspruchen können, wenn er im Krankenhaus auf Kosten der Kasse verpflegt wurde.[332]

329 Hueck, Urteilsanmerkung (wie Fn. 328), in: Bensh. Samml. Bd. 15, RAG S. 143; ders., Urteilsanmerkung (wie Fn. 328), in: JW 1936, 1260.

330 Hueck, Urteilsanmerkung (wie Fn. 328), Bensh. Samml. Bd. 15, RAG S. 143; ders., Urteilsanmerkung (wie Fn. 328), JW 1936, 1260.

331 Hueck, Urteilsanmerkung (wie Fn. 328), Bensh. Samml. Bd. 15, RAG S. 143; ders., Urteilsanmerkung (wie Fn. 328), JW 1936, 1260; vgl. auch Friedrich Oegg, in: Busch/Schaffeld/Dr. Ebbecke/Erler/Kiehl/Dr. Lobe/Dr. Mansfeld/Michaelis/Oegg/Schliewen/Senffahrth (RGRK), Das Bürgerliche Gesetzbuch mit besonderer Berücksichtigung der Rechtsprechung des Reichsgerichts, Berlin/Leipzig 1921, 3. Aufl., I. Band, § 616, Anm. 1; Hans Carl Nipperdey, in: Staudingers Kommentar zum Bürgerlichen Gesetzbuch und dem Einführungsgesetze, II. Band, Recht der Schuldverhältnisse 2. Teil, §§ 433-630, 9. Aufl., München/Berlin/Leipzig 1928, § 616, Anm. I 1, V 2.

332 Bondi, in: Staub's Kommentar zum HGB (wie Fn. 328), § 63 Anm. 6; Nipperdey, in: Staudingers Kommentar zum BGB (wie Fn. 331), § 616, Anm. V 2; so auch Hueck, Urteilsanmerkung (wie Fn. 328), Bensh. Samml. Bd. 15, RAG S. 143; ders., Urteilsanmerkung (wie Fn. 328), JW 1936, 1260; Dersch, Urteilsanmerkung (wie Fn. 328), Bensh. Samml. Bd. 18, RAG S. 217, 218.

Das Reichsarbeitsgericht differenzierte sowohl vor, als auch nach 1933, ob im Tarifvertrag eine Geldentschädigung für nicht erhaltene Verpflegung ausdrücklich erwähnt wurde und gewährte auch nur dann ein Kostgeld:[333]

„Gewährt ein Tarifvertrag einen Anspruch auf Kostgeld, wenn der Arbeitgeber keine Kost zur Verfügung stellt, so ist das Kostgeld auch dann zuzubilligen, wenn der Arbeitnehmer unverschuldet nicht in der Lage ist, die ihm zur Verfügung stehende Kost entgegenzunehmen."[334]

„Der Fall liegt anders, wie in der Sache RAG 48/32 vom 6. Mai 1932 (abgedr. Bensh. Samml. Bd. 15 S. 141).[335] Hier sah der zwischen den Parteien bestehende Tarifvertrag ausdrücklich eine Geldentschädigung für nicht erhaltene Kost vor. Im vorliegenden Falle hatte der Kläger nur einen Anspruch auf Naturalerfüllung, der nach der Lage der Dinge in Fortfall kam, wenn der Kläger die Erfüllung nicht entgegennahm. Ein Anspruch auf Entschädigung für nichtgewährte Kost und Wohnung stand also dem Kläger überhaupt nicht zu. Der Beklagte mußte ihm nach § 324 Abs. 1 Satz 2, Abs. 2 BGB im Höchstfalle gewähren, was er infolge der Befreiung von seiner Leistung erspart hatte."[336]

„Stellt der ArbG die vereinbarte und nach dem geltenden TV auf den Lohn zu verrechnende Kost und Wohnung bereit, und macht der ArbN während einer Erkrankung davon keinen Gebrauch, so kann er in der Regel keine Barentschädigung für den nicht genommenen Naturallohn verlangen. [...] Lediglich aus dem Inhalt des Dienstvertrages, nicht aber aus dem TV ist also die hier zur Entscheidung stehende Frage zu beurteilen. In dieser Beziehung sagt aber die Revisionsbegründung mit Recht, daß bei Annahme eines Angestellten unter Gewährung von Kost und Wohnung diese im Zweifel, d. h., wenn nicht besondere (hier nicht vorliegende) Gründe für eine andere Auffassung sprechen, einen wesentlichen Vertragsbestandteil derart bildet, daß der ArbG Wohnung und Kost als Teil der Dienstvergütung zu gewähren hat, der Angestellte aber diesen Teil der Vergütung nur in der vereinbarten Form des Unterhalts verlangen kann. Die Sachlage ist also keineswegs so, daß der ArbN Kost und Wohnung sich anderweit beschaffen und statt dessen den vollen tarifl. Barlohn vom ArbG fordern könnte. Stellt dieser Kost und Wohnung zur Verfügung, so hat der Angestellte in der Regel auch davon Gebrauch zu machen, ohne einen Anspruch auf Barentschädigung, wenn er dies nicht tut."[337]

Rechtsprechung und herrschende Lehre der Weimarer Republik und der Anfangsjahre des Nationalsozialismus waren sich also einig. Es sollte keine Ent-

---

333 RAG Urt. v. 6. Mai 1932, RAG 47/32, Bensh. Samml. Bd. 15, RAG S. 141 ff.; RAG Urt. v. 8. März 1933, RAG 526/32, Bensh. Samml. Bd. 18, RAG S. 214 ff.; RAG Urt. v. 22. September 1934, RAG 117/34, ARS Bd. 22, RAG S. 31 ff.

334 Leitsatz RAG Urt. v. 6. Mai 1932 (wie Fn. 333), Bensh. Samml. Bd 15, RAG S. 141.

335 Vgl. dazu den vorhergehenden zitierten Absatz.

336 RAG Urt. v. 8. März 1933 (wie Fn. 333), Bensh. Samml. Bd. 18, RAG S. 214, 216.

337 Leitsatz und Gründe RAG Urt. v. 22. September 1934 (wie Fn. 333), ARS Bd. 22, RAG S. 31 ff.

schädigung in Geld für nicht eingenommene Verpflegung geben, egal auf welchen Umständen dies beruhte. Eine Ausnahme davon war es, wenn die Tarifordnung oder der Arbeitsvertrag eine anders lautende ausdrückliche Regelung traf.

Das Landesarbeitsgericht Hamburg wollte aus bestimmten Erwägungen heraus der Verkäuferin jedoch ihren Anspruch zusprechen, wenn sie unverschuldet in Annahmeverzug geriet:[338]

> „Dieser Grundsatz, daß für nicht eingenommene Kost im Zweifel kein Ersatz zu leisten ist, muß aber dann eine Einschränkung erfahren, wenn, wie im vorliegenden Fall, der Angestellte unverschuldet keine Möglichkeit besitzt, die geschuldete und angebotene Kost entgegenzunehmen."

Die ganz herrschende Meinung gab dieses Ergebnis allerdings nicht her. Um das Ergebnis trotzdem zu erreichen und vor allem zu begründen, bemühten die Richter neue (nationalsozialistische) Begrifflichkeiten, die es so in der Weimarer Zeit nicht gegeben hatte:[339]

> „Es bestehen aber überhaupt Bedenken, die Lösung der Frage aus Bestimmungen zu entnehmen, welche, rein schuldrechtlich gedacht und gestaltet, den den Arbeitsvertrag jetzt mehr denn je beherrschenden Grundsätzen der Betriebsgemeinschaft, der Treue und Fürsorge nur unvollkommen Rechnung tragen. Es kann nicht bedeutungslos sein, daß die im schuldrechtlichen Teil des BGB geformten Begriffe des Annahmeverzugs und der Unmöglichkeit der Leistung abseits liegen von dem Gedanken der Fürsorge, welcher durch § 63 HGB den Betriebsführer verpflichtet, seiner unverschuldet erkrankten Angestellten, ohne daß diese Arbeit leistet, für 6 Wochen Gehalt und Unterhalt weiter zu gewähren."

Das Gericht hatte hier also auf die Ansätze Bezug genommen, die in der Zeit des Nationalsozialismus die arbeitsrechtlichen Verhältnisse aus dem Schuldrecht heraus nehmen und auf eine andere Grundlage stellen wollten. Nach „neuer Auffassung" sollten schuldrechtliche Vorschriften auf bestimmte „natürliche Lebensbereiche" und „völkische Ordnungen" nicht mehr angewendet werden.[340] Alle im Betrieb Arbeitenden sollten der Betriebsgemeinschaft nach §§ 1 und 2 des Gesetzes zur Ordnung der nationalen Arbeit[341] (AOG) unterstehen. Die Gemeinschaft im Betrieb galt als der Mittelpunkt der Erneuerung des Arbeitsrechts

338 ARS Bd. 26, LAG S. 44, 46.

339 ARS Bd. 26, LAG S. 44, 47.

340 Bernd Rüthers, Die unbegrenzte Auslegung. Zum Wandel der Privatrechtsordnung im Nationalsozialismus, 6. Aufl., Tübingen 2005, S. 379.

341 Gesetz zur Ordnung der nationalen Arbeit vom 20. Januar 1934, RGBL. I, S. 45.

durch die Nationalsozialisten.[342] Danach erfasste diese Betriebsgemeinschaft als konkrete Sonderordnung jedes einzelne Arbeitsverhältnis und machte es zu einem „Gliedschaftsverhältnis“ innerhalb dieser Ordnung.[343] Die herrschende Lehre nach 1933 sah den Arbeitsvertrag nicht mehr als einen schuldrechtlichen Austauschvertrag und das Arbeitsverhältnis nicht mehr als ein Schuldverhältnis im Sinne des BGB, sondern als „personenrechtliches Gemeinschaftsverhältnis“.[344] Nach *Hueck* sollte eine sorgfältige Prüfung ergeben, ob Normen des BGB „mit der heutigen grundsätzlichen Auffassung“, also der des Nationalsozialismus, vereinbar waren.[345]

Diese Auffassung vom Arbeitsverhältnis als „personenrechtliches Gemeinschaftsverhältnis“ sollte nach 1933 auch für die Ansicht des Reichsarbeitsgerichts maßgebend gewesen sein.[346] Nach *Rüthers* bewegte sich die reichsarbeitsgerichtliche Rechtsprechung in einem Dualismus zwischen gesetzestreuen und gesetzesablehnenden Argumentationsmöglichkeiten.[347] Das Gericht betonte danach den „schuldrechtlichen Entstehungsgrund“, wenn es die BGB-Regelungen anwenden wollte und verwies „auf die im AOG verkündete 'Gemeinschaftsseite'“, wenn es von den BGB-Vorschriften abweichen wollte.[348] Schuldrechtliche Begriffe und Grundsätze sollten für das Arbeitsverhältnis nur aufgrund besonderer Prüfung Anwendung finden.[349]

---

342 Rüthers, Die unbegrenzte Auslegung (wie Fn. 340), S. 381.

343 Wolfgang Siebert, Das Arbeitsverhältnis in der Ordnung der nationalen Arbeit, Hamburg 1935, S. 10; vgl. Rüthers, Die unbegrenzte Auslegung (wie Fn. 340), S. 381.

344 Wolfgang Siebert, Arbeitsverhältnis und Vertrag, in: Zeitschrift der Akademie für Deutsches Recht (ZAkDR) 1936, S. 93 ff.; ders., Das Arbeitsverhältnis als personenrechtliches (sozialrechtliches) Rechtsverhältnis, in: Deutsches Arbeitsrecht (Dt. ArbR) 1935, S. 95 ff.; ders., Das deutsche Arbeitsrecht. Sammlung der arbeitsrechtlichen Bestimmungen mit Einleitung, Vorbemerkungen und Hinweisen, Hamburg 1938-1942, Einl. II, S. 5; Hans Carl Nipperdey, Das System des neuen Arbeitsrechts, in: ZAkDR 1935, S. 911 ff.; Hueck, Deutsches Arbeitsrecht (wie Fn. 312), S. 66 f.; dazu: Rüthers, Die unbegrenzte Auslegung (wie Fn. 340), S. 382; Martin Becker, Arbeitsvertrag und Arbeitsverhältnis während der Weimarer Republik und in der Zeit des Nationalsozialismus, Frankfurt am Main 2005, S. 571 ff.

345 Hueck, Deutsches Arbeitsrecht (wie Fn. 312), S. 67.

346 Becker, Arbeitsvertrag und Arbeitsverhältnis (wie Fn. 344), S. 543 ff.; Rüthers, Die unbegrenzte Auslegung (wie Fn. 340), S. 393; bspw.: RAG Urt. v. 23. März 1935, RAG 264/34, ARS Bd. 23 RAG S. 170, 173.

347 Rüthers, Die unbegrenzte Auslegung (wie Fn. 340), S. 394 Fn. 91.

348 Rüthers, Die unbegrenzte Auslegung (wie Fn. 340), S. 394.

349 Wie auch oben schon: Rüthers, Die unbegrenzte Auslegung (wie Fn. 340), S. 394.

Dem schien das Landesarbeitsgericht Hamburg auch hier folgen zu wollen, wenn es zwar von einem Arbeitsvertrag, aber vor allem von den das Arbeitsverhältnis „mehr denn je beherrschenden Grundsätzen der Betriebsgemeinschaft, der Treue und Fürsorge“ sprach.[350]

Bei ihrer Argumentation ließen die Richter jedoch außer Acht, dass sich eine dem § 63 HGB ähnliche Vorschrift in § 616 BGB befand. Auch nach § 616 BGB war in einer vergleichbaren Situation für sechs Wochen weiterhin der Lohn zu zahlen. Auf diese Norm hätten die schuldrechtlichen Vorschriften eigentlich Anwendung gefunden. Die nationalsozialistisch geprägte Auffassung über die Betriebsgemeinschaft fand in der Argumentation des Hamburger Landesarbeitsgerichts demnach seine Auswirkungen.

Zur Unterstützung und Untermauerung seiner Auffassung berief sich das Gericht weiterhin auf „das Prinzip der Treue und Fürsorge“ in der Betriebsgemeinschaft nach § 2 AOG, auch wenn es daraus der Klägerin keine direkten Ansprüche zusprechen wollte:[351]

> „Wesentlich ist aber auch, daß die Pflicht zur Fürsorge jetzt ihre besondere Betonung durch § 2 AOG erhalten hat, wenn dieser aus dem dem Arbeitsvertrag innewohnenden Treuegedanken heraus den Betriebsführer ausdrücklich verpflichtet, für das Wohl seiner Gefolgschaft zu sorgen. Damit soll nun nicht gesagt sein, daß der Arbeiter und Angestellte aus den programmatischen Sätzen des § 2 AOG unmittelbar materielle Ansprüche für sich ableiten kann.“

Die herrschende Literatur und auch die Rechtsprechung des Reichsarbeitsgericht vertraten die Ansicht, dass die §§ 1 und 2 AOG keine materiellen Ansprüche gewährten,[352] ebenso wie das Landesarbeitsgericht Hamburg.

---

350 ARS Bd. 26, LAG S. 44, 47.

351 ARS Bd. 26, LAG S. 44, 47.

352 Bspw. Alfred Hueck/Hans Carl Nipperdey/Rolf Dietz, Gesetz zur Ordnung der nationalen Arbeit (AOG), München/Berlin 1934, § 2 RN 16; Friedrich Brodführer, Die nationalsozialistischen Gedanken in der Rechtsprechung des Reichsarbeitsgerichts, in: Deutsches Arbeitsrecht (Dt. ArbR) 1935, S. 281, 289; Werner Mansfeld/Wolfgang Pohl/Gerhard Steinmann/Arthur Bernhard Krause, Die Ordnung der nationalen Arbeit. Kommentar zu dem Gesetz zur Ordnung der nationalen Arbeit und zu dem Gesetz zur Ordnung der Arbeit in öffentlichen Verwaltungen und Betrieben unter Berücksichtigung aller Durchführungsbestimmungen, 2. Aufl., Berlin/Leipzig/Mannheim/München 1934, § 2 S. 109, 115; RAG (wie Fn. 344), ARS Bd. 23, RAG S. 170 ff. (Leitsatz); RAG Urt. v 5. Febr. 1936, RAG 250/35, ARS Bd. 26, RAG S. 175 ff.

Alleine durch den Treue- und Fürsorgegedanken des AOG und die An- respektive Nichtanwendbarkeit der einschlägigen allgemeinen Schuldrechtsregeln kam das Landesarbeitsgericht aber noch nicht zu seinem gewünschten Ergebnis. Um sich eine rechtliche Grundlage zu verschaffen, wendeten die Richter in Verbindung mit den oben dargelegten Normen § 242 BGB (als schuldrechtliche Norm wiederum auf das Arbeitsverhältnis) an:[353]

> „Auch hier muß in letzter Linie aus § 242 BGB unter besonderer Berücksichtigung der den Arbeitsvertrag beherrschenden Treue- und Fürsorgepflicht die Entsch. gefunden werden."

Das Landesarbeitsgericht Hamburg sah darin, dass die Angestellte keinen Anspruch auf Kostgeld haben sollte, einen Widerspruch zum Treue- und Fürsorgegedanken. Gerade weil § 63 HGB der unverschuldet erkrankten Angestellten für die Dauer von sechs Wochen Gehalt und Unterhalt zubilligte, solle es mit Treu und Glauben unvereinbar sein, wenn sie weder die Naturalvergütung noch einen geldwerten Ersatz erhielt:[354]

> „Es widerspricht aber auch der dem Betriebsführer obliegenden Treue- und Fürsorgepflicht, wenn er aus diesem Unvermögen der Angestellten den Vorteil zieht, daß er die nicht genommene Kost erspart. Die Unbilligkeit einer solchen Handhabung wird noch deutlicher, wenn man sich vergegenwärtigt, daß der Angestellte, welcher krankheitshalber im Hause bleiben muß, aus seinem Bargeld ungeachtet der durch die Krankheit bedingten Mehraufwendungen jetzt auch noch seinen Unterhalt bestreiten muß, obwohl das Bargeld lediglich zur Bestreitung von Miete, Kleidung u. a. gedacht ist und in vielen Fällen, so auch bei der Kl., nur hierzu gerade ausreichen wird. [...] Ist aber der Angestellte schlechterdings außerstande, die ihm angebotene Kost entgegenzunehmen, so erfordern es Treu und Glauben und die dem Betriebsführer obliegende Treue- und Fürsorgepflicht, daß der Angestellte für die Dauer seines Unterhaltsanspruchs den Betrag als Entschädigung erhält, welchen der Betriebsführer durch das Unvermögen des Angestellten zur Entgegennahme der Kost erspart. Erspart dürfte aber in dem hier zur Entscheidung stehenden Fall unbedenklich der Betrag von 32,50 RM sein, welchen die Tarifordnung für gewährte volle Beköstigung einsetzt."

Damit stand diese Begründung genau im Widerspruch zu der oben dargestellten Ansicht der Literatur und des Reichsarbeitsgerichts. *Hueck* betonte, dass gerade erst die Heranziehung von § 242 BGB zur Verneinung des Anspruchs der Angestellten führen müsste.[355] Der Unternehmer erleide danach schon einen Nachteil daraus, dass er die Arbeitskraft nicht erhielt, trotzdem einen Lohn zahlen musste und in vielen Fällen noch eine Ersatzkraft einstellen musste, der er

353 ARS Bd. 26, LAG S. 44, 47.

354 ARS Bd. 26, LAG S. 44, 48.

355 Hueck, Urteilsanmerkung (wie Fn. 328), in: JW 1936, S. 1260, 1261.

auch Geld- und Naturallohn gewährte. Der Unternehmer ersparte demnach nichts, sondern hatte mehr Ausgaben. Nach *Hueck* müssten also gerade diese Billigkeitserwägungen, die das Gericht anstellte, zu einem entgegengesetzten Ergebnis führen.[356]

Die Heranziehung der Generalklausel des § 242 BGB durch das Landesarbeitsgericht Hamburg und dessen darauf gestützte Argumentation führte folglich zu einem ganz anderen Ergebnis, als in der damaligen Lehre und auch in der Rechtsprechung des Reichsarbeitsgerichts vertreten wurde. Die Richter des Hamburger Landesarbeitsgerichts nutzten die Interpretationsmöglichkeit aus, die § 242 BGB und damit die „konkrete Ordnung" der Betriebsgemeinschaft mit ihren Fürsorge- und Treuegedanken bot, um ihre rechtlichen Erwägungen zu stützen. Die richterliche Urteilsbegründung stützt sich zumindest an dieser Stelle auf ideologische Einflüsse des Nationalsozialismus.

d) Ungekürzter Anspruch auf Kostgeld

Das Landesarbeitsgericht Hamburg betonte darüber hinaus, dass der Klägerin der Anspruch auch ungekürzt zustehen sollte:[357]

> „Die Bekl. kann dem Klaganspruch nicht entgegenhalten, daß die Kl. sich in der Zeit vom 8.8. bis 31.8. im Krankenhaus befunden hat und dort beköstigt worden ist. Ein derartiger Einwand verkennt, daß § 63 Abs. 2 HGB als unabdingbare Vorschrift eine Anrechnung der aus der Krankenversicherung zufließenden Leistungen ausschließt."

Auch dieser Punkt wurde in der Lehre different gesehen. *Hueck* gab zu bedenken, dass „§ 63 Abs. 2 keineswegs einen Anspruch auf Entschädigung wegen nicht erhaltener Kost unmittelbar vorschreibt und daß er im übrigen eine nur historisch zu erklärende Ausnahmevorschrift ist".[358] Er stünde im schroffen Gegensatz zu § 616 Abs. 1 Satz 2 BGB und § 133c Abs. 2 Satz 2 GewO, die gerade umgekehrt die Anrechnung des zugekommenen Betrages vorschreiben würden.[359]

Als Umkehrschluss aus § 63 Abs. 2 HGB ergab sich, dass der erkrankte Handlungsgehilfe keinen Ersatz für entgangenen Unterhalt im Hause des Prinzipals (Arbeitgebers) verlangen kann, wenn er im Krankenhaus auf Kosten der

---

356 Hueck, Urteilsanmerkung (wie Fn. 328), in: JW 1936, S. 1260, 1261.
357 ARS Bd. 26, LAG S. 44, 49.
358 Hueck, Urteilsanmerkung (wie Fn. 328), in: JW 1936, S. 1260, 1261.
359 Hueck, Urteilsanmerkung (wie Fn. 328), in: JW 1936, S. 1260, 1261.

Kasse verpflegt wurde.[360] Wollte das Gericht der hier klagenden Handlungsgehilfin nun aber den Ersatzanspruch zugestehen, musste doch eine Anrechnung greifen. Andererseits wäre die Klägerin doppelt entschädigt und die Beklagte würde doppelt zahlen, wenn sie dann auch noch eine Ersatzkraft einstellen müsste.

4. Ertrag

Das Landesarbeitsgericht Hamburg gab der Klage der Hamburger Verkäuferin statt. Der Anspruch folgte nach Auffassung der Richter aus den Grundsätzen des allgemeinen Arbeitsvertragsrechts. Diese grundsätzlichen Ausprägungen fanden die Richter aber nicht in den schuldrechtlichen Regelungen über Dienstverträge oder im allgemeinen Schuldrecht, sondern in den unbestimmten Begriffen der „Betriebsgemeinschaft“ des AOG, dem sich daraus herleitenden „Treue- und Fürsorgegedanken“ sowie Treu und Glauben.

Nach der herrschenden Lehre der Weimarer Zeit und des Nationalsozialismus fanden auf der einen Seite die schuldrechtlichen Normen des BGB auf den vorliegenden Fall der Hamburger Verkäuferin dann Anwendung, wenn es um den Annahmeverzug und die Unmöglichkeit der Entgegennahme und Hingabe des Naturallohns in Form der Verpflegung ging. Auf der anderen Seite wurde das Arbeitsverhältnis nach 1933 als ein „personenrechtliches Gemeinschaftsverhältnis“ gesehen, welches außerhalb des Schuldrechts des BGB stand. Da die schuldrechtlichen Regelungen für das Arbeitsverhältnis nicht außer Kraft gesetzt wurden, galten sie allerdings immer noch fort und sollten, wie hier zu sehen war, in entsprechenden Fällen nach wie vor Anwendung finden.[361] Die Kontroversen über die Einordnung des Arbeitsverhältnisses und die rechtlichen Konsequenzen hatten nach *Becker* keine juristische Relevanz für die Praxis.[362] Dies wird durch die vorliegende Problematik auch bestätigt. Waren es doch die gleichen Autoren, die einerseits ein schuldrechtliches Austauschverhältnis ablehnten, auf der anderen Seite aber die Regeln über Verzug und Unmöglichkeit anwandten.[363]

Das Landesarbeitsgericht Hamburg macht sich diesen Ansatz in der hier untersuchten Entscheidung auch zu eigen. Unter Abkehr von den allgemeinen schuldrechtlichen Regeln des Leistungsstörungsrechts lehnte es die Auffassung des Annahmeverzugs und der Unmöglichkeit in diesem Fall ab. Zur Begründung

360 Bondi, in: Staub's Kommentar zum HGB (wie Fn. 328), § 63 Anm. 6 mwNw.
361 Vgl. dazu vor allem Hueck, Deutsches Arbeitsrecht (wie Fn. 312), S. 67.
362 Becker, Arbeitsvertrag und Arbeitsverhältnis (wie Fn. 344), S. 571.
363 Vgl. dazu oben Fn. 329, 330, 331 und 344.

führte es an, dass schuldrechtliche Regelungen auf eine Betriebsgemeinschaft als „konkrete Ordnung“ im Nationalsozialismus, die sich außerhalb des Schuldrechts einordnete, nicht angewendet werden könnten. Anschließend begründeten die Richter diese Auffassung wieder mit Treu und Glauben aus § 242 BGB, der nach wie vor im allgemeinen Teil des Schuldrechts verankert war und ist. Gerade die Begriffe der „Betriebsgemeinschaft“ und des daraus hervorgehenden „Treue- und Fürsorgegedanken“ prägten die nationalsozialistischen Ideologie in dem Bereich des Arbeitslebens.[364] Diese Begriffe wurden hier vor allem dazu verwendet um ein Ergebnis zu erzielen, dass bei Anwendung der schuldrechtlichen Regelungen, wie dargestellt wurde, nicht erreicht worden wäre.

Dies gilt auch für den von den Richtern angewendeten Grundsatz, einschlägige Normen des Schuldrechts nur nach einer gesonderten Prüfung auf das Arbeitsverhältnis anzuwenden. Wenn das Ergebnis der Prüfung unter Anwendung der Normen zu einem nationalsozialistisch vertretbaren Ergebnis führte, dann galten die schuldrechtlichen Regelungen. Wenn das nicht der Fall war, dann wurde die Anwendung der einschlägigen Paragraphen des BGB unter Verweis auf „die neue Ordnung“ abgelehnt. Da dieser Standpunkt sowohl in Literatur, als auch in der Rechtsprechung des RAG anerkannt war, machten sich auch die Richter des Landesarbeitsgerichts Hamburg nach damaliger Auffassung nicht angreifbar.

Für den hier analysierten Fall der Hamburger Verkäuferin im Schlachtereibetrieb ergibt sich demnach, dass die nationalsozialistische Ideologie die Rechtsprechung des Landesarbeitsgerichts bei der vorliegenden Entscheidungsbegründung beeinflusste. Die Nichtanwendung einschlägiger schuldrechtlicher Regelungen unter Berufung auf die Ausprägung nationalsozialistischer Ideologie könnte evidenter nicht sein.

364 Vgl. dazu nur Rüthers, Die unbegrenzte Auslegung (wie Fn. 340), S. 379 ff.

II. „Die Entlassung aufgrund polizeilichen Verbots" - Urteil des Landesarbeitsgerichts Hamburg vom 16. November 1936 (19 Sa 99/36)[365]

1. Sachverhalt

Das Landesarbeitsgericht Hamburg hatte nach den Olympischen Spielen im November 1936 über folgenden Sachverhalt zu entscheiden:[366]

Der Beklagte war Inhaber eines Betriebes mit 25 Beschäftigten. Aufgrund dessen war er verpflichtet einen Arbeitsplatz mit einem sog. Schwerbeschädigten zu besetzen.[367] Die Hauptfürsorgestelle für Kriegsbeschädigte und Kriegshinterbliebene teilte den Kläger als Schwerbeschädigten dem Betrieb des Beklagten zu. Der Kläger arbeitete bei dem Beklagten seit dem 13. Dezember 1935 als Zettelverteiler.

Aufgrund der Olympischen Spiele und des Freizeit-Kongresses erließ die Polizeibehörde Anfang Juli 1936 eine Verfügung, welche das Zettelverteilen für den Zeitraum vom 15. Juli 1936 bis 30. September 1936 untersagte. Aufgrund dieses Verbots erklärte der Beklagte dem Kläger, dass er ihn ab dem 15. Juli nicht weiter beschäftigen könne. Nach Ablauf des Verbots am 30. September könne der Kläger jedoch wieder beim Beklagten anfangen. Seit dem 15. Juli 1936 hatte der Kläger nicht bei dem Beklagten gearbeitet und von diesem Tag an auch keinen Lohn erhalten. Durch die erneute Vermittlung der Hauptfürsorgestelle hatte der Kläger seit dem 19. September 1936 anderweitig eine Beschäftigung gefunden.

Die Erklärung des Beklagten über die Nichtweiterbeschäftigung sah der Kläger als Kündigung, welche mangels erforderlicher Zustimmung der Hauptfürsorgestelle unwirksam gewesen sei. Aufgrund dessen forderte er Lohnnachzahlung iHv. 21 RM brutto pro Woche für die Zeit von vier Wochen, bis zum 12. August 1936.

---

365 ARS Bd. 28, LAG S. 87 ff.

366 Sachverhalt den Angaben der Entscheidung entnommen: LAG Hamburg Urt. v. 16. Nov. 1936, 19 Sa 99/36, ARS Bd. 28, LAG S. 87.

367 Vgl. § 1 der Ausführungsverordnung zum Gesetz über die Beschäftigung Schwerbeschädigter vom 13. Februar 1924, RGBl. I, 73.

2. Entscheidung der Vorinstanz

Das Arbeitsgericht Hamburg hatte die Klage des Klägers auf Lohnfortzahlung für vier Wochen abgewiesen. Aus der Entscheidungsbegründung des Hamburger Landesarbeitsgerichts geht hervor, dass das Gericht die Lohnzahlungspflicht des Beklagten aufgrund beiderseits nicht zu vertretender Unmöglichkeit der Arbeitsleistung nach § 323 BGB ablehnte und auch keinen Anwendungsraum für § 615 BGB sah.[368] Die genaueren Gründe dafür sind nicht bekannt.

3. Besprechung

In Frage standen verschiedene Punkte: Zunächst galt festzustellen, ob der Beklagte dem Kläger hier überhaupt gekündigt hatte. Wenn ja, war zu untersuchen, ob er dem Kläger kündigen konnte. Ferner war fraglich, ob die Arbeitsleistung des Klägers unmöglich geworden war und wenn ja, wie sich diese Unmöglichkeit auf Lohnzahlungen auswirkte. Damit einhergehend war zu untersuchen, ob alleine der Beklagte die Gefahr, einen Beschäftigten nicht beschäftigen zu können, aber ggf. dennoch Lohn zahlen zu müssen, im Rahmen des sog. Betriebsrisikos zu tragen hatte.

a) Die Kündigung des Klägers

Wie oben bereits festgestellt, war und ist eine Kündigung eine empfangsbedürftige Willenserklärung einer Vertragspartei über die Beendigung des Arbeitsverhältnisses für die Zukunft (sofort oder nach Fristablauf).[369] Dabei war nicht erforderlich, dass der Kündigende das Wort „kündigen“ gebraucht, sondern es war ausreichend, wenn der Arbeitgeber den Arbeitnehmer nicht weiter beschäftigen wollte.[370]

---

368 ARS Bd. 28, LAG S. 87, 89.

369 Alfred Hueck, in: Hueck/Nipperdey, Lehrbuch des Arbeitsrechts Band I, 3. - 5. Aufl., Mannheim/Berlin/Leipzig 1931, S. 300; ders., Deutsches Arbeitsrecht. Ein Grundriss, Berlin 1938, S. 127; Erich Sperling, Die Grenzen der ordentlichen Kündigung im Arbeitsrecht, Halle 1937, S. 13 mwNw; Günter Schaub/Ulrich Koch, Arbeitsrecht von A bis Z, München 2009, 18. Aufl., Kündigung.

370 Hueck, in: Hueck/Nipperdey, Lehrbuch des Arbeitsrechts I (wie Fn. 369), S. 302; Erich Molitor, Die Kündigung, Mannheim/Berlin/Leipzig 1935, S. 77 f.

(1) Kündigungserklärung

Nach *Molitor* lag jedoch keine Kündigung vor, wenn die Erklärung das Arbeitsverhältnis nur vorübergehend aussetzen sollte.[371] Aufgrund der Erklärung des Beklagten, den Kläger in der Zeit vom 15. Juli bis 30. September 1936 nicht beschäftigen zu können, konnte hier auch nur eine Unterbrechung, mit der Folge, dass nach § 615 BGB weiterhin Lohn zu zahlen war, und keine Kündigung des Arbeitsverhältnisses vorliegen. Was von der erklärenden Vertragspartei gewollt war, war durch Auslegung unter Berücksichtigung aller Umstände des Einzelfalls zu ermitteln.[372] Im Zweifel brauchte der Erklärungsgegner die Kündigung nicht gegen sich gelten zu lassen.[373] Wenn die Erklärung nun zweifelhaft oder mehrdeutig war, konnte der Erklärungsgegner von den mehreren Möglichkeiten auch diejenige wählen, die ihm am besten passte.[374] Laut Sachverhaltsangaben erblickte der Kläger in der Erklärung des Beklagten eine Kündigung seines Arbeitsverhältnisses.[375]

Das Landesarbeitsgericht Hamburg sah nach einer Zeugenbefragung in der Erklärung des Beklagten ebenfalls eine Kündigung verbunden mit dem Angebot der Weiterbeschäftigung ab einem bestimmten Zeitraum:[376]

> „Die Aussage des Zeugen M. hat eindeutig klargestellt, daß der Bekl. dem Kl. bei Bekanntwerden des polizeilichen Verbotes erklärt hat, er müsse während der Zeit des Verbotes aufhören und könne, wenn das Verbot vorbei sei, wieder anfangen. In dieser Erklärung muß bei Würdigung aller Umstände eine Kündigung erblickt werden, die mit dem Angebot einer Weiterbeschäftigung nach Ablauf der Verbotsperiode verbunden war."

Dementsprechend hatte der Beklagte dem Kläger zum 15. Juli 1936 gekündigt. Der Kläger griff hier die Gültigkeit der Kündigung an sich und nicht die unbillige Härte der Kündigung an, weshalb ein Kündigungswiderrufsverfahren nach §§ 56 ff. AOG zunächst nicht in Betracht kam, da deren Voraussetzung

371 Molitor, Kündigung (wie Fn. 370), S. 79; so auch RAG Urt. v. 10. August 1928, RAG 111/28, Bensh. Samml. Bd. 3, RAG S. 213 f.

372 Hueck, in: Hueck/Nipperdey, Lehrbuch des Arbeitsrechts I (wie Fn. 369), S. 302; Molitor, Kündigung (wie Fn. 370), S. 77.

373 Hueck, in: Hueck/Nipperdey, Lehrbuch des Arbeitsrechts I (wie Fn. 369), S. 302; Molitor, Kündigung (wie Fn. 370), S. 82; Rolf Krieger, Nichtige Kündigungen im bürgerlichen Recht und Arbeitsrecht, Köln 1937, S. 23.

374 Molitor, Kündigung (wie Fn. 370), S. 82.

375 ARS Bd. 28, LAG S. 87.

376 ARS Bd. 28, LAG S. 87.

eine rechtsgültige Kündigung war.[377] Fraglich war also zunächst, ob der Beklagte dem Kläger aufgrund seines Schwerbeschädigten-Status überhaupt kündigen konnte.

(2) Kündigungsbeschränkung

In der Weimarer Zeit galt grundsätzlich ein „freies und unbeschränktes Kündigungsrecht".[378] Wie oben bereits festgestellt,[379] konnten jedoch unter bestimmten Voraussetzungen bestimmte Kündigungsbeschränkungen greifen.[380] Im vorliegenden Fall war der Kläger Schwerbeschädigter im Sinne des sog. Schwerbeschädigtengesetzes (SchwBeschG).[381]

Nach wie vor 1933 genossen Schwerbeschädigte zunächst den gleichen Kündigungsschutz wie alle anderen Arbeitnehmer auch.[382] Dazu bestand für sie nach den §§ 13 ff. SchwBeschG ein besonderer Kündigungsschutz.[383] Dieser sollte die dauernde Unterbringung Schwerbeschädigter im Arbeitsleben dadurch gewährleisten, dass der Arbeitgeber den schwerbeschädigten Arbeitnehmer nicht ohne weiteres wieder entlassen konnte.[384] Zuallererst betrug die Kündigungsfrist nach § 13 Abs. 1 Satz 3 SchwBeschG mindestens vier Wochen.[385] Diese Frist hatte der Beklagte bei der Kündigung des Klägers nicht eingehalten. Das polizeiliche Verbot des Zettelverteilens erging laut Sachverhalt Anfang Juli 1936.[386] Der Beklagte erklärte daraufhin, dass er den Kläger ab dem 15. Juli 1936 nicht weiter beschäftigen könne. Die eingehaltene Frist betrug also maximal zwei

377 Vgl. Hueck, in: Hueck/Nipperdey, Lehrbuch des Arbeitsrechts I (wie Fn. 369), S. 366; Alfred Hueck, Deutsches Arbeitsrecht. Ein Grundriss, Berlin 1938, S. 135 f.; Hermann Dersch, Das Gesetz zur Ordnung der nationalen Arbeit. Kommentar, Berlin 1934, § 56, Anm. 5, 5f, 16c wonach ein Kündigungswiderrufsverfahren nach den §§ 56 ff. AOG erst dann angestrebt werden konnte, wenn die Hauptfürsorgestelle der Kündigung zugestimmt hatte.

378 Ernst Frey, Die sittenwidrige Kündigung im Arbeitsrecht, Würzburg 1938, S. 1.

379 Vgl. oben S. 53.

380 Hueck, in: Hueck/Nipperdey, Lehrbuch des Arbeitsrechts I (wie Fn. 369), S. 350 ff.

381 „Gesetz über die Beschäftigung Schwerbeschädigter" vom 12. Januar 1923, RGBl. I, S. 57 ff.

382 Hueck, in: Hueck/Nipperdey, Lehrbuch des Arbeitsrechts I (wie Fn. 369), S. 421.

383 Molitor, Kündigung (wie Fn. 370), S. 184.

384 Max Mebes, Das Gesetz über die Beschäftigung Schwerbeschädigter vom 12. Januar 1923 nebst Ausführungsbestimmungen, 2. Aufl., Berlin 1931, § 13 S. 85, Vorbem.

385 Vgl. auch Hueck, in: Hueck/Nipperdey, Lehrbuch des Arbeitsrechts I (wie Fn. 369), S. 421; Molitor, Kündigung (wie Fn. 370), S. 133.

386 ARS Bd. 28, LAG S. 87.

Wochen. Sie begann aber nach § 13 Abs. 1 Satz 4 SchwBeschG erst mit Absendung des im folgenden zu erörternden Antrages auf Zustimmung der Hauptfürsorgestelle.

Die Kündigung war nämlich weiterhin nach § 13 Abs. 1 Satz 1 SchwBeschG von der Erteilung der Zustimmung der Hauptfürsorgestelle abhängig gewesen. Diese prüfte nach pflichtgemässem Ermessen, ob die Kündigung gerechtfertigt war oder nicht.[387] In vier durch das Schwerbeschädigtengesetz vorgeschriebenen Fällen hatte die Hauptfürsorgestelle ihre Zustimmung zu erteilen. Das war dann der Fall, wenn dem Schwerbeschädigten ein anderer Arbeitsplatz zugesichert war,[388] der Arbeitgeber seine Verpflichtungen aus dem Schwerbeschädigtengesetz erfüllt hatte und auf den freiwerdenden Platz einen anderen Schwerbeschädigten einstellte[389] sowie wenn es sich um Betriebe handelte, die nicht nur vorübergehen vollständig eingestellt oder wesentlich eingeschränkt wurden[390]. Ohne die Zustimmung der Hauptfürsorgestelle war die Kündigung nichtig.[391] Nur nach § 17 SchwBeschG bedurfte es dann keiner Zustimmung, wenn „ein Schwerbeschädigter von einem Arbeitgeber, der seine Einstellungspflicht nach Mindestzahl und Art (§§ 4, 5 und 6) erfüllt [hatte], ausdrücklich nur zur vorübergehenden Aushilfe, für einen vorübergehenden Zweck oder versuchsweise angenommen“ wurde und das Vertragsverhältnis nicht länger als drei Monate andauerte.[392]

Letzteres war in dem vorliegenden Fall des schwerbeschädigten Klägers nicht der Fall. Hier hatte nach Ansicht des Beklagten ein polizeiliches Verbot, welches die Tätigkeit des Klägers betraf, dazu geführt, dass er den Kläger nicht weiter beschäftigen konnte und wollte. Der Beklagte hatte jedoch keine Zustimmung zur Kündigung bei der entsprechenden Hauptfürsorgestelle beantragt. Die Richter des Hamburger Landesarbeitsgerichts führten dazu aus:[393]

---

387 Mebes, Das Gesetz über die Beschäftigung Schwerbeschädigter (wie Fn. 384), § 13 S. 91; Molitor, Kündigung (wie Fn. 370), S. 184; Hueck, in: Hueck/Nipperdey, Lehrbuch des Arbeitsrechts I (wie Fn. 369), S. 422.

388 § 13 Abs. 1 S. 2 SchwBeschG.

389 § 14 SchwBeschG.

390 § 15 SchwBeschG für öffentliche Betriebe mit weiteren Voraussetzungen; § 16 SchwBeschG für private Betriebe.

391 Hueck, in: Hueck/Nipperdey, Lehrbuch des Arbeitsrechts I (wie Fn. 369), S. 422.

392 Vgl. auch Hueck, in: Hueck/Nipperdey, Lehrbuch des Arbeitsrechts I (wie Fn. 369), S. 422 f.; Molitor, Kündigung (wie Fn. 370), S. 185.

393 ARS Bd. 28, LAG S. 87, 89.

„Davon abgesehen hatte der Bekl., sollten sich der Beschäftigung des Kl. Schwierigkeiten entgegenstellen, die Möglichkeit, bei der Hauptfürsorgestelle den Antrag auf Zustimmung zur Kündigung zu stellen. Ein derartiger Antrag hätte bei Würdigung der besonderen Umstände aller Voraussicht nach dazu geführt, daß die Hauptfürsorgestelle ihre Zustimmung erteilte, und daß mit Ablauf der vierwöchentlichen Kündigungsfrist das Arbeitsverhältnis des Kl. sein Ende erreichte.“

Durch das polizeiliche Verbot, welches der Auslöser für die Kündigung des Klägers war, war aber keine der Voraussetzungen der Fälle erfüllt, in denen die Hauptfürsorgestelle aufgrund der gesetzlichen „Soll“-Vorschriften ihre Zustimmung zu erteilen hatte. Weder hatte der Kläger zum Zeitpunkt der Kündigung am 15. Juli 1936 einen anderen Arbeitsplatz, noch wurde ein anderer Schwerbeschädigter anstelle des Klägers beim Beklagten zu diesem Zeitpunkt eingestellt oder der Restaurantbetrieb des Beklagten eingestellt oder eingeschränkt wie oben dargestellt wurde. Das Gericht führt selber aus, dass durchaus eine Möglichkeit zur Weiterbeschäftigung des Klägers bestanden hätte:[394]

„Bei dem Bekl. war außer dem Kl. noch ein anderer Zettelverteiler, der kein Schwerbeschädigter ist, tätig. Der Bekl. hat diesem nach kurzem Aussetzen Arbeit als Plakatträger gegeben. Mag nun dieses Gefolgschaftsmitglied auch eine etwas längere Betriebszugehörigkeit aufweisen, mag er auch als Zettelverteiler tüchtiger als der Kl. gewesen sein, als Schwerbeschädigter hatte der Kl. den unbedingten Vorrang auf ein Verbleiben im Betriebe, zumal er die Tätigkeit als Plakatträger ebensogut hätte verrichten können.“

Aufgrund dieser Argumentation ist nicht ersichtlich, warum die Fürsorgestelle nach Auffassung des Landesarbeitsgerichts die Zustimmung erteilt hätte, wenn der Beklagte einen Antrag gestellt haben würde. Wie dargelegt, lag einerseits keine der Zustimmungsverpflichtungen vor und andererseits hätte auch die Hauptfürsorgestelle feststellen müssen, dass der Kläger hätte weiterbeschäftigt werden können und müssen. Der Beklagte war nach § 18 Abs. 1 SchwBeschG bei Zuwiderhandlung gegen das Gesetz sogar gegen Bußgeld verpflichtet einen Schwerbeschädigten einzustellen. Dieser Pflicht kam er mit der Kündigung des Klägers nicht mehr nach.

Ferner ist festzustellen, dass der klägerische Antrag auf Lohnfortzahlung für vier Wochen wohl auf die vierwöchige Kündigungsfrist ab Antragstellung zur Zustimmung der Hauptfürsorgestelle zurückging und daher vom 15. Juli bis 12. August 1936 rechnete.

394 ARS Bd. 28, LAG S. 87, 88.

Nun hatte der Kläger seit dem 19. September 1936 aufgrund der Vermittlung der Hauptfürsorgestelle einen neuen Arbeitsplatz. Damit wäre ab dem 19. September 1936 die erste Voraussetzung nach § 13 Abs. 1 Satz 2 SchwBeschG erfüllt, wonach dem Kläger ein anderer angemessener Arbeitsplatz gesichert war und die Hauptfürsorgestelle danach ihre Zustimmung zur Kündigung zu erteilen hatte. Spätestens zu diesem Datum könnte man die Zustimmung der Hauptfürsorgestelle fingieren und eine wirksame Kündigung des Klägers annehmen. Danach hätte der Kläger eigentlich bis zum 18. September 1936 einen Anspruch auf Lohnfortzahlung.

(3) Die fristlose Kündigung des Klägers

Das Schwerbeschädigtengesetz bestimmte allerdings noch eine weitere Ausnahme von der Zustimmung der Hauptfürsorgestelle zur Kündigung. Für die außerordentliche Kündigung aus wichtigem Grund bedurfte es in der Regel auch nicht ihrer Zustimmung.[395] Nach § 13 Abs. 2 Satz 1 SchwBeschG wurden die gesetzlichen Bestimmungen über die fristlose Kündigung nicht von dem Gesetz über die Beschäftigung Schwerbeschädigter betroffen.

Fraglich war mithin, ob der Beklagte dem Kläger möglicherweise fristlos kündigen konnte. Diese Frage untersuchten die Hamburger Richter wie folgt:[396]

> „Der Bekl. hat die Zustimmung der Hauptfürsorgestelle nicht eingeholt. Diese Unterlassung nimmt einer fristgerechten Kündigung die Rechtswirksamkeit, sie bedingt aber nicht, daß die Erklärung des Bekl. schlechthin jeder rechtlichen Bedeutung entbehrt. Nach § 13 Abs. 2 des Schwerbeschädigtengesetzes werden durch die im ersten Absatz getroffene Regelung die gesetzlichen Bestimmungen über die fristlose Kündigung nicht berührt. Die vom Beklagten ausgesprochene Kündigung wäre daher, trotz des Fehlens der Zustimmung der Hauptfürsorgestelle, rechtswirksam, wenn ihm eine Fortsetzung des mit dem Kl. bestehenden Arbeitsverhältnisses nach Lage der Dinge nicht zugemutet werden konnte, nachdem das polizeiliche Verbot dem Kl. die Tätigkeit als Zettelverteiler und damit die Erfüllung der ihm vertraglich obliegenden Arbeitsleistung vorerst bis zum 30.9.1936 unmöglich gemacht hatte.“

Das allgemeine Recht der fristlosen Kündigung war und ist in § 626 BGB geregelt. Der Wortlaut ist mittlerweile jedoch ein anderer. In der Weimarer Zeit und der Zeit des Nationalsozialismus konnte das Dienstverhältnis nach § 626

---

395 § 13 Abs. 2 SchwBeschG; Hueck, in: Hueck/Nipperdey, Lehrbuch des Arbeitsrechts I (wie Fn. 369), S. 353;Walter Kaskel/Hermann Dersch, Arbeitsrecht, 4. Aufl., Berlin 1932, S. 242; Molitor, Kündigung (wie Fn. 370), S. 186.

396 ARS Bd. 28, LAG S. 87, 88.

BGB „von jedem Teile ohne Einhaltung einer Kündigungsfrist gekündigt werden, wenn ein wichtiger Grund" vorlag. Ein wichtiger Grund konnte in der Person des Kündigenden, des Gekündigten oder in objektiven Umständen gegeben sein.[397] Rechtsprechung und Schrifttum waren sich darüber einig, dass er dann vorlag, wenn „nach Lage der Umstände den Parteien die Fortsetzung des Arbeitsvertrages und die Innehaltung der ordentlichen Kündigungsfrist" nicht zugemutet werden konnte.[398]

Der Beklagte berief sich hier darauf, dass er den Kläger aufgrund des Verbots, Zettel zu verteilen, nicht weiter beschäftigen könne. Aufgrund der polizeilichen Verfügung dürfte dem Beklagten nicht zugemutet werden können, das Vertragsverhältnis mit dem Kläger fortzusetzen. Das RAG meinte dazu in einem ähnlich gelagerten Fall, der ebenfalls die Kündigung eines schwerbeschädigten Arbeitnehmers betraf:[399]

> „Der Umstand, daß der Arbeitgeber für einen bestimmten Arbeitnehmer keine geeignete Beschäftigungsmöglichkeit mehr hat, rechtfertigt für sich allein noch nicht die fristlose Entlassung."

Dazu kommt, dass der Beklagte den Kläger, wie oben bereits vom Landesarbeitsgericht Hamburg erörtert, auch als Plakatträger hätte beschäftigen können, wie er auch einen anderen Zettelverteiler beschäftigte, und damit eine geeignete Beschäftigungsmöglichkeit für den Kläger gegeben war:[400]

> „[...], als Schwerbeschädigter hatte der Kl. den unbedingten Vorrang auf ein Verbleiben im Betriebe, zumal er die Tätigkeit als Plakatträger ebensogut hätte verrichten können."

Auch das Schrifttum vertrat die Ansicht, dass „jedes andere Mittel erschöpft" sein müsste und „ein wichtiger Grund zur Kündigung des Rechtsver-

---

397 Otto Fischer/Wilhelm Henle/Heinrich Titze, Bürgerliches Gesetzbuch. Handausgabe, 14. Aufl., München 1932, § 626 Nr. 2.

398 Mebes, Das Gesetz über die Beschäftigung Schwerbeschädigter (wie Fn. 384), § 13 S. 105; Hueck, in: Hueck/Nipperdey, Lehrbuch des Arbeitsrechts I (wie Fn. 369), S. 333; so auch: Fischer/Henle/Titze, BGB (wie Fn. 397), § 626 Nr. 2; Hans Carl Nipperdey, in: J. v. Staudingers Kommentar zum Bürgerlichen Gesetzbuch und dem Einführungsgesetz, 9. Aufl., 2. Teil §§ 433-630, § 626 II 1; Kaskel/Dersch, Arbeitsrecht (wie Fn. 395), S. 239; Molitor, Kündigung (wie Fn. 370), S. 210; RAG Urt. v. 25. Februar 1933, RAG 2/33, Bensh. Samml. Bd. 17, RAG S. 474, 475; RAG Urt. v. 25. Oktober 1933, RAG 215/33, ARS Bd. 19, RAG S. 159, 160.

399 RAG Urt. v. 19. September 1932, RAG 202/32, Bensh. Samml. Bd. 16, RAG S. 369 (Leitsatz 3).

400 ARS Bd. 28, LAG S. 87, 89.

hältnisses im allgemeinen nicht gegeben [war], solange noch andere Möglichkeiten gegeben“ waren.[401]

Weiterhin durfte dem Beklagten auch die Innehaltung der ordentlichen Kündigungsfrist nicht zumutbar sein.[402] Das Hamburger Landesarbeitsgericht meinte zu der Zumutbarkeit der Weiterbeschäftigung folgendes:[403]

> „Konnte es sich aber nur darum handeln, daß der Bekl. den Kl. für die Dauer einer vierwöchentlichen Kündigungsfrist weiterbeschäftigte, so kann nicht anerkannt werden, daß dem Bekl. eine Weiterbeschäftigung des Kl. für diese Zeit nicht zuzumuten war. Die dem Bekl. dadurch erwachsene Belastung mit einem Wochenlohn von 21 RM, also insgesamt 84 RM, ist nicht so hoch, daß sie für einen Betrieb, der 25 Angestellte beschäftigte, auch unter Berücksichtigung der übrigen durch das Polizeiverbot erwachsenen Nachteile, untragbar ist.“

Die Richter bezogen ebenfalls die besondere Situation des Klägers als Schwerbeschädigter und die Pflicht des Beklagten, einen Schwerbeschädigten in seinem Betrieb zu beschäftigen, in ihre Erwägungen mit ein:[404]

> „Diesen Sachverhalt [die polizeiliche Verfügung über das Verbot des Zettelverteilens – M.B.] durfte aber der Bekl. darum noch nicht zum Anlaß nehmen, um sich, indem er den Kl. nicht weiter beschäftigte und auch keinen Lohn mehr zahlte, seiner gesetzlichen Pflicht aus dem SchwBeschG zu entziehen. Er mußte vielmehr, gerade weil der Kl. Schwerbeschädigter ist, im besonderen Maße erwägen, ob und inwieweit er dem Kl. nachdem die Tätigkeit als Zettelverteiler nicht mehr möglich war, in anderer Weise Arbeit verschaffen konnte.“

Das Landesarbeitsgericht Hamburg kam hier also zu dem Schluss, dass kein wichtiger Grund, der diese Entlassung rechtfertigte, vorgelegen hatte.[405]

b) Unmöglichkeit der Beschäftigung und Betriebsrisiko

Unter dem Aspekt, dass die Dienste des Klägers verboten und damit nach § 275 BGB[406] unmöglich waren, der Kläger also von seiner Arbeitsverpflichtung be-

---

401 Molitor, Kündigung (wie Fn. 370), S. 217; Alfred Hueck, Urteilsanmerkung zu LAG Hamburg Urt. v. v. 16. November 1936, 19 Sa 99/36, ARS Bd. 28, LAG S. 91.

402 Nipperdey, in: Staudingers Kommentar zum BGB (wie Fn. 398), § 626 II 1; Hueck, in: Hueck/Nipperdey, Lehrbuch des Arbeitsrechts I (wie Fn. 369), S. 333; Molitor, Kündigung (wie Fn. 370), S. 219.

403 ARS Bd. 28, LAG S. 87, 89.

404 ARS Bd. 28, LAG S. 87, 88.

405 ARS Bd. 28, LAG S. 87, 89.

freit war, könnte die Lohnzahlungspflicht des Beklagten vor dem Hintergrund des § 323 BGB[407] fraglich gewesen sein. Da diese Unmöglichkeit weder vom Kläger noch vom Beklagten zu vertreten war, verlor der Kläger eigentlich seinen Anspruch auf die Lohnzahlung als Gegenleistung. Andererseits wollte der Kläger arbeiten, der Beklagte konnte ihn diese Tätigkeit aber nicht ausführen lassen, was auf einen Annahmeverzug des Beklagten und damit wieder auf § 615 BGB hindeuten könnte (wenn man mit dem Landesarbeitsgericht ging, zumindest für die vier Wochen der gewöhnlichen Kündigungsfrist unter Fiktion der Zustimmung der Hauptfürsorgestelle).

Diese Problematik wurde in Rechtsprechung und Lehre zu der Thematik der Betriebsstilllegung bzw. Betriebsstörung diskutiert.[408] Es sollte sich stets um Fälle handeln, „in denen ein Verschulden des Arbeitgebers ausgeschlossen [war] und andererseits der Arbeitnehmer zur Arbeit bereit und imstande [war], also um ein für die Parteien zufälliges Ereignis“.[409] Ob in diesen Fällen ein Lohnanspruch bestand oder nicht, war heftig umstritten, wobei das Schrifttum und die Rechtsprechung unterschiedliche Wege beschritten.[410]

Grob skizziert vertrat das Schrifttum die Ansicht, dass diese Fälle entweder nach § 323 BGB oder nach § 615 BGB zu lösen waren. Wenn der Arbeitnehmer seine Arbeitsleistung zur Verfügung stelle, sei nach einem Teil der Literatur immer ein Annahmeverzug des Arbeitgebers und damit die Lohnzahlungspflicht nach § 615 BGB gegeben, sog. Lehre vom Annahmeverzug.[411] Die andere An-

---

406 § 275 Abs. 1 BGB: Der Schuldner wird von der Verpflichtung zur Leistung frei, soweit die Leistung infolge eines nach der Entstehung des Schuldverhältnisses eintretenden Umstandes, den er nicht zu vertreten hat, unmöglich wird.

407 § 323 Abs. 1 BGB: Wird die aus einem gegenseitigen Vertrage dem einen Teile obliegende Leistung infolge eines Umstandes unmöglich, den weder er noch der andere Teil zu vertreten hat, so verliert er den Anspruch auf die Gegenleistung; …

408 Hueck, in: Hueck/Nipperdey, Lehrbuch des Arbeitsrechts I (wie Fn. 369), S. 227; Kaskel/Dersch, Arbeitsrecht (wie Fn. 395), S. 188; Fischer/Henle/Titze, BGB (wie Fn. 397), § 615 Nr. 1; Nipperdey, in: Staudingers Kommentar zum BGB (wie Fn. 398), § 615 II 2b.

409 Kaskel/Dersch, Arbeitsrecht (wie Fn. 395), S. 188.

410 Kaskel/Dersch, Arbeitsrecht (wie Fn. 395), S. 188; Hueck, in: Hueck/Nipperdey, Lehrbuch des Arbeitsrechts I (wie Fn. 369), S. 227; Nipperdey, in: Staudingers Kommentar zum BGB (wie Fn. 398), § 615 II 2b.

411 Weitere Begründungen dazu bei: Hueck, in: Hueck/Nipperdey, Lehrbuch des Arbeitsrechts I (wie Fn. 369), S. 227, 230; Fischer/Henle/Titze, BGB (wie Fn. 397), § 615 Nr. 1; Kaskel/Dersch, Arbeitsrecht (wie Fn. 395), S. 189; Otto Jaenecke, Das Betriebsrisiko, Göttingen 1933, S. 44 mwNw. auf S. 27 Fn. 63 und bei Heinrich Stoll, Die Lehre vom

sicht sah darin, dass der Arbeitgeber die Arbeitsleistung verlangen, der Arbeitnehmer sie aber nicht präsentieren konnte, eine Unmöglichkeit, die nach § 323 BGB zum Verlust des Lohnanspruchs führte, sog. reine Unmöglichkeitslehre.[412] Mit diesen kurzen Umrissen ist für den vorliegenden Fall des klagenden Schwerbeschädigten noch keine Lösung gefunden. Die herrschende Lehre wollte für eine gerechte Lösung jeweils allgemeine Rechtsgedanken heranziehen.[413]

Die Richter des Hamburger Landesarbeitsgerichts gaben kurz die Meinung des Arbeitsgerichts Hamburg wieder, welches sich ebenfalls mit diesem Streit auseinander gesetzt hatte und die dem Literaturstreit sehr ähnelte:[414]

> „Der Vorderrichter verneint die Verpflichtung [zur Lohnzahlung – M.B.] mit dem Hinweis auf § 323 BGB. Er betont, daß auch § 615 BGB nicht zum Zuge komme, da die vom Kl. angebotenen Dienste verboten gewesen seien und ein rechtswirksames Angebot der geschuldeten Leistung nicht habe erfolgen können."

Das Reichsarbeitsgericht ging indes einen anderen Weg. Im Rahmen der sog. Lehre von den drei Gefahrenkreisen, einer Gefahrtragung nach bestimmten Verantwortungskreisen, knüpften die Richter des RAG immer wieder an eine Grundsatzentscheidung vom 20. Juni 1928 an:[415]

> „Das Reichsarbeitsgericht schließt sich der von dem Reichsgericht in seiner Entscheidung RGZ Band 106 Seite 272 ausgesprochenen Auffassung darin an, daß die Lösung der Frage nicht in erster Linie aus den §§ 323 und 615 BGB, sondern aus dem modernen Arbeitsrecht und den modernen Arbeitsverhältnissen zu entnehmen ist. [...] Das gemeinsame Zusammenwirken von Unternehmer und Arbeiterschaft bildet heute die Grundlage des Betriebes, wie dies besonders in § 66 BRG[416] zum Ausdruck kommt. [...] Wer aber für den Betrieb mit einzustehen hat, muß selbstverständlich auch für die Nachteile mit eintreten, die sich aus ihm ergeben. Es kann die Arbeitnehmerschaft und mit ihr der einzelne Arbeiter die Folgen von Betriebsstörungen und Betriebsgefahren nicht einfach damit ablehnen, daß er seine Arbeitskraft angeboten habe und zur Leistung seiner Dienste bereit gewesen sei. Mit der Mitwirkung bei der Leitung des Betriebs Hand in

---

Betriebsrisiko und die Neuordnung des Arbeitsrechts, in: Deutsches Arbeitsrecht (Dt. ArbR) 1934, S. 199 ff.

412 Weitere Begründungen dazu bei: Nipperdey, in: Staudingers Kommentar zum BGB (wie Fn. 398), § 615 II 2b; weitere Nachweise bei Stoll, Die Lehre vom Betriebsrisiko (wie Fn. 411), in: Dt. ArbR 1934, S. 199 ff.

413 Vgl. dazu vor allem Hueck, in: Hueck/Nipperdey, Lehrbuch des Arbeitsrechts I (wie Fn. 369), S. 227, 230.

414 ARS Bd. 28, LAG S. 87, 89.

415 RAG Urt. v. 20. Juni 1928, RAG 72/28, Bensh. Samml. Bd. 3, RAG S. 116, 120 f. = RAGE Bd. 2, S. 74.

416 Betriebsrätegesetz vom 4. Februar 1920, RGBl. S. 147 ff.; § 66 BRG regelte die Aufgaben des Betriebsrates.

Hand geht ohne weiteres die Mittragung der Gefahren desselben. [...] Zu vertreten hat aber jeder Teil nicht nur sein Verschulden, sondern auch alles, was in den Kreis der von ihm zu tragenden Gefahr fällt. Ob diese dem einen oder beiden Teilen zur Last zu legen ist, wird in letzter Linie, wie dies auch das Reichsarbeitsgericht schon mehrfach ausgesprochen hat, aus § 242 BGB unter dem Gesichtspunkt von Treu und Glauben nach den Umständen des Falles zu entscheiden sein."

Das Reichsarbeitsgericht nannte in dieser Entscheidung einige grob umrissene Voraussetzungen, um die Gefahrtragung bei Betriebsstörungen zu klären, wenn keine vertraglichen Regelungen Anwendung fanden.[417] Nach diesen Voraussetzungen hatten Arbeitnehmer solche Ereignisse zu vertreten, die auf dem Verhalten der Arbeitnehmerschaft beruhten und solche mit zu vertreten, die den Bestand des Betriebes beeinträchtigten. Der Arbeitgeber hatte solche Ereignisse allein zu vertreten, die die Führung des Betriebes betrafen, solange diese Ereignisse letzten Endes nicht doch den Bestand des Betriebes betrafen und damit von den Arbeitnehmern mit zu vertreten waren.[418]

Diese Ansicht behielt das Reichsarbeitsgericht auch in den zeitlich folgenden Entscheidungen bei.[419] Besonders hervorzuheben ist die Entscheidung des RAG vom 27. März 1935, wonach sich auch durch die Machtergreifung der Nationalsozialisten und die Umwälzungen des Arbeitsrechts die Auffassung der Richter des Reichsarbeitsgerichts zu Betriebsstörungen nicht grundlegend änderte.[420]

In diesem Fall ging es darum, dass einer Gruppe Musiker aufgrund eines Trauererlasses zum Tod des Reichspräsidenten von Hindenburg das Spielen für einige Tage untersagt war. Der Betreiber des Kaffeehauses, in dem die Darbie-

417 Diese stießen in der Literatur jedoch auf heftige Kritik. Vgl. dazu: Alfred Hueck, Urteilsanmerkung zu RAG Urt. v. 20. Juni 1928, RAG 72/28, in: Bensh. Samml. Bd. 3, RAG S. 123 ff.; Jaenecke, Das Betriebsrisiko (wie Fn. 411), S. 33; Alfons Maikowski, Das Betriebsrisiko als politisches Problem und seine Lösung, Berlin 1935, S. 21 ff.;

418 RAG (wie Fn. 413), Bensh. Samml. Bd. 3, RAG S. 116, 122; Hueck, Urteilsanmerkung (wie Fn. 415), in: Bensh. Samml. Bd. 3, RAG S. 123, 124.

419 RAG Urt. v. 4. Juli 1928, RAG 41/28, Bensh. Samml. Bd. 3, RAG S. 129 ff.; RAG Urt. v. 3. November 1928, RAG 81/28, Bensh. Samml. Bd. 4, RAG S. 149 ff.; RAG Urt. v. 12. Oktober 1929, RAG 200/29, Bensh. Samml. Bd. 7, RAG S. 137 ff.; RAG Urt. v. 2. Juli 1930, RAG 113/30, Bensh. Samml. Bd. 9, RAG S. 537 ff.; RAG Urt. v. 23. Februar 1932, RAG 503/31, Bensh. Samml. Bd. 14, RAG S. 363 ff.; RAG Urt. v. 25. Oktober 1933, RAG 215/33, ARS Bd. 19, RAG S. 159 ff.

420 RAG Urt. v. 27. März 1935, RAG 235/34, ARS Bd. 23, RAG S. 219 ff.

tungen sonst stattfanden, verweigerte die Zahlung der Tagesgage, da die Musiker nicht gespielt hätten:[421]

„Durch den Tod des Reichspräsidenten und den Trauererlaß der beiden Reichsminister war ihnen die geschuldete Arbeitsleistung und dem Beklagten die Entgegennahme dieser Leistung an den 6 Tagen unmöglich gemacht worden, der Kaffeehausbetrieb des Beklagten war durch ein unvorhergesehenes Ereignis gestört, er war in dem Teil, auf den sich die Anstellung der Kläger bezog, lahmgelegt. [...] Beim Fehlen vertraglicher Regelung und gesetzlicher Sondervorschriften ist die Entscheidung in Fällen der vorliegenden Art nach feststehender Rechtsprechung des Reichsarbeitsgerichts nicht, jedenfalls nicht ausschließlich und nicht in erster Linie aus den Vorschriften der §§ 323, 615 BGB zu entnehmen, sondern aus den Grundsätzen über die Tragung der Betriebsgefahr. [...] Die von der Rechtsprechung des Reichsarbeitsgerichts entwickelten Grundsätze über die Tragung der Betriebsgefahr gehen dahin, daß die Folgen einer durch ein unvorhergesehenes und unverschuldetes Ereignis verursachten Betriebsstörung denjenigen Partner des Arbeitsvertrages treffen, der das störende Ereignis zu vertreten hat, d. h. in dessen Gefahrenkreis es fällt, und daß die Abgrenzung der Gefahrenkreise in letzter Linie nach den Gesichtspunkten von Treu und Glauben unter Berücksichtigung aller Umstände des Einzelfalls zu geschehen hat (RAGEntsch. Bd. 2 S. 74). Regelmäßig dem Gefahrenkreis des Unternehmers zuzurechnen sind Ereignisse, die den Weiterbestand des Betriebes nicht in Frage stellen, sondern nur die regelmäßige Fortführung vorübergehend beeinträchtigen, die im Einzelfall vielleicht nicht vermeidbar waren, mit denen aber doch der Unternehmer im allgemeinen rechnen und deren wirtschaftliche Nachteile er in seine allgemeine Kostenrechnung einstellen kann (Entsch. Bd. 3 S. 309).“

Für den vom Reichsarbeitsgericht zu entscheidenden Fall ergab sich daraus, dass das ministerielle Spielverbot in den Gefahrenkreis des Unternehmers fiel und die Musiker dementsprechend einen Lohnzahlungsanspruch gegen den Kaffeehausbetreiber hatten.[422]

Die Richter des Hamburger Landesarbeitsgerichts prüften die vorliegende Streitigkeit über die Gefahrtragung bei Betriebsstörung ebenso wie das Reichsarbeitsgericht:[423]

„Diese Erwägungen des Vorderrichters lassen außer acht, daß bei Ereignissen, die von außen oder innen auf einen Betrieb einwirken und die dem Beschäftigten obliegende Arbeitsleistung unmöglich machen, die Frage der Lohnzahlung nicht aus den bürgerlichrechtlichen Grundsätzen über die Unmöglichkeit, sondern in erster Linie aus den in der Rechtsprechung entwickelten Grundsätzen über die Tragung der Betriebsgefahr beantwortet werden muss. Schon vor dem Durchbruch der nationalsozialistischen Weltanschauung und der Neuordnung des Arbeitsrechts durch das AOG hat das RAG aus dem

421 RAG (wie Fn. 420), ARS Bd. 23, RAG S. 219, 221 ff.

422 RAG (wie Fn. 420), ARS Bd. 23, RAG S. 219, 220, 227.

423 ARS Bd. 28, LAG S. 87, 89.

Gedanken der Betriebsverbundenheit heraus festgestellt, daß die störenden Folgen unvorhergesehener und unverschuldeter Ereignisse auf die vom Beschäftigten zu erbringende Arbeitsleistung diejenige Partei des Arbeitsvertrages treffen, in deren Gefahrenkreis bei Anwendung der Grundsätze von Treu und Glauben und unter Berücksichtigung aller Umstände des Einzelfalles das störende Ereignis fällt. In Auswirkung dieses Grundsatzes hat das RAG dem Gefahrenkreis des Unternehmers solche Ereignisse zugerechnet, die den Weiterbestand des Betriebes nicht in Frage stellen, sondern nur die regelmäßige Fortführung vorübergehend beeinträchtigen, die im Einzelfalle vielleicht nicht vermeidbar waren, mit denen aber doch der Unternehmer im allgemeinen rechnen muß und deren wirtschaftliche Nachteile er in seine allgemeine Kostenrechnung einstellen kann."

In der Literatur wurde seit Inkrafttreten des Gesetzes zur Ordnung der nationalen Arbeit vertreten, dass durch das AOG, welches das Betriebsrätegesetz beseitigte, kein eigener Gefahrenkreis der Arbeitnehmer mehr bestand und daher das Betriebsrisiko grundsätzlich alleine vom Unternehmer zu tragen war.[424] *Stoll* und *Siebert* begründeten diese neue Ansicht damit, dass die Arbeitnehmer unter Führung des Unternehmers zusammengeschlossen seien und der Unternehmer als „Führer" die volle Verantwortung zu tragen habe.[425] Auch das Reichsarbeitsgericht sprach diese Gedanken in seinem Urteil vom 27. März 1935 an, entschied den Einfluss des AOG auf seine Rechtsprechung zur Betriebsstörung aber nicht.[426]

Ebenso nahmen die Richter des Hamburger Landesarbeitsgerichts auf den Einfluss des AOG auf die Problematik der Betriebsstörung Bezug:[427]

„Es bestehen Bedenken, ob die so gezogene Grenze der vom Unternehmer zu tragenden Betriebsgefahr nach Neuordnung des Arbeitsverhältnisses durch das AOG aufrechterhalten werden kann. Es erhebt sich die Frage, ob sich der Gefahrenkreis des Unternehmers nicht erweitert hat, nachdem der Unternehmer als Führer die volle Verantwortung für die Leitung des Unternehmens trägt, nachdem das auf dem Betriebsrätegesetz beruhende Recht der Arbeitnehmer auf Mitwirkung an der Betriebsführung beseitigt ist, und der Unternehmer jetzt in allen betrieblichen Angelegenheiten selbständig und unter ausschließlicher eigener Verantwortung entscheidet. Es liegt angesichts dieser neuen Rechtsstellung des Unternehmers der Gedanke nahe, daß er jetzt kraft der ihm auferlegten Verantwortung grundsätzlich für alle Betriebsgefahren einzustehen hat, es sei denn,

424 Stoll, Die Lehre vom Betriebsrisiko (wie Fn. 411), in: Dt. ArbR 1934, S. 199, 203; Wolfgang Siebert, Das Arbeitsverhältnis in der Ordnung der nationalen Arbeit, Hamburg 1935, S. 105; Alfred Hueck, Urteilsanmerkung zu RAG Urt. v. 27. März 1935, RAG 235/34, in: ARS Bd. 23, RAG S. 227.

425 Stoll, Die Lehre vom Betriebsrisiko (wie Fn. 411), in: Dt. ArbR 1934, S. 199, 203; Siebert, Das Arbeitsverhältnis (wie Fn. 424); S. 105.

426 RAG (wie Fn. 420), ARS Bd. 23, RAG S. 219, 226.

427 ARS Bd. 28, LAG S. 87, 90.

daß es sich um Gefahren handelt, die, da sie den Weiterbestand des Betriebes gefährden, kraft der zwischen Führer und Gefolgschaft bestehenden Not- und Schicksalsgemeinschaft von letzterer zu tragen sind, oder die als außerordentliche und gemeinsame ihre Tragung durch die Allgemeinheit fordern."

Das Landesarbeitsgericht Hamburg hob allerdings hervor, dass es diese Erwägungen für die Entscheidungsfindung im vorliegenden Fall nicht zur Entscheidungsgrundlage machte, sondern sich lediglich auf die vom Reichsarbeitsgericht in oben erwähnter Entscheidung vom 27. März 1935 aufgestellten Grundsätze stütze:[428]

> „Aber selbst wenn man diese Erwägungen zurückstellt und sich nur die vom RAG zuletzt im Urteil vom 27.3.1935 (ArbRSamml. Bd. 23 Heft 4 RAG S. 219) aufgestellten Grundsätze zu eigen macht, ergibt sich die Verpflichtung des Bekl. zur Zahlung des vom Kl. geforderten Lohnes."

Die Richter des Landesarbeitsgerichts Hamburg betonten zusätzlich, dass der Lohn des Klägers iHv. 84 RM für den Beklagten tragbar war und keine Betriebsgefährdung darstellte. Sie wiesen ferner darauf hin, dass die klägerische Arbeitsleistung an sich nicht unmöglich war. Zwar durfte er aufgrund des polizeilichen Verbots keine Zettel mehr verteilen, aber er hätte im Betrieb des Beklagten beschäftigt werden können:[429]

> „Daß die dem Bekl. dadurch entstehende Belastung von 84 RM tragbar ist und keine Gefährdung des Betriebes darstellt, ist bereits gesagt. Ebenso ist darauf hingewiesen, daß der Kl. in den vier Wochen als Plakatträger hätte beschäftigt werden können, daß daher seine Weiterbeschäftigung keineswegs unmöglich war."

Allein diesen letzten Gedanken weiterverfolgend könnte man die Befreiung von der Lohnzahlungspflicht des Beklagten nach § 323 BGB mangels Unmöglichkeit der Arbeitsleistung des Klägers auch ablehnen und käme dann auch ohne die Erwägungen über die Verteilung der Betriebsgefahr dazu, dass der Kläger einen Anspruch auf die Lohnfortzahlung hatte.

4. Ertrag

Zunächst lehnte das Landesarbeitsgericht Hamburg eine fristgerechte Kündigung des Klägers mangels Zustimmung der Hauptfürsorgestelle ab. Eine fristlose Kündigung kam ebenso nicht in Frage, da ein wichtiger Grund zur Entlassung nicht vorlag. In Frage stand dann, wer das Risiko eines solchen polizeilichen Verbots zu tragen hatte. Die Richter des Landesarbeitsgerichts Hamburg folgten

---

428 ARS Bd. 28, LAG S. 87, 90.

429 ARS Bd. 28, LAG S. 87, 90.

der vom Reichsarbeitsgericht aufgestellten Lehre von den drei Gefahrenkreisen. Danach hatte der Beklagte hier das Risiko zu tragen und war zur weiteren Lohnzahlung verpflichtet.

Fraglich bleibt, warum das Gericht dem Kläger eine Lohnfortzahlung nur für vier Wochen zusprach. Dies mag daran liegen, dass das klägerische Begehren, welches nicht weitergehend geklärt werden kann, nicht über diese vier Wochen hinausging. In diesem Zusammenhang erscheint auch die Fiktion der Zustimmung der Hauptfürsorgestelle, von der die Richter ausgingen, problematisch zu sein.

Zu der Frage, ob es sich bei der vorliegenden Entscheidung um ein nationalsozialistisches Urteil handelt, ergibt sich folgendes: die Richter gingen an einer Stelle den „neuen“ Erwägungen, welche in der Literatur nach Erlass des AOG zur Betriebsgefahr angestellt wurden, zwar nach. Sie haben ihre Entscheidung, wie sie selbst betonten, aber nicht darauf gestützt, sondern, wie bisher, die Lehre von den drei Gefahrenkreisen zur Grundlage ihres Urteils gemacht.

Die Tatsache, dass bestimmte nationalsozialistische Ausdrücke Einzug in die Sprache des Gerichts gehalten haben, wie z.B. „Betriebsführer“, machen wiederum die vorliegende Entscheidung allein noch nicht zu einem nationalsozialistischen Urteil. Sie zeigen aber die Aufgeschlossenheit der Richter gegenüber der gewandelten politischen Auffassung. Ferner meldeten sie gegen die Grundlage ihrer Entscheidung unter Berücksichtigung der neuen Gesetzeslage, die sie aber ausdrücklich nicht anwendeten, Bedenken an. Es entsteht damit der Eindruck, dass sich die Richter die Anwendung der nationalsozialistischen Ideen offen halten wollten. Dies mag zum einen daran liegen, dass auch unter Bezugnahme auf den Einfluss des AOG kein anderes Ergebnis erzielt worden wäre. Andererseits blieben bei der vorliegenden Entscheidung diese Wertvorstellungen außen vor. Sogar über Treu und Gauben, § 242 BGB, kam es diesmal hier nicht zu einem Inhaltswandel der Ansichten über eine mögliche Neubewertung der Risikoverteilung im Rahmen der Betriebsgefahr.

III. „Die umstrittene Urlaubsvergütung" - Urteil des Landesarbeitsgerichts Hamburg vom 22. Oktober 1937 (20 Sa 56/37)[430]

1. Sachverhalt

Das Landesarbeitsgericht Hamburg hatte am 22. Oktober 1937 über folgenden Fall zu entscheiden:[431]

Der Kläger war bei der Beklagten als Feinmechaniker tätig. Als Akkordarbeiter standen ihm nach der einschlägigen Tarifordnung sechs Werktage Urlaub zu. Diese hatte er auch erhalten. Die Parteien stritten nun aber über die Vergütung für die Zeit des Urlaubs.

Der Kläger verlangte ein Urlaubsgeld von 55¼ Stunden mal 1,17 RM für die sechs Tage Urlaub. Wie alle seine Kollegen hatte auch der Kläger in der Zeit vor dem Urlaub Überstunden geleistet. Die Beklagte berief sich hingegen auf die Bestimmungen der für den Betrieb geltenden Betriebsordnung. Danach würde der Durchschnittsstundenverdienst der letzten sechs Wochen und die Normalarbeitszeit von 48 Stunden einer Woche zur Berechnung des Urlaubsgeldes herangezogen werden. Die Betriebsordnung könne nach Ansicht der Beklagten diese Aspekte der Urlaubsvergütung auch regeln, da die Tarifordnung dazu keine Regelung enthalte und so eine Ungleichbehandlung der Beschäftigten vermieden werde, welche Unruhe im Betrieb auslösen könne.

Der Kläger wies ferner darauf hin, dass es wohl unbillig sei, wenn nach der Betriebsordnung zu Zeiten der Kurzarbeit der Urlaub auch auf der Kurzarbeit basierend vergütet würde, bei Mehrarbeit dann aber die Normalarbeitszeit von 48 Stunden als Berechnungsgrundlage diene. Die Bestimmungen der Betriebsordnung richten sich gegen die einschlägige Tarifordnung und seien daher auch nichtig.

Die Beklagte erwiderte, dass die Berechnung der Urlaubsvergütung nicht in der Tarifordnung geregelt sei, andere Tarifordnungen hingegen eine Regelung, wie in der Betriebsordnung vorgesehen, enthielten und daher die anwendbare

---

430 ARS Bd. 31, LAG S. 153 ff.

431 Sachverhalt den Angaben der Entscheidung des LAG Hamburg Urt. v. 22. Okt. 1937, 20 Sa 56/37, ARS Bd. 31, LAG S. 153 ff. entnommen.

Tarifordnung in der Betriebsordnung entsprechend ausgelegt wurde. Nur einmal 1932 sei das Urlaubsgeld auf einer Grundlage von weniger als 48 Stunden berechnet worden.

2. Entscheidung der Vorinstanz

Die Richter des Arbeitsgerichts Hamburg gaben den Forderungen des Klägers statt. Die genaueren Gründe sind nicht bekannt. Die Beklagte legte gegen die Entscheidung des Arbeitsgerichts Berufung ein.

3. Besprechung

Die Richter hatten nun zum einen darüber zu entscheiden, ob die Regelung über die Urlaubsvergütung in der Tarifordnung auslegungsbedürftig war, ob die Betriebsordnung des Betriebes der Beklagten die Auslegung im Sinne der Tarifordnung vornahm und wie sich die Berechnung des Urlaubsgeldes zusammensetzte.

a) Die Urlaubsentgeltregelung der Tarifordnung

Unter Urlaub war sowohl vor 1933 als auch danach die dem Arbeitnehmer zum Zwecke der Erholung für eine bestimmte Zeit gewährte Befreiung von der Arbeitspflicht unter Lohnfortzahlung zu verstehen.[432] Sowohl in der Weimarer Zeit, als auch in der Zeit des Nationalsozialismus fehlte es an einer gesetzlichen Regelung über den Urlaub.[433] Eine Pflicht zur Gewährung von Urlaub bestand

---

432 Alfred Hueck, Individualarbeitsrecht, in: Hueck/Nipperdey, Lehrbuch des Arbeitsrechts. Erster Band, 2. Buch, 3. bis 5. Aufl., Mannheim/Berlin/Leipzig 1931, § 47 S. 267; Karl Lehn, Das Recht des Arbeitnehmers auf Urlaub, Heidelberg 1931, S. 3, 8; Alfred Hueck, Deutsches Arbeitsrecht. Ein Grundriss, Berlin 1938, S. 123 f.; Ulrich Preis, Arbeitsrecht: Individualarbeitsrecht. Lehrbuch für Studium und Praxis, 3. Aufl., Köln 2009, § 47 S. 601; vgl. auch § 1 Bundesurlaubsgesetz (BUrlG) v. 8. Jan. 1963, BGBl. I, S. 2 ff.

433 Lehn, Das Recht des Arbeitnehmers auf Urlaub (wie Fn. 432), S. 20; Karl Lenz, Das Urlaubsrecht in der Rechtsprechung des Reichsarbeitsgerichts, München 1933, S. 15; Hueck, Deutsches Arbeitsrecht (wie Fn. 432), S. 124; Gustav Ballerstedt, Der Erholungsurlaub der Arbeitnehmer unter Hervorhebung der tarifvertraglichen Bestimmungen, Magdeburg 1934, S. 14; Rudolf Viernow, Die Voraussetzungen des Urlaubs in der Rechtsprechung des Reichsarbeitsgerichts, Würzburg 1935, S. 5.

dementsprechend nur, wenn sie besonders vereinbart war.[434] Der Anspruch auf Urlaub und die einzelne Ausgestaltung waren häufig durch Tarifvertrag bzw. nach 1934 durch Tarifordnung geregelt.[435] Diese Regelung des Urlaubs wurde Bestandteil des normativen Teils des Tarifvertrages und sollte kraft der automatischen Wirkung der Vorschriften in jeden unter den Tarifvertrag fallenden Einzelvertrag übergehen.[436]

So war es auch hier. Der für den Kläger einschlägige Tarifvertrag bestimmte, dass Akkordarbeiter den Durchschnittsverdienst der letzten sechs Wochen erhalten sollten.[437] Die Beklagte meinte dazu, dass diese Bestimmung sehr dürftig sei und der Auslegung bedurfte.[438] Dieser Ansicht folgte das Hamburger Landesarbeitsgericht nicht und begründete seine Ansicht wie folgt:[439]

> „Den Ausführungen der Bekl. über die Unklarheit und daher Auslegungsbedürftigkeit dieser Bestimmung kann in keiner Weise beigetreten werden. Insbesondere ist es verfehlt und willkürlich an die Stelle des Wortes „Durchschnittsverdienst“ durch Einschiebung das Wort „Durchschnittsstundenverdienst“ zu setzen. Was unter Verdienst und Lohn gemeinhin zu verstehen ist, das ist so klar, daß von einer Auslegung in Anlehnung an anderweitige Tarifregelungen kein Gebrauch gemacht werden muß. [...] Folglich hat man unter „Verdienst der Woche“ den tatsächlich erhaltenen Lohn einer Arbeitswoche zu verstehen, unter Durchschnittsverdienst der letzten 6 Wochen“ die Summe der einzelnen Wochenverdienste, geteilt durch 6. Es ist nirgends von einem Stundenverdienst die Rede, und die Annahme, unter Verdienst sei hier der Stundenverdienst zu verstehen, ist durch nichts gerechtfertigt.“

Die Beklagte führte dagegen an, dass eine unterschiedliche Entlohnung während der Urlaubszeit, zu der die Anwendung der Tarifordnung geführt hätte, erhebliche Unruhe, Neid und Missgunst in den Betrieb gebracht hätte. Für den

---

434 Hueck, in: Hueck/Nipperdey, Lehrbuch des Arbeitsrechts I (wie Fn. 432), § 47 S. 268; Walter Kaskel/Hermann Dersch, Arbeitsrecht, 4. Aufl., Berlin 1932, S. 216; Ballerstedt, Der Erholungsurlaub der Arbeitnehmer (wie Fn. 433), S. 17; Viernow, Die Voraussetzungen des Urlaubs (wie Fn. 433), S. 5.

435 Hueck, in: Hueck/Nipperdey, Lehrbuch des Arbeitsrechts I (wie Fn. 432), § 47 S. 268; Kaskel/Dersch, Arbeitsrecht (wie Fn. 434), S. 92; Lenz, Das Urlaubsrecht (wie Fn. 433), S. 16; Hueck, Deutsches Arbeitsrecht (wie Fn. 432), S. 124; Ballerstedt, Der Erholungsurlaub der Arbeitnehmer (wie Fn. 433), S. 17; Viernow, Die Voraussetzungen des Urlaubs (wie Fn. 433), S. 5.

436 Werner Roßberg, Das Recht auf Urlaub, Göttingen 1931, S. 22; Lehn, Das Recht des Arbeitnehmers auf Urlaub (wie Fn. 432), S. 22; Kaskel/Dersch, Arbeitsrecht (wie Fn. 434), S. 216.

437 ARS Bd. 31, LAG S. 153, 155.

438 ARS Bd. 31, LAG S. 153, 154.

439 ARS Bd. 31, LAG S. 153, 155.

Erlass und die Überwachung der Durchführung von Tarifordnungen war nach § 19 Abs. 1 Nr. 6 des Gesetzes zur Ordnung der nationalen Arbeit vom 20. Januar 1934 (AOG)[440] der „Treuhänder der Arbeit“ für das entsprechende Wirtschaftsgebiet zuständig. Darauf verwiesen auch die Richter des Landesarbeitsgerichts die Beklagte:[441]

> „Wenn nun die Bekl. in ihrem Betriebe die Erfahrung gemacht hat, daß eine Berechnung des Urlaubsgeldes, wie es die Tarifordnung vorsieht, zu Unruhe im Betriebe führt, dann mag ihr das ein Anlaß sein, mit entsprechenden Anträgen und Anregungen an den Reichstreuhänder heranzutreten. Eine Abänderung auf dem Wege über die Betriebsordnung ist aber unter den obwaltenden Umständen nicht angängig.“

Allerdings hatte die Beklagte genau das getan. Sie hatte die nach ihrer Ansicht missverständliche Regelung der Tarifordnung in ihrer Betriebsordnung, so wie sie es sich dachte, ausgelegt.

b) Die Urlaubsentgeltregelung der Betriebsordnung

In den Betriebsordnungen und vor 1934 in den Betriebsvereinbarungen konnten auch die Bestimmungen über den Urlaub geregelt sein.[442] Die Betriebsvereinbarung war wie der Tarifvertrag eine Gesamtvereinbarung, die, als Vertrag zwischen den gesamten Arbeitnehmern eines Betriebes und dem Arbeitgeber, vornehmlich betriebliche Arbeitsbestimmungen regelte.[443] Nach der Machtergreifung der Nationalsozialisten änderte sich dieses Gefüge aufgrund des AOG dahingehend, dass die Tarifordnung (ehemals Tarifvertrag) eine von einer staatlichen Behörde („Treuhänder der Arbeit“) erlassene Rechtsverordnung und die Betriebsverordnung (ehemals Betriebsvereinbarung) eine vom „Betriebsführer“ geschaffene autonome Satzung des Betriebes war.[444]

---

440 RGBl. I, S. 45.

441 ARS Bd. 31, LAG S. 153, 157.

442 Hueck, in: Hueck/Nipperdey, Lehrbuch des Arbeitsrechts I (wie Fn. 432), § 47 S. 268; Kaskel/Dersch, Arbeitsrecht (wie Fn. 434), S. 216; Hueck, Deutsches Arbeitsrecht (wie Fn. 432), S. 124; Ballerstedt, Der Erholungsurlaub der Arbeitnehmer (wie Fn. 433), S. 20.

443 Hans Carl Nipperdey, Das kollektive Arbeitsrecht, in: Hueck/Nipperdey, Lehrbuch des Arbeitsrechts II, 3. bis 5. Aufl., Mannheim/Berlin/Leipzig 1932, § 33 S. 355.

444 Hueck, Deutsches Arbeitsrecht (wie Fn. 432), S. 151; Wilhelm Herschel/Günter Bergemann, Neues Arbeitsrecht. Insbesondere das Gesetz zur Ordnung der nationalen Arbeit, 2. Aufl., Leipzig 1935, S. 37; Horst Klauer, Der Erholungsurlaub im Arbeitsrecht. Unter besonderer Berücksichtigung der Entwicklung des Urlaubsrechts in den Tarif- und Betriebsordnungen, Quakenbrück 1937, S. 37; Jakob Klingelhöfer, Das Urlaubs-

Die Betriebsordnung der Beklagten bestimmte, dass für die Urlaubstage der Durchschnittsstundenverdienst der letzten sechs Wochen zur Auszahlung gelangte und dabei eine 48-Stundenwoche zugrunde zulegen sei.[445] Die Richter griffen entsprechend auf § 32 AOG zurück, der in Abs. 2 Satz 3 das Verhältnis von Tarif- und Betriebsordnung zueinander festlegte:

> „In bezug auf die Akkordarbeiter, also auch auf den Kl., war aber zu prüfen, ob sie rechtlichen Bestand hat, oder ob sie nicht vielmehr nichtig ist, weil sie der Bestimmung der Tarifordnung entgegensteht."

Sollten in der Zeit vor 1933 Normen der Betriebsvereinbarung denen eines einschlägigen Tarifvertrages widersprochen haben, so galten in dem von dem Tarifvertrag erfassten Betrieb diese Regelungen der Betriebsvereinbarung nicht.[446] Eine Regelung durch Betriebsordnung kam also gemäß § 78 Nr. 2 BRG nur dann in Frage, wenn der einschlägige Tarifvertrag die Urlaubsfragen nicht oder nicht abschließend regelte oder der Tarifvertrag die vorgehende Regelung durch Betriebsvereinbarung ausdrücklich zuließ.[447] Diesen Standpunkt vertrat auch die Rechtsprechung des Reichsarbeitsgerichts.[448] Sollte der Tarifvertrag eine Regelung, die als Mindestbedingung zu verstehen war, schon getroffen haben, so konnte die Betriebsvereinbarung nach herrschender Ansicht lediglich eine den Arbeitnehmer besser stellende Regelung enthalten, wobei der Tarifvertrag eine Regelung durch Betriebsvereinbarung nicht ausschließen durfte.[449] Darüber hinaus konnte eine Regelung in der Betriebsvereinbarung neben der

---

recht im nationalsozialistischen Staat, dargestellt an Hand von Tarifordnungen, Marburg 1938, S. 14.

445 ARS Bd. 31, LAG S. 153, 156.

446 Nipperdey, in: Hueck/Nipperdey, Lehrbuch des Arbeitsrechts II (wie Fn. 443), § 38 S. 410; Roßberg, Das Recht auf Urlaub (wie Fn. 436), S. 31.

447 Roßberg, Das Recht auf Urlaub (wie Fn. 436), S. 31; Lehn, Das Recht des Arbeitnehmers auf Urlaub (wie Fn. 432), S. 28; Lenz, Das Urlaubsrecht (wie Fn. 433), S. 18 Fn. 7); Nipperdey, in: Hueck/Nipperdey, Lehrbuch des Arbeitsrechts II (wie Fn. 440), § 38 S. 411; Ballerstedt, Der Erholungsurlaub der Arbeitnehmer (wie Fn. 433), S. 20.

448 RAG Urt. v. 5. Febr. 1930, RAG 413/29, Bensh. Samml. Bd. 9, RAG S. 82, 85 f.; RAG Urt. v. 4. Okt. 1930, RAG 186/30, Bensh. Samml. Bd. 10, RAG S. 230 ff.; RAG Urt. v. 25. Juni 1930, RAG RB 11/30, Bensh. Samml. Bd. 11, RAG S. 566 ff.; RAG Urt. v. 29. Apr. 1931, RAG 586/30, Bensh. Samml. Bd. 12, RAG S. 304, 307; RAG Urt. v. 28. Nov. 1931, RAG 367/31, Bensh. Samml. Bd. 13, RAG S. 548, 551; RAG Urt. v. 7. Mai 1932, RAG 21/32, Bensh. Samml. Bd. 15, RAG S. 631 ff.

449 Roßberg, Das Recht auf Urlaub (wie Fn. 436), S. 31; Lehn, Das Recht des Arbeitnehmers auf Urlaub (wie Fn. 432), S. 28; Ballerstedt, Der Erholungsurlaub der Arbeitnehmer (wie Fn. 433), S. 20; Nipperdey, in: Hueck/Nipperdey, Lehrbuch des Arbeitsrechts II (wie Fn. 443), § 38 S. 411 mwNw. auch für die andere Ansicht; RAG Urt. v. 30. Apr. 1930, RAG 4/30, Bensh. Samml. Bd. 9, RAG S. 140, 143.

tarifvertraglichen Norm nur dann Vorrang haben, wenn ein solcher Vorrang der Betriebsvereinbarung ausdrücklich in dem Tarifvertrag vereinbart wurde.[450]

Nach Erlass des AOG sollten die Arbeitsbedingungen hauptsächlich durch die von den Arbeitgebern und Unternehmern zu erlassenden Betriebsordnungen geregelt werden.[451] Lediglich § 32 Abs. 2 AOG bot dem „Treuhänder der Arbeit“ die Möglichkeit im Ausnahmefall eine Tarifordnung zur Festsetzung von Mindestbedingungen zu erlassen. Die Praxis sah zeitgenössischer Einschätzung nach jedoch anders aus: die Tarifordnungen hatten die praktisch größere Bedeutung und ihnen kam auch die stärkere rechtliche Wirkung zu.[452]

Nach § 32 Abs. 2 Satz 3 AOG sollten Urlaubsbestimmungen in der Betriebsordnung, die denen einer einschlägigen Tarifordnung entgegenstanden, nichtig sein.[453] Nach *Nipperdey* sollte die Betriebsordnung nicht nichtig im Sinne der eigentlichen Wortbedeutung sein, sondern durch die Wirkung der Tarifordnung lediglich verdrängt werden und nach dem Ende des Bestehens der Tarifordnung wieder aufleben.[454] Der Vorrang der Tarifordnung sollte allerdings, wie auch schon nach der herrschenden Ansicht in der Weimarer Zeit zum Verhältnis von Betriebsvereinbarung zu Tarifvertrag, nur gelten, wenn die Bestimmungen der Betriebsordnung den Arbeitnehmer nicht günstiger stellten.[455]

---

450 Nipperdey, in: Hueck/Nipperdey, Lehrbuch des Arbeitsrechts II (wie Fn. 443), § 38 S. 412 Fn. 10).

451 Hueck, Deutsches Arbeitsrecht (wie Fn. 432), S. 151; vgl. auch §§ 26 ff. AOG.

452 Hueck, Deutsches Arbeitsrecht (wie Fn. 432), S. 151; Herschel/Bergemann, Neues Arbeitsrecht (wie Fn. 444), S. 55 f.; Klingelhöfer, Das Urlaubsrecht (wie Fn. 444), S. 14 f.

453 Vgl. auch: Herschel/Bergemann, Neues Arbeitsrecht (wie Fn. 444), S. 40, 54; Klauer, Der Erholungsurlaub im Arbeitsrecht (wie Fn. 444), S. 38.

454 Hans Carl Nipperdey, Urteilsanmerkung zu LAG Hamburg Urt. v. 22. Okt. 1937, 20 Sa 56/37, in: ARS Bd. 31, LAG S. 157, 158; Alfred Hueck/Hans Carl Nipperdey/Rolf Dietz, Gesetz zur Ordnung der nationalen Arbeit mit sämtlichen Durchführungsverordnungen, dem Gesetz zur Ordnung der Arbeit in öffentlichen Verwaltungen und Betrieben mit seinen Durchführungsverordnungen und den neuen Arbeitszeitbestimmungen. Kommentar, München/Berlin 1934, § 32 RN 238, 242; a.A.: Werner Mansfeld/Wolfgang Pohl/Gerhard Steinmann/Arthur Bernhard Krause, Die Ordnung der nationalen Arbeit. Kommentar zu dem Gesetz zur Ordnung der nationalen Arbeit und zu dem Gesetz zur Ordnung der Arbeit in öffentlichen Verwaltungen und Betrieben unter Berücksichtigung aller Durchführungsbestimmungen, 2. Aufl., Berlin/Leipzig/Mannheim/München 1934, § 32 S. 379.

455 Hueck/Nipperdey/Dietz, AOG (wie Fn. 454), § 32 RN 239; Klauer, Der Erholungsurlaub im Arbeitsrecht (wie Fn. 444), S. 38; so auch RAG Urt. v. 16. Jan. 1937, RAG 208/36, ARS Bd. 29, RAG S. 166 ff.: „Günstigere Bestimmungen der Betriebsordnung

Die Richter des Hamburger Landesarbeitsgerichts hatten also festzustellen, ob die Betriebsordnung der Beklagten Vorrang vor der einschlägigen Tarifordnung genoss, oder nach § 32 Abs. 2 S. 3 AOG nichtig, bzw. verdrängt war:[456]

> „Der wahre Durchschnittsverdienst der letzten 6 Wochen vor dem Urlaubsantritt ist die Summe der 6 Wochenlöhne, einschließlich aller Zuschläge, sei es für geleistete Ueberstunden, Schmutz, Lästigkeit oder dgl. Er wird bei einem Akkordarbeiter, wie dem Kl., der zudem auch tatsächlich Ueberstunden geleistet und bezahlt erhalten hat, immer höher sein, als wenn, wie die Bekl. es möchte, eine Errechnung eines Durchschnittsstundenlohns erfolgt und dieser, ohne Rücksicht auf die tatsächlich geleistete Arbeitszeit, mit 48, d.h. der Normalarbeitszeit in der Woche, multipliziert wird.[457] [...] Das Gericht ist somit zu der Feststellung gekommen, daß die Urlaubserrechnung der Betriebsordnung bei der Anwendung auf Akkordarbeiter nichtig ist, denn sie stellt sie immer schlechter als die Tarifordnung und steht daher dieser entgegen.“

c) Die Urlaubsgeldberechnung

Während des Urlaubs bestand die Pflicht des Arbeitgebers den Lohn weiterhin zu zahlen.[458] Sollte sich aus einem Tarifvertrag die Höhe der Lohnfortzahlung für die Urlaubszeit nicht ergeben, so sollte die Vergütung das betragen, was der Arbeitnehmer bei Fortsetzung der Arbeit normalerweise unter Einbeziehung etwaiger ihm zustehender besonderer Zuschläge verdient hätte.[459]

---

stehen den Mindestbedingungen der Tarifordnung nicht entgegen, sind also rechtswirksam.“; RAG Urt. v. 21. Aug. 1937, RAG 73/37, ARS Bd. 31, RAG S. 44 ff.

456 ARS Bd. 31, LAG S. 153, 156 f.

457 Hervorhebungen durch das Gericht.

458 Roßberg, Das Recht auf Urlaub (wie Fn. 436), S. 73; Ballerstedt, Der Erholungsurlaub der Arbeitnehmer (wie Fn. 433), S. 42.

459 Roßberg, Das Recht auf Urlaub (wie Fn. 436), S. 74; Lenz, Das Urlaubsrecht (wie Fn. 433), S. 53, 56; Ballerstedt, Der Erholungsurlaub der Arbeitnehmer (wie Fn. 433), S. 42; Kurt Klingenfuß, Der Erholungsurlaub der Gefolgschaft unter besonderer Berücksichtigung der Entwicklung durch das Gesetz zur Ordnung der nationalen Arbeit, Karlsruhe 1937, S. 61; so auch die Rechtsprechung: RAG Urt. v. 11. Sept. 1929, RAG 132/29, Bensh. Samml. Bd. 7, RAG S. 59, 63; RAG Urt. v. 24. Apr. 1929, RAG 538/28, Bensh. Samml. Bd. 6, RAG S. 196, 198 - die Richter des RAG entschieden hier, dass bei Akkordarbeiten der Lohn auch durch den tariflichen Akkordzuschlag usw. bestimmt wird; RAG Urt. v. 18. Okt. 1930, RAG 185/30, Bensh. Samml. Bd. 10, RAG S. 471, 472 f. - wobei das RAG betonte, dass der Urlaub in die angeordnete Kurzarbeit fiel, die Klägerin den verkürzten Lohn daher auch erhalten hätte, wenn sie gearbeitet hätte und sie daher lediglich einen Anspruch auf ein verkürztes Urlaubsentgelt hatte.

Umstritten war in der Weimarer Zeit, wie sich bei Kurz- oder Mehrarbeit die Höhe der Urlaubsvergütung berechnete.[460] Nach einer Ansicht sollte der Arbeitnehmer in der Zeit der Kurzarbeit einen geringeren Lohn erhalten, da er nicht besser gestellt werden sollte, als wenn er arbeiten würde.[461] Die natürliche Folge, dass der Arbeitnehmer dann auch mehr Urlaubsgeld erhalten sollte, wenn in dem Betrieb Mehrarbeit geleistet wurde, würde aber selten eintreten.[462] Nach anderer Ansicht sollte der Arbeitnehmer unabhängig von den Schwankungen immer denselben Lohn erhalten, den er im Durchschnitt einer bestimmten Zeitspanne vor dem Urlaub verdient hatte.[463] Das würde aber dazu führen, dass der beurlaubte Arbeitnehmer im Fall von Kurzarbeit mehr verdienen würde als seine arbeitenden Kollegen.[464]

Nach vermittelnder Ansicht von *Hueck* sollte während des Urlaubs Lohn für „normale Arbeitszeit“ gezahlt werden, es sei denn, dass Kurzarbeit oder Mehrarbeit über einen längeren Zeitraum vor Antritt des Urlaubs zu leisten war, wobei kurzfristige Überstunden unberücksichtigt bleiben sollten, da sie nicht “normal“ waren.[465] Die Begründung dieser Ansicht lag darin, dass der Arbeitgeber den Urlaub seiner Arbeitnehmer sonst immer in die Zeit möglicher Kurzarbeit legen könne, um Einsparungen zu machen.[466] *Hueck* vertrat weiterhin die Ansicht, dass der Urlaub gerade eine Gegenleistung für die im gesamten Jahr ge-

---

460 Roßberg, Das Recht auf Urlaub (wie Fn. 436), S. 77; Ballerstedt, Der Erholungsurlaub der Arbeitnehmer (wie Fn. 433), S. 44.

461 Lehn, Das Recht des Arbeitnehmers auf Urlaub (wie Fn. 432), S. 72 f.

462 So Roßberg, Das Recht auf Urlaub (wie Fn. 436), S. 77; anders Lehn, Das Recht des Arbeitnehmers auf Urlaub (wie Fn. 432), S. 73 f., der dem Arbeitnehmer für die Zeit des Urlaubs auch den höheren Lohn zusprechen wollte, wenn im Betrieb planmäßige Mehrarbeit geleistet wurde und dadurch der Arbeitslohn stieg. Dies sollte jedoch dann nicht gelten, wenn nur zufällig oder gelegentlich Überstunden anfielen.

463 Roßberg, Das Recht auf Urlaub (wie Fn. 436), S. 78; Klauer, Der Erholungsurlaub im Arbeitsrecht (wie Fn. 444), S. 56 f.

464 Vgl. dazu Paul Klein, Die Urlaubsrechtsprechung des Reichsarbeitsgerichts, Köln 1933, S. 43 mwNw.

465 Hueck, in: Hueck/Nipperdey, Lehrbuch des Arbeitsrechts I (wie Fn. 432), § 47 S. 271 f.; Roßberg, Das Recht auf Urlaub (wie Fn. 436), S. 78 f.; Ballerstedt, Der Erholungsurlaub der Arbeitnehmer (wie Fn. 433), S. 46 f.; Hueck's Meinung war sehr der zweiten dargestellten Meinung angenähert.

466 Hueck, in: Hueck/Nipperdey, Lehrbuch des Arbeitsrechts I (wie Fn. 432), § 47 S. 272 und besonders Fn. 29).

leistete Arbeit darstellen sollte und daher eine verkürzte Arbeitszeit in der Zeit des Urlaubs keine Auswirkungen auf das Urlaubsentgelt haben dürfte.[467]

Unter dem Einfluss des AOG setzte sich nach 1934 in der Literatur die Meinung durch, dass der beurlaubte Arbeitnehmer den vollen Lohn wie bei unverkürzter Zeit erhalten solle, berechnet auf der Grundlage des durchschnittlichen Jahreseinkommens.[468] Diese Ansicht stützte sich zum einen auf § 2 Abs. 2 AOG, wonach der „Betriebsführer" für das Wohl seiner „Gefolgschaft zu sorgen hatte und dies wohl nicht der Fall sei, wenn der Arbeitnehmer im Urlaub weniger Geld zur Verfügung hätte und zum anderen auf den Erholungszweck des Urlaubs, der bei verkürztem Lohn nicht erreicht sei.[469] Das Reichsarbeitsgericht wollte dieser Ansicht jedoch nicht folgen.[470]

Die Rechtsprechung war sowohl vor als auch nach 1933 der Ansicht, dass der sich im Urlaub befindende Arbeitnehmer den selben Lohn erhalten sollte, wie seine Kollegen, die zu der selben Zeit im Betrieb arbeiteten.[471] Die Richter des Reichsarbeitsgerichts entschieden dazu im Februar 1936:[472]

> „Zutreffend geht der BerR. davon aus, daß nach der Rechtspr. des RAG die Urlaubsvergütung bei Kurzarbeit im Betriebe nach der Zahl der Stunden zu berechnen ist, während deren an den Urlaubstagen tatsächlich im Betriebe gearbeitet worden ist. [...] Auch aus dem im AOG betonten Gedanken der Betriebsverbundenheit läßt sich keineswegs folgern, daß derjenige, dessen Urlaubszeit in die Zeit der Kurzarbeit fällt, eine höhere Vergütung haben müsse als derjenige, der in derselben Zeit arbeiten muß. Der Beurlaubte soll durch den Urlaub keinen Schaden erleiden; ihm soll während der Urlaubszeit das Entgelt weitergezahlt werden, das er ohne den Urlaub erhalten würde."

---

467 Hueck, in: Hueck/Nipperdey, Lehrbuch des Arbeitsrechts I (wie Fn. 432), § 47 S. 272; Ballerstedt, Der Erholungsurlaub der Arbeitnehmer (wie Fn. 433), S. 47; Alfred Hueck, Urteilsanmerkung zu RAG Urt. v. 18. Okt. 1930, RAG 185/30, in: Bensh. Samml. Bd. 10, RAG S. 473.

468 Klingenfuß, Der Erholungsurlaub der Gefolgschaft (wie Fn. 459), S. 62 f. mwNw.; Hans Carl Nipperdey, Urteilsanmerkung zu RAG Urt. v. 5. Febr. 1936, RAG 250/35, in: ARS Bd. 26, S. 178 f.; Klingelhöfer, Das Urlaubsrecht (wie Fn. 444), S. 33.

469 Klingenfuß, Der Erholungsurlaub der Gefolgschaft (wie Fn. 459), S. 62 f. mwNw.; Nipperdey, Urteilsanmerkung (wie Fn. 468), in: ARS Bd. 26, S. 178 f.

470 Vgl. dazu: Nipperdey, Urteilsanmerkung (wie Fn. 468), in: ARS Bd. 26, S. 178 f.; Klingelhöfer, Das Urlaubsrecht (wie Fn. 444), S. 33.

471 RAG Urt. v. 24. Apr. 1929 (wie Fn. 459), Bensh. Samml. Bd. 6, RAG S. 196, 198 f.; so auch RAG Urt. v. 18.Okt. 1930 (wie Fn. 459), Bensh. Samml. Bd. 10, RAG S. 471, 472 f. - wonach auch Kurzarbeit, die aus „normalen" Verhältnissen hervorging, bei der Urlaubsentgeltberechnung zu berücksichtigen war; RAG Urt. v. 5. Febr. 1936, RAG 250/35, ARS Bd. 26, RAG S. 175 ff.

472 RAG Urt. v. 5. Febr. 1936 (wie Fn. 471), ARS Bd. 26, S. 175, 176 f.

Bestimmt sich die Höhe des Lohns allerdings nach der Arbeitsleistung des Arbeitnehmers, also Akkordlohn, so war gerade nicht die Zeit das ausschlaggebende Kriterium, sondern die Leistung.[473] Hier sollte der beurlaubte Arbeitnehmer den durchschnittlichen Lohn erhalten, welcher in einem der Urlaubsdauer entsprechenden Zeitraum anhand der erbrachten Leistung für einen bestimmten Zeitraum errechnet werden würde.[474] Dieser Ansicht folgte auch das Reichsarbeitsgericht, solange durch Tarifordnung, Betriebsordnung oder Arbeitsvertrag nichts anderes vereinbart war.[475]

Zu der Anrechnung der Überstunden auf den Lohn, welchen ein Arbeitnehmer in der Zeit des Urlaubs erhalten sollte, entschied das Reichsarbeitsgericht in einer Entscheidung vom 15. Februar 1939:[476]

> „[...] daß jedenfalls einem Gefolgschaftsmitglied, das vor und nach dem Urlaub Ueberstunden geleistet hat, auch bei Leistung von Ueberstunden durch die Gefolgschaft während der Urlaubszeit eines Gefolgschaftsmitgliedes auch für die Urlaubszeit das Entgelt für die Ueberstunden zu gewährleisten ist, die die Gefolgschaftsmitglieder während des Urlaubs geleistet haben."

Zu dieser Problematik der Anrechnung von Überstunden auf die Berechnung der Urlaubsvergütung war das Hamburger Landesarbeitsgericht ebenso wie die Richter des Arbeitsgerichts der selben Ansicht wie auch das Reichsarbeitsgericht in der zeitlich nachfolgenden Entscheidung, nämlich dass die vor dem Urlaub geleisteten Überstunden bei der Urlaubsberechnung berücksichtigt werden mussten:[477]

> „Nach dem Wortlaut der Tarifordnung kann es daran überhaupt keinen Zweifel geben, aber auch in allen Fällen wie dem vorliegenden, wenn Ueberstunden nicht nur ganz ausnahmsweise, sondern im Regelfall geleistet werden, ist die dadurch verlängerte Arbeitszeit bei der Urlaubsberechnung zugrunde zu legen. Mit Recht weist das ArbGer. darauf hin, daß es anders unbillig wäre, da ja bei verkürzter Arbeitszeit auch die verkürzte Arbeitszeit berücksichtigt wurde."

---

473 Klauer, Der Erholungsurlaub im Arbeitsrecht (wie Fn. 444), S. 57 f.

474 Lehn, Das Recht des Arbeitnehmers auf Urlaub (wie Fn. 432), S. 70 f.; Ballerstedt, Der Erholungsurlaub der Arbeitnehmer (wie Fn. 433), S. 42; Klauer, Der Erholungsurlaub im Arbeitsrecht (wie Fn. 444), S. 57 f.; Klingenfuß, Der Erholungsurlaub der Gefolgschaft (wie Fn. 459), S. 63; RAG Urt. v. 29. Juni 1938, RAG 31/38, ARS Bd. 33, RAG S. 206, 207 f.

475 RAG Urt. v. 29. Juni 1938 (wie Fn. 474), ARS Bd. 33, RAG S. 206, 207 f.; RAG Urt. v. 10. Mai 1939, RAG 223/38, ARS Bd. 36, RAG S. 209, 210.

476 RAG Urt. v. 15. Febr. 1939, RAG 144/38, ARS Bd. 35, RAG S. 201 ff.

477 ARS Bd. 31, LAG S. 153, 157.

4. Ertrag

Die Richter des Landesarbeitsgerichts Hamburg gaben hier der Klage des Akkordarbeiters statt. Danach war die Tarifordnung, welche die Höhe des Urlaubsentgelts für Akkordarbeiter regelte, nicht auslegungsbedürftig. Nach der vom Arbeitgeber vorgegebenen Betriebsordnung standen die im Akkord arbeitenden Arbeitnehmer bei der Berechnung des Urlaubsentgelts schlechter als nach der Tarifordnung.

Nach der Betriebsordnung sollten die Akkordarbeiter den Durchschnittsstundenlohn der vergangenen sechs Wochen unter Zugrundelegung einer 48h-Woche für die Urlaubszeit als Vergütung erhalten. Die Tarifordnung hingegen bestimmte das Urlaubsentgelt nach dem Durchschnittsverdienst der vergangenen sechs Wochen und stellte den Arbeitnehmer, der regelmäßig Überstunden leistete, damit besser. Die Betriebsordnung stand der Tarifordnung folglich entgegen mit der Folge, dass sie nichtig war, bzw. für die Zeit der Gültigkeit der Tarifordnung von dieser verdrängt wurde.

Das untersuchte Urteil zeigt, dass die Lohngestaltung in staatlicher Hand lag. Der „Treuhänder der Arbeit“ nahm auf die Lohnvereinbarung zwischen den Parteien maßgeblichen Einfluss. 1937 war es noch so, dass die Arbeitgeber zugunsten der Arbeitnehmer von den vorgegebenen Mindestbestimmungen der „Treuhänder der Arbeit“ abweichen konnten. Dies war hier jedoch nicht der Fall. Der beklagte Arbeitgeber war derart abgewichen, dass sich für die Arbeitnehmer, die im Akkord arbeiteten, Nachteile ergaben. Die Richter wiesen darauf hin, dass sich der Arbeitgeber an den „Treuhänder“ hätte wenden müssen, wenn die staatliche Lohnregelung zu ungerechten Ergebnissen führte, welche die Belegschaft in Unruhe versetze.

In dieser Entscheidung des Hamburger Landesarbeitsgerichts ist jedoch keine Rede von der Berufung auf Treu und Glauben, obwohl einzelne Literaturmeinungen bei den Erläuterungen der rechtlichen Urlaubsregelungen immer wieder darauf Bezug nahmen. Zur Begründung seiner Ansicht zog das Landesarbeitsgericht keine auslegungsbedürftigen Normen heran. Zwar stütze es seine Auffassung auf das AOG. Die herangezogene Regelung, dass die Tarifordnung der Betriebsordnung vorgehen musste, wenn letztere keine günstigere Regelung enthielt, war in der Zeit der Weimarer Republik im BRG für das Verhältnis von Tarifvertrag zu Betriebsvereinbarung ebenso geregelt.

Die Richter beriefen sich nicht auf nationalsozialistische Wertvorstellungen oder nutzen interpretative Anpassungstechniken im Sinne der nationalsozialistischen Ideologie um ihre Rechtsauffassung zu begründen. Die Heranziehung des AOG alleine, als damals geltendes Gesetz, macht diese vorliegende Entscheidung noch nicht zu einem nationalsozialistischen Urteil. Hervorzuheben ist für diesen Fall, dass die Richter hier nicht einmal die Begrifflichkeiten des AOG, wie „Betriebsführer“ und „Gefolgschaft“ verwendeten.

IV. „Der Arbeitnehmer, der die (Un)Wahrheit sagte“ - Urteil des Landesarbeitsgerichts Hamburg vom 31. Oktober 1938 (19 Sa 58/38)[478]

1. Sachverhalt

Das Landesarbeitsgericht Hamburg hatte im Oktober 1938 über folgenden Sachverhalt zu entscheiden:[479]

Der Kläger, ein 56-jähriger Familienvater, war seit dem 13. November 1936 bei der Beklagten als Kraftwagenführer beschäftigt. Er brachte Waren der Beklagten zur Kundschaft. Die Beklagte kündigte dem Kläger am 6. August 1938 ohne Angabe von Gründen fristgerecht zum 13. August 1938.

Während des Verfahrens führte sie zur Begründung an, dass der Kläger sich bei seinen Fahrten mit einzelnen Kunden wiederholt Auseinandersetzungen geliefert und dadurch deren Unmut erregt habe. Die Beklagte sei Gefahr gelaufen, diese Kunden bei der Weiterbeschäftigung des Klägers zu verlieren. Trotz einiger Warnungen könne oder wolle sich der Kläger nach Ansicht der Beklagten nicht bessern. Ferner habe der Kläger durch Unzufriedenheit Unruhe in den Betrieb gebracht.

Nach Erhalt der Kündigung sprach der Kläger mit dem Mitglied des Vertrauensrates M. Dieser erklärte dem Kläger, dass die Kündigung auf den Differenzen mit der Kundschaft beruhe. Daraufhin antwortete der Kläger, dass er

478 ARS Bd. 34, LAG S. 212 ff.

479 Sachverhalt den Angaben der Entscheidung entnommen: LAG Hamburg Urt. v. 31. Okt. 1938, 19 Sa 58/38, ARS Bd. 34, LAG S. 212 ff.

schon Bescheid wisse und ihm wegen der Teilnahme am Reichsparteitag gekündigt worden sei. M negierte diese Aussage sofort. Dem Rechtsberater L der Deutschen Arbeitsfront (DAF) teilte der Kläger schließlich mit, dass der Kündigungsgrund seine Anmeldung zur Teilnahme am Reichsparteitag gewesen sei.

Der Kläger klagte form- und fristgerecht auf Widerruf seiner Kündigung und im Falle der Ablehnung des Widerrufs auf Zahlung einer Entschädigung.

2. Entscheidung der Vorinstanz

Das Arbeitsgericht Hamburg hatte die Klage abgewiesen. Es sah die betriebsbedingte Kündigung des Klägers darin begründet, dass sich der Kläger nicht für den Umgang mit den Kunden eignete, wie es auch das Vorbringen der Beklagten war.[480] Genauere Gründe liegen nicht vor.

3. Besprechung

Das Landesarbeitsgericht Hamburg hatte nun darüber zu entscheiden, ob die Kündigungswiderrufsklage des Klägers Erfolg haben sollte. Fraglich war zum einen, ob die Beklagte dem Kläger aufgrund der Differenzen mit der Kundschaft kündigen konnte. Zum anderen war zu klären, ob die möglicherweise falschen Angaben gegenüber dem Rechtsberater der DAF dazu führen konnten, dass die Beklagte den Widerruf der Kündigung verweigern konnte.

a) Die Kündigung des Klägers

Wie bereits geprüft,[481] war und ist die Kündigung eine einseitige empfangsbedürftige Willenserklärung einer Vertragspartei über die Beendigung des Arbeitsverhältnisses für die Zukunft (sofort oder nach Fristablauf).[482] Die Angabe eines Kündigungsgrundes war für die Wirksamkeit der Kündigung grundsätzlich nicht maßgebend.[483]

---

480 ARS Bd. 34, LAG S. 212, 213.

481 Siehe dazu oben S. 52, 89.

482 Alfred Hueck, Deutsches Arbeitsrecht. Ein Grundriss, Berlin 1938, S. 127; Alfred Hueck, in: Hueck/Nipperdey, Lehrbuch des Arbeitsrechts Band I, 3. - 5. Aufl., Mannheim, Berlin, Leipzig 1931, S. 300; Erich Sperling, Die Grenzen der ordentlichen Kündigung im Arbeitsrecht, Halle 1937, S. 13 mwNw.; Günter Schaub/ Ulrich Koch, Arbeitsrecht von A bis Z, München 2009, 18. Aufl., Kündigung.

483 Erich Molitor, Die Kündigung, Mannheim/Berlin/Leipzig 1935, S. 80; Hueck, in: Hueck/Nipperdey, Lehrbuch des Arbeitsrechts I (wie Fn. 482), S. 305.

Hier lag unstreitig eine ordentliche Kündigung des Klägers mit einer Frist von einer Woche vor.[484] Die Richter hatten nun zu prüfen, ob die Kündigung aus irgendwelchen Gründen unwirksam sein konnte, da der Kläger in ihr eine unbillige Härte erblickte.

(1) Kündigungsbeschränkungen

Allgemein konnte nach § 620 Abs. 2 BGB „jeder Teil das Dienstverhältnis nach Maßgabe der §§ 621 bis 623 kündigen“. In den §§ 621 bis 623 BGB waren die einzelnen Kündigungsfristen geregelt.

In der Weimarer Zeit galt grundsätzlich ein „freies und unbeschränktes Kündigungsrecht“.[485] Das Kündigungsrecht des Arbeitgebers war lediglich dadurch beschränkt, dass „es unter bestimmten Voraussetzungen von der Zahlung einer Entschädigung abhängig gemacht“ wurde oder spezielle Kündigungsbeschränkungen griffen.[486] In den §§ 84 ff. BRG[487] waren die wichtigsten Kündigungsbeschränkungen geregelt.

Durch die Änderungen, die das AOG[488] von 1934 mit sich brachte, waren die danach wichtigsten Kündigungsbeschränkungen in den §§ 56 ff. AOG geregelt.[489] Das gesamte Betriebsrätegesetz der Weimarer Republik war durch § 65 Nr. 1 AOG außer Kraft gesetzt. Das Gesetz zur Erweiterung des Kündigungsschutzes vom 30. November 1934 änderte nur § 58 AOG.[490]

(2) Voraussetzungen der Kündigungswiderrufsklage

Die Richter des Hamburger Landesarbeitsgerichts hatten somit zu prüfen, ob die Voraussetzungen der Kündigungswiderrufsklage nach den §§ 56 ff. AOG vorlagen.

484 ARS Bd. 34, LAG S. 212.

485 Ernst Frey, Die sittenwidrige Kündigung im Arbeitsrecht, Würzburg 1938, S. 1.

486 Hueck, in: Hueck/Nipperdey, Lehrbuch des Arbeitsrechts I (wie Fn. 482), S. 350; zu den speziellen Kündigungsbeschränkungen vgl. oben S. 53.

487 Betriebsrätegesetz vom 4. Februar 1920, RGBl. S. 147 ff.

488 Gesetz zur Ordnung der nationalen Arbeit vom 20. Januar 1934, RGBl. I, S. 45.

489 Hueck, Deutsches Arbeitsrecht (wie Fn. 482), S. 135.

490 RGBl. 1934 I, S. 1193.

In der Weimarer Zeit bestimmte sich das Einspruchsverfahren gegen eine Kündigung nach den §§ 84 ff. BRG. Wann ein Einspruch begründet war, spezifizierte § 84 Abs. 1 Nr. 1 bis 4 BRG. Das war dann der Fall,:

> „1. wenn der begründete Verdacht vorliegt, daß die Kündigung wegen der Zugehörigkeit zu einem bestimmten Geschlechte, wegen politischer, militärischer, konfessioneller oder gewerkschaftlicher Betätigung oder wegen Zugehörigkeit oder Nichtzugehörigkeit zu einem politischen, konfessionellen oder beruflichen Verein oder einem militärischen Verband erfolgt ist;
>
> 2. wenn die Kündigung ohne Angabe von Gründen erfolgt ist;
>
> 3. wenn die Kündigung deshalb erfolgt ist, weil der Arbeitnehmer sich weigerte, dauernd andere Arbeit, als die bei der Einstellung vereinbarte zu verrichten;
>
> 4. wenn die Kündigung sich als eine unbillige, nicht durch das Verhalten des Arbeitnehmers oder durch die Verhältnisse des Betriebs bedingte Härte darstellt."

Der den Einspruch einlegende Gekündigte musste Arbeitnehmer im Sinne des § 10 BRG, also Arbeiter oder Angestellter, sein.[491] Das darzustellende Einspruchsverfahren war ausgeschlossen, wenn eine der Voraussetzung des § 85 BRG (z.B. die Stilllegung eines Betriebes) erfüllt war.

Das Verfahren gegen die Kündigung zerfiel in zwei Teile: ein Vorverfahren und ein Hauptverfahren. In dem Vorverfahren musste der Gekündigte seinen Einspruch an den Gruppenrat, oder wenn ein solcher fehlte, an den Betriebsrat innerhalb einer Frist von fünf Tagen richten.[492] Dieser hatte den Einspruch dann in Hinsicht auf seine materiellen und formellen Voraussetzungen zu prüfen.[493] Ergab die Prüfung durch den Gruppen- oder Betriebsrat, dass der Einspruch berechtigt war, so waren durch den Rat Verständigungsverhandlungen mit dem Arbeitgeber einzuleiten.[494] Bei Nichtvorliegen der Voraussetzungen, war der Einspruch als unbegründet oder unzulässig abzuweisen.[495] Wenn eine Verständigung zwischen Arbeitnehmer und Arbeitgeber nicht gelang und der Gruppen- oder Betriebsrat den Einspruch nach wie vor für begründet hielt, so fasste der Rat darüber einen förmlichen Beschluss.[496] Der Arbeitnehmer hatte danach binnen weiterer fünf Tage die Möglichkeit, das Arbeitsgericht in Form der Klage-

491 Werner Kaskel/Hermann Dersch, Arbeitsrecht, 4. Aufl., Berlin 1932, S. 229.

492 § 84 Abs. 1 BRG; vgl. Hueck, in: Hueck/Nipperdey, Lehrbuch des Arbeitsrechts I (wie Fn. 482) S. 376.

493 Hueck, in: Hueck/Nipperdey, Lehrbuch des Arbeitsrechts I (wie Fn. 482) S. 376; Kaskel/Dersch, Arbeitsrecht (wie Fn. 491), S. 231.

494 § 86 Nr. 1 Satz 2 BRG.

495 Kaskel/Dersch, Arbeitsrecht (wie Fn. 491), S. 231.

496 Kaskel/Dersch, Arbeitsrecht (wie Fn. 491), S. 231.

erhebung anzurufen und damit das Hauptverfahren einzuleiten.[497] Auch der Gruppen- oder Betriebsrat konnte das Hauptverfahren vor dem Arbeitsgericht einleiten, wobei er dann als eigene Partei vor dem Arbeitsgericht klagte.[498]

Das Arbeitsgericht war nach § 2 Abs. 1 Nr. 4 ArbGG (1926)[499] für Rechtsstreitigkeiten aus den §§ 86 f. BRG zuständig. Das Arbeitsgericht hatte darüber zu entscheiden, ob der Einspruch begründet war und in diesem Falle den Arbeitgeber zur Weiterbeschäftigung oder zur Zahlung einer Entschädigung zu verurteilen.[500]

Nach der Machtergreifung der Nationalsozialisten setzte § 65 Nr. 1 AOG das Betriebsrätegesetz, auf das sich das Einspruchsverfahren nach Kündigungen stütze, außer Kraft. Die §§ 56 ff. AOG regelten dafür das Kündigungswiderspruchsverfahren, auf das auch hier der Kläger seine Klage stützte. *Hueck* betonte dabei, dass das Vorbild der §§ 56 ff. AOG die §§ 84 ff. BRG waren und das Verfahren vor allem durch die fortgefallene Mitwirkung der Betriebsvertretungen vereinfacht sei.[501]

Die grundsätzlichen Voraussetzungen für den Anspruch auf Widerruf der Kündigung nach § 56 Abs. 1 AOG waren, neben dem Vorliegen eines abhängigen Arbeitsvertrages und einer rechtsgültigen Kündigung,[502] die mindestens einjährige Betriebszugehörigkeit bei einer Betriebsmindestgröße von zehn regelmäßig Beschäftigten.[503] Nach § 56 Abs. 2 AOG musste der Gekündigte der Klage eine Bescheinigung des Vertrauensrates beifügen, wenn ein solcher im Betrieb bestand, aus der hervorging, dass über die Weiterbeschäftigung erfolglos beraten wurde. Damit der Arbeitgeber, der gleichzeitig Vorsitzender des Vertrauensrates nach § 5 Abs. 1 AOG war, die Klage nicht behindern konnte, reichte vor dem Arbeitsgericht der Nachweis aus, dass der Arbeitnehmer binnen fünf

---

497 § 86 Nr. 1 Satz 3 BRG; vgl. Hueck, in: Hueck/Nipperdey, Lehrbuch des Arbeitsrechts I (wie Fn. 482) S. 378 f.

498 § 86 Nr. 1 Satz 3 BRG; vgl. Hueck, in: Hueck/Nipperdey, Lehrbuch des Arbeitsrechts I (wie Fn. 482) S. 379 f.

499 Arbeitsgerichtsgesetz vom 23. Dez. 1926, RGBl. I, S. 507 ff.

500 Kaskel/Dersch, Arbeitsrecht (wie Fn. 491), S. 231 f.

501 Hueck, Deutsches Arbeitsrecht (wie Fn. 482), S. 135.

502 Hermann Dersch, Das Gesetz zur Ordnung der nationalen Arbeit. Kommentar, Berlin 1934, § 56 Anm. 4, 5.

503 Hueck, Deutsches Arbeitsrecht (wie Fn. 482), S. 135; Dersch, AOG Kommentar (wie Fn. 502), § 56 Anm. 6, 7.

Tagen nach der Kündigung den Vertrauensrat angerufen hatte.[504] Der Gekündigte musste die Klage auf Widerruf der Kündigung binnen zwei Wochen nach Zugang der Kündigung beim Arbeitsgericht einreichen.[505] Nach der Änderung des Arbeitsgerichtsgesetzes war das Arbeitsgericht nach § 2 Abs. 1 Nr. 1 ArbGG[506] (1934) für Kündigungswiderspruchsverfahren zuständig.

Für den Erfolg der Klage kam es nach § 56 Abs. 1 AOG entscheidend darauf an, dass die Kündigung „unbillig hart und nicht durch die Verhältnisse des Betriebes bedingt" war. Dieser Grund bestand auch schon im Betriebsrätegesetz, umfasste nun aber als Generalklausel alle anderen Gründe des § 84 Abs. 1 BRG.[507] Ob eine Kündigung unbillig hart und durch die Verhältnisse des Betriebes nicht bedingt war, sollte nach wie vor 1933 eine Interessenabwägung zwischen den Interessen des Betriebes und denen des Arbeitnehmers zeigen sowie eine Einzelfallbetrachtung begründen.[508] Dazu erkannte das Reichsarbeitsgericht schon in einer Entscheidung vom 21. März 1928:[509]

> „Das Arbeitsgericht hat also den Verfehlungen Sch's gegenüber die schutzbedürftigen wirtschaftlichen und arbeitstechnischen Belange der Antragsstellerin und ihres Betriebes sowie die schutzbedürftigen wirtschaftlichen und sozialen Interessen Sch's sorgfältig gegeneinander abgewogen."

Eine beherrschende Rolle sollten die persönliche Versorgung des Gekündigten und seiner Familie auf der einen Seite und das Wohl und Wehe des Betriebes andererseits spielen.[510]

Das Landesarbeitsgericht Hamburg hatte für den vorliegenden Fall des klagenden Familienvaters lediglich noch zu untersuchen, ob seine Kündigung unbillig hart und durch die Verhältnisse des Betriebes nicht gerechtfertigt war. Die Richter kritisierten dabei die Ansicht des Arbeitsgerichts Hamburg zur Betriebsbedingtheit der Kündigung des Klägers:[511]

> „Das ArbGer. ist der Ansicht, daß es der Kl. im Umgang mit der Kundschaft an der erforderlichen Eignung habe fehlen lassen. Es hält daher schon aus diesem Grunde seine

504 Hueck, Deutsches Arbeitsrecht (wie Fn. 482), S. 136.
505 § 56 Abs. 1 AOG.
506 Neue Fassung des Arbeitsgerichtsgesetzes vom 10. Apr. 1934, RGBl. I, S. 319 ff.
507 Hueck, Deutsches Arbeitsrecht (wie Fn. 482), S. 136; Dersch, AOG Kommentar (wie Fn. 502), § 56 Anm. 8.
508 Molitor, Kündigung (wie Fn. 483), S. 173; Dersch, AOG Kommentar (wie Fn. 502), § 56 Anm. 8a, 9; Hueck, Deutsches Arbeitsrecht (wie Fn. 482), S. 136.
509 RAG Urt. v. 21. März 1928, RAG RB 3/28, Bensh. Samml. Bd. 2, RAG S. 156, 158.
510 Dersch, AOG Kommentar (wie Fn. 502), § 56 Anm. 8a.
511 ARS Bd. 34, LAG S. 212, 213.

Kündigung für betriebsbedingt. Dieser Standpunkt des ArbGer. gibt in zwei Richtungen zu Bedenken Anlaß."

Die Beklagte berief sich vor allem darauf, dass die Kündigung des Klägers im Interesse des Betriebes vorgenommen wurde, da seine Weiterbeschäftigung den Kundenbestand aufgrund der Auseinandersetzungen bedroht hätte.[512] Das Landesarbeitsgericht sah diesen Aspekt jedoch differenzierter als die Vorinstanz:[513]

„Einmal steht völlig dahin, daß der Kl. den Kunden der Bekl. wirklich begründeten Anlaß zur Unzufriedenheit und Beschwerde gegeben hat. Die Bekl. räumt selbst ein, daß ihre Kundschaft schwer zu behandeln ist und zu unbegründeten Beschwerden neigt.[514] [...] Dieser Sachlage mußte die Bekl. bei Würdigung der ihr von der Kundschaft zugeleiteten Beschwerden Rechnung tragen. Sie durfte sich diese Beschwerden nicht einfach kritiklos zu eigen machen. Sie mußte dem Kl. zugute halten, daß er nach dem Zeugnis seiner Vorgesetzten seine Pflicht stets voll und ganz getan und seine Arbeiten immer sehr ordentlich erledigt hat."

Darüber hinaus stütze das Arbeitsgericht Hamburg die Klageabweisung auf die von der Beklagten hervorgebrachte mangelnde Geeignetheit des klagenden Familienvaters. Die Richter des Landesarbeitsgerichts hingegen glaubten nicht an diese Ungeeignetheit:[515]

„In zweiter Linie besteht aber auch Zweifel, ob dem Kl. wirklich so völlig jede Eignung im Umgang mit der Kundschaft fehlte, daß der Bekl. eine Weiterbeschäftigung nicht mehr zuzumuten war. Die Fälle, in denen sich Kunden über den Kl. beschwert haben, liegen bis auf einen viele Monate zurück. Nur der Fall B hat sich erst vor kurzem, etwa drei Wochen vor der Kündigung, zugetragen, wobei dem Kl. zugute gehalten werden muß, daß hier ganz besondere Zweifel an der Schuld des Kl. bestehen. [...] Wenigstens läßt das Fehlen von Beschwerden in den letzten Monaten seiner Tätigkeit darauf schließen, daß er es allmählich doch verstanden hat, den richtigen Ton im Umgang mit der Kundschaft zu finden. Unter diesen Umständen bestand aber kein begründeter Anlaß, dem Kl. gerade wegen des Falles B zu kündigen."

Dem folgend sahen die Hamburger Richter die Kündigung des Klägers nicht als durch die Verhältnisse des Betriebs gerechtfertigt an. Das Wohl und Wehe des Betriebes der Beklagten standen nach diesen Erwägungen durch die Weiterbeschäftigung des klagenden Familienvaters nicht auf dem Spiel. Die Kündigung war demnach also eigentlich unwirksam.

---

512 ARS Bd. 34, LAG S. 212 f.

513 ARS Bd. 34, LAG S. 212, 213.

514 Hervorhebungen durch das Landesarbeitsgericht Hamburg.

515 ARS Bd. 34, LAG S. 212, 213 f.

Eine Abwägung unter Einbeziehung der persönlichen Verhältnisse des Klägers, wie es das Reichsarbeitsgericht vorsah und in der Lehre vorausgesetzt wurde, nahm das Landesarbeitsgericht Hamburg in der Entscheidungsbegründung nicht vor.

b) Zumutbarkeit des Widerrufs

Nach diesen Erwägungen des Landesarbeitsgerichts Hamburg prüften die Richter, ob der Beklagten der Widerruf der Kündigung zugemutet werden konnte. Die Beklagte führte nun nämlich als weitere Begründung für die Kündigung an, dass der Kläger nach erfolgter Kündigung der Rechtsberatungsstelle der DAF berichtet habe, dass ihm wegen der Anmeldung zur Teilnahme am Reichsparteitag gekündigt worden sei.

Auch die Richter nahmen als alles entscheidendes Kriterium gegen die Zumutbarkeit des Kündigungswiderrufs an, dass der Kläger bei der Rechtsberatungsstelle der DAF einen angeblich falschen Grund für seine Kündigung angab:[516]

> „Trotz dieser dem Kl. günstigen Erwägungen mußte es bei dem die Klage abweisenden Urteil des ArbGer. verbleiben. Die Vernehmung der Zeugen L und M hat klargestellt, daß der Kl. durch sein Verhalten n a c h der Kündigung die Grundlagen für eine vertrauensvolle Zusammenarbeit mit der Bekl. schuldhaft zerstört hat.“[517]

In der Weimarer Republik war schon anerkannt, dass sogar Tatsachen, die nach einer befristeten Kündigung während des Fristlaufs auftraten, einen Grund zur fristlosen Entlassung bieten konnten.[518] Das Reichsarbeitsgericht hatte im Juni 1928 über eine fristlose Kündigung eines Angestellten zu entscheiden, der, nach einer unwirksamen Kündigung, seinen Arbeitgeber der „Vetternwirtschaft“ bezichtigte und damit einen Grund sogar zur sofortigen fristlosen Entlassung lieferte:[519]

> „Macht sich ein zu Unrecht entlassener Arbeitnehmer der Beleidigung des Arbeitgebers schuldig, so kann er nunmehr fristlos entlassen werden, und damit werden für die

516 ARS Bd. 34, LAG S. 212, 214.

517 Hervorhebungen durch das Landesarbeitsgericht Hamburg.

518 Hueck, in: Hueck/Nipperdey, Lehrbuch des Arbeitsrechts I (wie Fn. 482) S. 327; Hans Carl Nipperdey, in: J. v. Staudingers Kommentar zum Bürgerlichen Gesetzbuch und dem Einführungsgesetz, 9. Aufl., München/Berlin/Leipzig 1928, II. Band, Recht der Schuldverhältnisse, 2. Teil, § 626 Anm. II 1 e γ.

519 RAG Urt. v. 6. Juni 1928, RAG 2/28, Bensh. Samml. Bd. 3, RAG S. 76 (Leitsatz).

Zukunft etwaige aus der ersten unberechtigten Kündigung entspringende Schadenersatzansprüche beseitigt."

An dieser Auffassung änderte sich auch nach 1933 nichts. Das nachträgliche Berufen auf den erst in der Zwischenzeit eingetretenen Kündigungsgrund sollte als erneute und nunmehr wirksame Kündigung gelten.[520]

Das Landesarbeitsgericht Hamburg gab der Beklagten darin Recht, wenn sie in dem „unverantwortlichen Verhalten des Klägers"[521] eine gröbliche Verletzung der der Beklagten geschuldeten Treuepflicht nach der Kündigung sah und den Kläger daher nicht weiter beschäftigen wollte:[522]

> „Mit Recht erblickt die Bekl. in diesen Vorgängen nach der Kündigung eine gröbliche Verletzung der dem Kl. geschuldeten Treuepflicht. Die Behauptung des Kl., seine Kündigung sei wegen seiner Meldung zur Teilnahme am Reichsparteitag erfolgt, entbehrte schon an sich jeder tatsächlichen Grundlage. Seitens der Bekl. hat niemand diese Meldung beanstandet oder gar dem Kl. deshalb einen Vorwurf gemacht. Der Glaube des Kl., diese Meldung sei der wirkliche Grund seiner Kündigung, mußte aber restlos erschüttert sein, nachdem der Zeuge M als Mitglied des Vertrauensrats seiner Empörung über diese Idee des Kl. Ausdruck gegeben und dadurch unzweideutig klargestellt hatte, daß sich der Kl. auf dem Holzwege befinde."

Die vom Kläger verletzte Treuepflicht dem Arbeitgeber gegenüber bildete hier also den Grund, auf den sich die Kündigung nunmehr stützte. In Frage stand demnach, was unter dem Begriff der Treuepflicht zu verstehen war und ob das Verhalten des Klägers diese Treuepflicht tatsächlich derart verletzt hatte, dass die Beklagte den Kläger nicht weiter beschäftigen konnte.

Die sog. Treupflicht war schon in der Weimarer Republik als Nebenpflicht ein Bestandteil des Arbeitsvertrages und galt als Ausfluss der Arbeitspflicht nach § 242 BGB.[523] Der Arbeitnehmer hatte für eine ordnungsgemäße Erfüllung der Arbeit die Pflicht, dabei das Interesse des Arbeitgebers in jeder Weise wahrzunehmen.[524] Inhalt und Umfang dieser Treupflicht richteten sich nach Treu und

520 Molitor, Kündigung (wie Fn. 483), S. 193 f. Fn. 25 unter Berufung auf Hueck (wie Fn. 518) und die Rechtsprechung des RAG (wie Fn. 519); RAG Urt. v. 28. März 1934, RAG 20/34, ARS Bd. 20, RAG S. 280, 284; Alfred Hueck, Urteilsanmerkung zu RAG v. 28. März 1934, RAG 20/34, in: ARS Bd. 20, RAG S. 284 f.

521 ARS Bd. 34, LAG S. 212, 214.

522 ARS Bd. 34, LAG S. 212, 215.

523 Hueck, in: Hueck/Nipperdey, Lehrbuch des Arbeitsrechts I (wie Fn. 482) S. 179; Kaskel/Dersch, Arbeitsrecht (wie Fn. 491), S. 174.

524 Hueck, in: Hueck/Nipperdey, Lehrbuch des Arbeitsrechts I (wie Fn. 482) S. 179; Kaskel/Dersch, Arbeitsrecht (wie Fn. 491), S. 174.

Glauben (§ 242 BGB) und der Verkehrssitte.[525] In erster Linie sollte es sich mehr um eine Unterlassungspflicht handeln, wonach der Arbeitnehmer bspw. Mitteilungen an Dritte unterlassen musste, die den Ruf des Betriebes schädigen konnten, sogar dann, wenn diese Tatsachen erweislich wahr waren.[526]

Nach der Machtergreifung der Nationalsozialisten wurde in § 2 Abs. 2 AOG die Treuepflicht der „Gefolgschaft“ explizit genannt.[527] Ein Teil der Lehre vertrat die Ansicht, dass sich die dem Arbeitsverhältnis entspringende Treuepflicht als Nebenpflicht begrifflich von der in § 2 Abs. 2 AOG benannten und der danach in der Betriebsgemeinschaft begründeten Treuepflicht unterschied.[528] Nach *Hueck* sollten sich beide Pflichten inhaltlich weitestgehend decken, aber in verschiedene Richtungen wirken.[529] Wurde die Treuepflicht aus dem Arbeitsverhältnis verletzt, die sich nach 1933 nicht verändert hatte,[530] so würde das nur zu privatrechtlichen Folgen zwischen Arbeitgeber und Arbeitnehmer führen. Die Verletzung der Treuepflicht nach § 2 Abs. 2 AOG könne hingegen eine ehrengerichtliche Bestrafung nach §§ 35 ff. AOG nach sich ziehen.[531]

Nach anderer Ansicht folgte aus der gewandelten Auffassung über das Arbeitsverhältnis als personenrechtliches Gemeinschaftsverhältnis,[532] dass das Treueverhältnis zwischen den Beteiligten die Grundlage, die „umfassende Grundpflicht“, des Arbeitsverhältnisses sei und § 2 Abs. 2 AOG dies nur erkenne.[533] Danach sollten keine „zwei“ Treuepflichten neben einander existieren.

---

525 Hueck, in: Hueck/Nipperdey, Lehrbuch des Arbeitsrechts I (wie Fn. 482) S. 179.

526 Hueck, in: Hueck/Nipperdey, Lehrbuch des Arbeitsrechts I (wie Fn. 482) S. 179; Kaskel/Dersch, Arbeitsrecht (wie Fn. 491), S. 174; diese Ansicht wurde auch in der Rechtsprechung vertreten: bspw. LAG Altona Urt. v. 24. Mai 1928, LAG 45/28, Bensh. Samml. Bd. 4, LAG S. 110 ff. (Leitsatz).

527 § 2 Abs. 2 AOG: Er (der „Betriebsführer“ - M.B.) hat für das Wohl der Gefolgschaft zu sorgen. Diese hat ihm die in der Betriebsgemeinschaft begründete Treue zu halten.

528 Hueck, Arbeitsrecht (wie Fn. 482), S. 195; Alfred Hueck/Hans Carl Nipperdey/Rolf Dietz, Gesetz zur Ordnung der nationalen Arbeit mit sämtlichen Durchführungsverordnungen und dem Gesetz zur Ordnung der Arbeit in öffentlichen Verwaltungen und Betrieben mit seinen Durchführungsverordnungen, Kommentar, 2. Aufl., München/Berlin 1937, § 2 RN 14.

529 Hueck, Deutsches Arbeitsrecht (wie Fn. 482), S. 195; Hueck/Nipperdey/Dietz, AOG Kommentar (wie Fn. 482), § 2 RN 14.

530 Hueck, Deutsches Arbeitsrecht (wie Fn. 482), S. 96.

531 Hueck, Deutsches Arbeitsrecht (wie Fn. 482), S. 195.

532 Vgl. dazu oben S. 55, 81 f.

533 Dersch, AOG Kommentar (wie Fn. 502), § 2 Anm. 1, 4a, 4b; Wolfgang Siebert, Das Arbeitsverhältnis in der Ordnung der nationalen Arbeit, Hamburg 1935, S. 100.

Inhaltlich wich die Treuepflicht von den oben beschriebenen Pflichten nicht ab; dazu sollte vor allem die Arbeitspflicht und die Gehorsamspflicht zählen.[534] Die Verletzung dieser Treuepflicht nach § 2 Abs. 2 AOG sollte aber auch zu vertraglichen Verstößen und ggf. zu ehrengerichtlicher Bestrafung führen.[535]

Eine Trennung zwischen beiden Ansichten zur Treuepflicht war schwierig und kaum möglich, der Übergang fließend. Dies zeigt sich unter anderem bei *Herschel/Bergemann,* die einerseits hervorheben, dass das Arbeitsverhältnis auf dem Treueverhältnis basiere und die Arbeitspflicht eine Folge der geschuldeten Treue war, also von nur einer Treuepflicht ausgehen.[536] Andererseits sollte dann die sich aus der Betriebsgemeinschaft ergebende Treuepflicht öffentlich-rechtlichen Charakter haben und für Verletzungen der Treuepflicht privatrechtliche Folgen greifen, folglich also zwei Treuepflichten vorliegen.[537] Ähnlich vertraten auch *Mansfeld/Pohl,* dass das Arbeitsverhältnis ein Treueverhältnis war.[538] Das Arbeiten des Unternehmers und der „Gefolgschaft" solle aber nach dem AOG eine gesellschaftliche Pflicht sein und sich dabei die gegenseitige Treue zu halten gelte als Ehrensache.[539] Die wesentliche Bedeutung des Treuegedankens solle vielmehr in der Beeinflussung des schuldrechtlichen Dienstvertrages stehen.[540]

Nach *Mansfeld* sollte der Begriff der Treue jedoch dann überspannt sein, wenn man, wie es das Landgericht Hamburg tat, verlange, dass ein Arbeitnehmer die Belange seines Betriebes wahre, dessen Ruf und Ansehen hochhalte, obwohl er seine Existenz schützen müsse und sich auch gerade dieser Arbeitgeber „in höchstem Maße" untreu verhalten habe.[541]

---

534 Siebert, Arbeitsverhältnis (wie Fn. 533), S. 101, der in Fn. 1 auf Hueck/Nipperdey/Dietz (AOG-Kommentar) verwies.

535 Dersch, AOG Kommentar (wie Fn. 502), § 2 Anm. 4b.

536 Wilhelm Herschel/Günther Bergemann, Neues Arbeitsrecht insbesondere das Gesetz zur Ordnung der nationalen Arbeit, 2. Aufl., Leipzig 1935, S. 5 f.

537 Herschel/Bergemann, Arbeitsrecht (wie Fn. 536), S. 18.

538 Werner Mansfeld/Wolfgang Pohl/Gerhard Steinmann/Arthur Bernhard Krause, Die Ordnung der nationalen Arbeit. Kommentar zu dem Gesetz zur Ordnung der nationalen Arbeit und zu dem Gesetz zur Ordnung der Arbeit in öffentlichen Verwaltungen und Betrieben unter Berücksichtigung aller Durchführungsbestimmungen, 2. Aufl., Berlin/Leipzig/Mannheim/München 1934, § 2 S. 115.

539 Mansfeld/Pohl/Steinmann/Krause, AOG Kommentar (wie Fn. 538), § 2 S. 115.

540 Mansfeld/Pohl/Steinmann/Krause, AOG Kommentar (wie Fn. 538), § 2 S. 115.

541 Mansfeld, Urteilsanmerkung LAG Hamburg Urt. v. 31. Okt. 1938, 19 Sa 58/38, in: ARS Bd. 34 LAG S. 215, 216.

Der Kläger hatte hier dem Rechtsberater der Rechtsberatungsstelle der DAF vorgetragen, dass ihm wegen der Anmeldung zur Teilnahme am Reichsparteitag gekündigt worden sei. Das Landesarbeitsgericht Hamburg sah genau darin eine solche Treuepflichtverletzung, die das Ansehen des Betriebes der Beklagten schädigen und die eine Weiterbeschäftigung nicht rechtfertigen konnte. Das Problem dabei war nicht, dass der Kläger dachte, die Teilnahme am Reichsparteitag sei der wahre Kündigungsgrund, sondern dass er es gegenüber der Rechtsberatungsstelle der DAF und damit gegenüber einem Dritten äußerte:[542]

> „Selbst wenn der Kl. auch jetzt noch nicht völlig von der Unhaltbarkeit seines Standpunktes überzeugt gewesen sein sollte, mußte er dem Zeugen L auf seine Frage nach dem Kündigungsgrund zum mindesten den vom Zeugen M genannten Kündigungsgrund sagen. Er durfte nicht durch eine unvollständige und entstellte Wiedergabe des Sachverhalts in dem Zeugen L den Eindruck hervorrufen, daß der Bekl. Maßnahmen und Veranstaltungen der Partei sabotiere, und auf diese Weise unter völliger Mißachtung der Belange seiner Firma für sich Stimmung machen. Er mußte sich sagen, daß er durch eine derartige Stimmungsmache das Ansehen und den Ruf seines Brotgebers, von dem er weiterbeschäftigt werden wollte, auf das schwerste schädigte. Es kann daher der Bekl. nicht verdacht werden, wenn sie nach diesem treuewidrigen Verhalten die Voraussetzungen für ein vertrauensvolles Zusammenarbeiten mit dem Kl. nicht mehr für gegeben erachtet."

Die Richter haben nicht angegeben, wie sie die verletzte Treuepflicht verorteten – ob als Vertragsnebenpflichtverletzung und/oder Verletzung von § 2 Abs. 2 AOG. In der gesamten Urteilsbegründung erwähnten sie § 2 Abs. 2 AOG nicht und zogen ihn auch nicht zur Begründung heran. Sie sahen in dem Verhalten des Familienvaters eine treuwidrige Verletzung der Interessen des Betriebes der Beklagten.

4. Ertrag

Die Frage ist, welchen Unterschied es gemacht hätte, wenn der gekündigte Familienvater dem Rechtsberater auch noch erzählt hätte, dass ihm von einem Mitglied des Vertrauensrates gesagt worden sei, dass der Grund der Kündigung die Differenzen mit der Kundschaft wären. Diesen Grund hatte der Rechtsberater der DAF sicher erfahren, als er mit der Beklagten telefoniert hatte[543]. Der Rechtsberater hatte trotzdem die Klage auf den Grund der Anmeldung zur Teilnahme am Reichsparteitag gestützt.

542 ARS Bd. 34, LAG S. 212, 215.

543 Dass ein Telefonat stattfand, ergibt sich aus den Gründen der Entscheidung, vgl.: ARS Bd. 34, LAG S. 212, 214.

Aufgrund der Berührung mit der DAF und des pikanten Kündigungsgrundes, wie dem behaupteten, drehte sich der Kern des Rechtsstreits um einen solchen unbestimmten Begriff wie den der Treuepflicht, die für das nationalsozialistische Arbeitsrecht ganz grundsätzliche Bedeutung besaß. Entscheidendes Kriterium spielte dabei sicherlich, dass es sich auch um eine Veranstaltung der NSDAP handelte, deren Besuch zu dem mutmaßlichen Kündigungsgrund geführt hatte.

Die Urteilsbegründung des Landesarbeitsgerichts erweckt den Eindruck, dass die Richter nach einem Weg suchten, um dem Anspruch des Klägers auf Widerruf der Kündigung nicht zum Erfolg zu verhelfen. Einem Betrieb, der noch 1938 seinen Angehörigen die Teilnahme an politischen Veranstaltungen der Machthaber erschwerte, konnten Repressalien drohen und sein Ansehen in der breiten Masse gefährden.

Nach Ansicht der Richter war die Kündigung des Klägers an sich unbillig hart und durch die Verhältnisse des Betriebes zumindest nicht gerechtfertigt. Die Verletzung der Treuepflicht(en), wenn man in dem Verhalten des Familienvaters denn eine solche erblicken mag, änderte daran nichts. Damit hätte ihm eigentlich ein Anspruch auf Widerruf der Kündigung zugestanden. Der Arbeitgeber hätte den Widerruf auch ablehnen können, sodass er nach § 57 Abs. 1 AOG eine Entschädigung zu zahlen hätte. Da die Höhe dieser Entschädigung auch vom Gericht festzulegen war (§§ 57 Abs. 1, 58 AOG), hätten die Richter des Landesarbeitsgerichts Hamburg auch hierüber ihre Abneigung gegenüber dem Verhalten des klagenden Familienvaters zum Ausdruck bringen und damit eine Art Maßregelung vornehmen können.

Schon vor der Machtergreifung der Nationalsozialisten war allerdings anerkannt, dass eine schädigende Äußerung, wie die des Klägers, zu einer Abweisung der Klage auf Rücknahme der Kündigung führen konnte. Alleine der Grund, dass es sich hier nun um Äußerungen handelte, die gegenüber nationalsozialistischen Abteilungen vorgenommen wurden und die Teilnahme am Reichsparteitag betrafen, lassen diese Entscheidung nicht zu einem nationalsozialistischen Urteil werden.

Es entsteht mehr der Eindruck, dass die Richter gerade den Gebrauch der Interpretationsmöglichkeit des Begriffs der Treue interpretierten, um dem Kläger eine Treulosigkeit vorwerfen zu können. Die Richter warfen dem Kläger schwerste Schädigung seiner Arbeitgeberin im Rahmen der Treuepflichtverletzung vor. Auf dieser Grundlage konnten sie dann die Klage auf Widerruf der Kündigung abweisen.

V. Zwischenergebnis zu den Entscheidungen des Landesarbeitsgerichts Hamburg

In dem ersten untersuchten Fall vor dem Landesarbeitsgericht Hamburg klagte eine Handlungsgehilfin auf Zahlung einer Entschädigung für nicht eingenommene Verpflegung im Betrieb während ihrer Krankheit. Entgegen der Rechtsprechung des Reichsarbeitsgerichts und der herrschenden Ansicht des Schrifttums gaben die Richter der Klage statt. Zur Begründung führten sie an, dass die bisherige Rechtsprechung zu diesem Thema durch das „neue Arbeitsrecht" Einschränkungen erfahren müsse. Dies vor allem, weil das „neue" Arbeitsverhältnis mit seinen Fürsorge- und Treuepflichten abseits des allgemeinen schuldrechtlichen Teils des BGB liege. Diese Normen seien nur nach einer vorherigen gesonderten Prüfung auf die Arbeitsverhältnisse anwendbar.

Die Auffassung über die nationalsozialistische Vorstellung von der Betriebsgemeinschaft und dem Arbeitsverhältnis fand damit ihre Auswirkung auch in der Rechtsprechung des Hamburger Landesarbeitsgerichts. Die Begründung stütze sich ferner auf das nationalsozialistische Gesetz zur Ordnung der nationalen Arbeit. Letztendlich zogen die Richter wiederum § 242 BGB trotz seiner Verortung im Schuldrecht AT zur Untermauerung ihrer Begründung heran. So zeigte sich auch hier wieder der Wandel der politischen Wertvorstellungen durch die entsprechende Auslegung. Die Richter hatten keine Scheu, die nationalsozialistische Ideologie in ihre Entscheidungsfindung einfließen zu lassen.

In dem zweiten untersuchten Fall klagte ein Schwerbeschädigter auf Lohnzahlung für die Zeit der vierwöchigen Kündigungsfrist. Das Landesarbeitsgericht Hamburg gab der Klage statt. Nach der zweifelhaften Auslegung der gesetzlichen Voraussetzungen der Kündigung schwerbeschädigter Arbeitnehmer kamen die Richter zu dem Ergebnis, dass die Kündigung des Klägers rechtsunwirksam war. Unter der Problematik der Verteilung des Betriebsrisikos stellten die Richter ebenso wie das Reichsarbeitsgericht bei dieser Problematik auf Treu und Glauben unter Berücksichtigung der Umstände des Einzelfalls ab. § 242 BGB bot auch hier wieder ein Einfallstor für die nationalsozialistische Ideologie.

Allerdings kam es in dem vorliegenden Urteil nicht dazu. Die Richter bemerkten zwar, dass es unter dem Einfluss des AOG für die umstrittene Verteilung des Betriebsrisikos zu anderen Ergebnissen kommen müsste, stellten hier jedoch nicht darauf ab. Das mochte daran liegen, dass sich das Ergebnis in diesem Fall auch nicht geändert hätte. Die Richter meldeten unter dem nationalsozialistischen Recht Bedenken gegen die Fortführung der bisherigen Rechtsprechung an, bezogen aber keine eindeutige Stellung. Es entsteht der Eindruck, dass die Richter des Landesarbeitsgerichts Hamburg die Einflussnahme der nationalsozialistischen Wertvorstellungen auf die Rechtsprechung offen lassen wollten, indem sie diese weder über das AOG noch über § 242 BGB einfließen ließen.

In der dritten untersuchten Entscheidung klagte ein Akkordarbeiter auf Zahlung des tariflichen Urlaubsentgelts. Das Hamburger Landesarbeitsgericht gab der Klage statt. Der Fall zeigt deutlich, dass die Lohngestaltung in staatliche Hände gefallen war. Dabei spielten zwei Probleme eine Rolle, zum einen die Frage der Urlaubsvergütung und zum anderen das Verhältnis von Betriebsordnung und Tarifordnung zueinander.

Hier war jedoch keine Rede von der Berufung auf Treu und Glauben, obwohl § 242 BGB in der Literatur bei den Erläuterungen der rechtlichen Urlaubsregelungen immer wieder genannt wurde. Zur Begründung seiner Ansicht zog das Landesarbeitsgericht keine auslegungsbedürftigen Normen heran. Zwar stütze es seine Auffassung auf das AOG. Die herangezogene Regelung, dass die Tarifordnung der Betriebsordnung vorgehen musste, wenn letztere keine günstigere Regelung enthielt, war in der Zeit der Weimarer Republik im BRG für das Verhältnis von Tarifvertrag zu Betriebsvereinbarung ebenso geregelt. Die Richter beriefen sich nicht auf nationalsozialistische Wertvorstellungen oder nutzten interpretative Anpassungstechniken im Sinne der nationalsozialistischen Ideologie um ihre Rechtsauffassung zu begründen.

In dem letzten untersuchten Urteil begehrte der Kläger den Widerruf seiner Kündigung. Die Beklagte hatte ihm zunächst wegen Beschwerden der Kundschaft gekündigt und schob anschließend falsche Äußerungen des Klägers gegenüber der Deutschen Arbeitsfront als Kündigungsgrund nach. Die Richter stellten zunächst fest, dass die Kündigung aufgrund der Beschwerden und Unzufriedenheit der Kundschaft nicht gerechtfertigt gewesen wäre. Allerdings habe der Kläger die Grundlagen für eine vertrauensvolle Zusammenarbeit zerstört, indem er dem Rechtsberater der DAF mitteilte, dass seine Anmeldung zur Teilnahme am Reichsparteitag der wahre Kündigungsgrund wäre.

Die Argumentation des Gerichts stützte sich hier auf den Begriff der Treue, welcher wiederum der Auslegung und Interpretation offen stand. Schon vor der Machtergreifung der Nationalsozialisten war allerdings anerkannt, dass eine schädigende Äußerung, wie die des Klägers, zu einer Abweisung der Klage auf Rücknahme der Kündigung führen konnte. Die Entscheidungsbegründung erweckt den Eindruck, dass die Richter gerade den Gebrauch der Interpretationsmöglichkeit des Begriffs der Treue nutzten, um dem Kläger diesbezüglich eine Treulosigkeit vorwerfen und dadurch den Anspruch auf Widerruf der Kündigung ablehnen zu können.

Zusammenfassend zeigen diese untersuchten Entscheidungen, dass die Richter des Landesarbeitsgerichts Hamburg in ihnen überwiegend zugunsten der Arbeitnehmer entschieden haben. Das Auftreten staatlicher Institutionen, wie der DAF oder der „Treuhänder der Arbeit“, hatte auf die richterliche Entscheidungsbegründung keinen großen Einfluss. Eine große Rolle spielten aber die Begriffe wie „Treu und Glauben“ oder „Treue und Fürsorge“. Diese unbestimmten Rechtsbegriffe ermöglichten den Richtern auch hier große Flexibilität im Rahmen ihrer Entscheidungsfindung. Die Richter konnten dadurch gleichartige Sachverhalte differenziert betrachten, ohne sich dem Vorwurf der Missachtung des Gesetzes zu unterziehen.

Für die Rechtsprechung des Landesarbeitsgerichts Hamburg ergibt sich jedoch ein ungleicher Eindruck. Einerseits manifestierten sich die nationalsozialistische Ideologie und die damit gewandelten politischen Wertvorstellungen in den Urteilsbegründungen, indem die Richter sie mithilfe der Generalklauseln und auslegungsbedürftigen Begriffe zur Entscheidungsfindung heranzogen. Andererseits ließen die Richter keine Einflussnahme der nationalsozialistischen Ideologien über diese Einfallstore mittels Auslegung oder die nationalsozialistische Gesetzgebung zu.

C. Zusammenfassung zu den Hamburger Arbeitsgerichten

Das Bild, welches sich nach diesen vorstehenden Untersuchungen einzelner Urteile der Hamburger Arbeitsgerichte abzeichnet, ist nicht einheitlich. Abgesehen von einem Urteil vor dem Landesarbeitsgericht, haben in den untersuchten Fällen beider Instanzen die klagenden Arbeitnehmer obsiegt. Obwohl die Richter teilweise auch gut eine andere Ansicht hätten vertreten können, entschieden sie sehr zugunsten der Arbeitnehmer. Der Vergleich zwischen dem Hamburger Arbeitsgericht und dem Landesarbeitsgericht ergibt, dass bei beiden das Auftreten staatlicher Institutionen, wie die DAF oder der „Treuhänder der Arbeit“, in der Entscheidungsbegründung an sich keine große Rolle spielte.

Sowohl für das Arbeitsgericht als auch das Landesarbeitsgericht Hamburg ist festzustellen, dass die Entscheidungen, die sehr von den unbestimmten Rechtsbegriffen und Generalklauseln (§§ 138, 242 BGB, § 2 AOG), wie Treu und Glauben, Sittenwidrigkeit und Rechtsmissbrauch geprägt waren, den Richtern eine große Entscheidungsfreiheit ermöglichten. Ohne sich angreifbar zu machen, stützen die Richter beider Gerichte die Argumentation auf „die neue Ordnung“, eine neue Gesetzgebung im Arbeitsrecht, die gewechselte Auffassung vom Arbeitsverhältnis und den damit einhergehenden Wandel von Treu und Glauben sowie Treue und Fürsorge, die gerade die nationalsozialistischen Anschauungen im AOG umzusetzen suchte. Dadurch konnten sie gleichbleibende Sachverhalte unterschiedlich beurteilen ohne sich irgendeinem Vorwurf auszusetzen.

Der Einfluss der gewandelten politischen Wertvorstellungen auf das Arbeitsrecht zeigt sich besonders in den Entscheidungen der Anfangsjahre nach der Machtergreifung des Nationalsozialismus. Die Rechtsprechung nutze hier die sich bietenden interpretativen Anpassungstechniken durch die Anwendung der privatrechtlichen Generalklauseln deutlich aus. Dies gilt selbst für den letzten untersuchten Fall vor dem Landesarbeitsgericht Hamburg, in welchem die verletzte Treuepflicht den Arbeitgeber schützt.

Für die untersuchten Urteile gilt es demnach, eine differenzierte Betrachtungsweise heranzuziehen: So lässt sich zwar für das Arbeitsgericht Hamburg anhand der dargestellten Entscheidungen durchaus sagen, dass sich die Rechtsprechung mehr und mehr den Maßstäben des Nationalsozialismus anpasste und das System damit immanent unterstützte. Jene Richter standen dem Nationalsozialismus wohl eher positiv gegenüber. Diese Aussage lässt sich aber zumindest nicht für die Entscheidung des Landesarbeitsgericht Hamburg von 1938 treffen, da hier der Eindruck besteht, dass die Richter gerade das Gegenteil bewirken wollten und sich auch in der Entscheidung von 1937 nicht der Ideologie bedienten, wie dies in den untersuchten Urteilen davor oder im Vergleich zu den erörterten Entscheidungen des Arbeitsgerichts geschah.

D. Tarifschiedsgericht für die deutsche Seeschiffahrt

Für den Bereich des sog. Seearbeitsrechts urteilten nicht die Hamburger Arbeitsgerichte, sondern das „Tarifschiedsgericht für die Deutsche Seeschiffahrt" entschied über Streitigkeiten von Seeleuten mit ihren Arbeitgebern. Nach § 2 Abs. 1 Nr. 2 ArbGG (1926)[544] und § 2 Abs. 1 Nr. 1 ArbGG (1934)[545] waren die nach § 481 HGB zur Schiffsbesatz gehörenden Personen von der Zuständigkeit der Arbeitsgerichtsbehörden ausgeschlossen. Auch im Zusammenhang mit anderen arbeitsrechtlichen Streitigkeiten konnten Streitigkeiten von Schiffsbesatzungsmitgliedern nicht über die erweitere Zuständigkeit nach § 3 Abs. 1 ArbGG (1926/1934) vor die Arbeitsgerichte in Hamburg gebracht werden.

I. Bedeutung

Mit dem Tarifvertrag für die Seeschiffahrt vom 12. April 1919 wurde ein Tarifschiedsgericht eingesetzt, welches für Streitigkeiten über die Bestimmungen der Tarifverträge für die Seeschiffahrt vom 18. Dezember 1918 und 29. Januar 1919 zuständig war.[546] Auf Anordnung des Reichsarbeitsministers *Seldte* über die Weitergeltung von Tarifverträgen als Tarifordnungen vom 20. Oktober 1934[547] galten die am 30. April 1934 noch laufenden Tarifverträge als Tarifordnungen weiter, bis der zuständige „Treuhänder der Arbeit" oder der bestellte Sondertreuhänder sie abänderte oder deren Ablauf anordnete. Am 1. Dezember 1934 war auf Anordnung des Sondertreuhänders für die deutsche Seeschiffahrt eine neue Tarifordnung in Kraft getreten.[548] Sie war die praktisch wichtigste Regelung des Arbeitsrechts für die Seeschiffahrt.[549]

§ 57 der TO für die deutsche Seeschiffahrt regelte die Tarifschiedsgerichtsbarkeit. Das Tarifschiedsgericht für die deutsche Seeschiffahrt war die einzige Instanz für die endgültige Entscheidung aller Rechtsfragen des Seearbeitsrechts und hatte daher auch den stärksten Einfluss auf die Entwicklung dieses Rechts-

544 Arbeitsgerichtsgesetz vom 23. Dez. 1926, RGBl. I, S. 507 ff.

545 Arbeitsgerichtsgesetz in der neuen Fassung vom 10. Apr. 1934, RGBl. I, S. 319 ff.

546 Paul Ehlers/Kurt Ehlers, Der Tarifvertrag für die Seeschiffahrt erläutert nach der Rechtsprechung des Tarifschiedsgerichts, Hamburg 1933, S. 165; Andreas Kleffel, Urlaub im Seearbeitsrecht, Hamburg 1940, S. 9.

547 RABl. I, Nr. 10, S. 85 f.; Nr. 31, S. 254.

548 RABl. VI, Nr. 33, S. 506 ff.

549 Wolfgang Siebert, Das deutsche Arbeitsrecht. Sammlung der arbeitsrechtlichen Bestimmungen mit Einleitung, Vorbemerkungen und Hinweisen, Hamburg 1938-1942, E Vorbem., S. 2.

gebietes.[550] Der Sitz des Tarifschiedsgerichts war Hamburg.[551] Es sollte der raschen Erledigung einzelner Streitigkeiten dienen, wenn die Seeleute kurze Zeit im Heimathafen waren.[552] Der Schiedsspruch des Gerichts hatte unter den Parteien dieselbe Wirkung wie ein rechtskräftiges Urteil.[553]

1. Besetzung

Nach § 57 Abs. 3 der TO für die deutsche Seeschiffahrt bestand das Tarifschiedsgericht aus einem Vorsitzenden mit der Befähigung zum Richteramt und 30 Beisitzern aus dem Kreis der Reeder und der Besatzung, die der Sondertreuhänder für die deutsche Seeschiffahrt jeweils für die Dauer von zwei Jahren aus einer Vorschlagsliste der DAF und der Spitzenvertretung der Deutschen Seeschiffahrt ernannte.[554] Das Tarifschiedsgericht war somit wie das Arbeitsgericht mit Arbeitnehmern und Arbeitgebern paritätisch besetzt.

2. Zuständigkeit

Nach § 57 Abs. 2 der TO für die deutsche Seeschiffahrt war das Tarifschiedsgericht für folgende Streitigkeiten zuständig:

> „Für alle bürgerlichen Rechtsstreitigkeiten zwischen Betriebsführer (Reederei) und an Bord Beschäftigten (Besatzungsmitglied im Sinne des § 481 HGB) aus dem Arbeitsverhältnis, über das Bestehen oder Nichtbestehen eines Arbeitsvertrages, aus Verhandlungen über die Eingehung eines Arbeitsverhältnisses und aus dessen Nachwirkung (einschließlich der Bestimmungen des Kündigungsschutzgesetzes) sowie für bürgerliche Rechtsstreitigkeiten aus unerlaubten Handlungen, soweit diese mit dem Arbeitsverhältnis in Zusammenhang stehen, ist das Tarifschiedsgericht für die deutsche Seeschiffahrt ausschließlich und endgültig zuständig. [...] Eine noch weitergehende Vereinbarung der Zuständigkeit des Schiedsgerichts ist mit dessen Zustimmung zulässig."

---

550 Kleffel, Seearbeitsrecht (wie Fn. 546), S. 9.

551 Ehlers/Ehlers, Der Tarifvertrag für die Seeschiffahrt (wie Fn. 546), S. 166; Friedrich Völtzer, Die neue Tarifordnung für die deutsche Seeschiffahrt, in: RABl. 1935 II, S. 61, 64.

552 Völtzer, Die neue Tarifordnung (wie Fn. 551), in: RABl. 1935 II, S. 61, 64.

553 § 10 Abs. 3 der Anlage zur Tarifordnung, betr. das Verfahren vor dem Tarifschiedsgericht für die deutsche Seeschiffahrt, RABl. 1934 I, Nr. 33, S. 511 f.

554 Der Sinn und Zweck des § 57 Abs. 3 der TO änderte sich nicht durch den Nachtrag vom. 5. Febr. 1935 (RABl. VI, Nr. 7, S. 121 f.), der die Begriffe „Reeder und Gefolgschaft" mit „Betriebsführer und Gefolgschaft" ersetzte und die Wahl der Beisitzer aus von der DAF und Spitzenvertretern der Seeschifffahrt aufgestellten Listen abgeschafft wurde. Zumal dieser Nachtrag rückwirkend ab dem 1. Dez. 1934 in Kraft getreten war.

Zur Schiffsbesatzung iSv. § 481 HGB gehörten der Kapitän, die Schiffsoffiziere, die Schiffsmannschaft sowie auch jede andere auf einem Schiff nur vorübergehend seemännische Aufgaben erledigende oder sonst in Arbeit stehende Person.[555]

3. Verfahren

In § 58 der TO war geregelt, wie mit allgemeinen Beschwerden verfahren werden sollte. Danach waren sie zunächst dem unmittelbaren Vorgesetzten oder dem Kapitän vorzubringen. Gab dieser der Beschwerde nicht statt, so war sie an den Reeder weiterzuleiten. Sollte auch der Reeder der Beschwerde nicht abhelfen, so konnte sich der Beschwerdeführer an die Rechtsberatungsstellen der DAF wenden.

Nach § 57 Abs. 4 der TO erfolgte jede Entscheidung über eine Rechtsstreitigkeit durch einen Vorsitzenden und je zwei Beisitzern der Reeder und „Gefolgsleute".

Das Verfahren vor dem Tarifschiedsgericht war in einer gesonderten Anlage zur Tarifordnung geregelt.[556] Darin war festgelegt, wie der Kläger seine Klage einzureichen hatte (§ 1), wie das Verfahren ablief (§§ 3-8), dass ein Vergleich geschlossen werden konnte (§ 9), wie der Schiedsspruch zu ergehen hatte (§ 10) und wie sich die Kosten des Verfahrens auf die Parteien aufteilten.

555 Herbert Pilling, Die Zuständigkeit der Arbeitsgerichtsbehörden nach dem Arbeitsgerichtsgesetz in der vom 1. Mai 1934 ab geltenden Fassung (Bekanntmachung v. 10.4.34, RGBl. I S. 319), Berlin 1936, S. 47.

556 RABl. 1934 I, Nr. 33, S. 511 f.

II. „Abgemustert oder nicht abgemustert, ...“ - Entscheidung des Tarifschiedsgerichts für die deutsche Seeschiffahrt vom 8. Juni 1936 (S 9/36)[557]

1. Sachverhalt[558]

Der Kläger war bei dem Beklagten sechs Monate als Schiffskoch tätig. Er machte vor dem Tarifschiedsgericht die 10%ige Heuererhöhung nach § 34 der TO für die deutsche Seeschiffahrt gegen den Beklagten geltend, da weder ein Kochsjunge noch ein Meßraumsteward gefahren wurde. Nach Ansicht des Klägers galt die 10%ige Erhöhung auch nicht nur für die Heuer, sondern auch für die Pauschale.

Bei der Abmusterung am Ende der Reise hatte der Kläger einen entsprechenden Vorbehalt gegenüber dem Musterbeamten nicht vorgebracht. Dieser hätte ihm erklärt, dass er Tarifansprüche später trotzdem noch verfolgen könne.

Der Beklagte begehrte Klageabweisung. Aufgrund der vorbehaltlosen Abmusterung des Klägers seien alle Ansprüche abgegolten. Ferner wäre ein Messejunge gefahren, der die Dienste eines Meßraumstuarts verrichtet hatte, sodass der Kläger keinen Anspruch nach § 34 der TO hätte. Schließlich hätte die Regelung des § 34 der TO nur für die Heuer und nicht auch auf Pauschalen Anwendung zu finden.

2. Besprechung

Das Tarifschiedsgericht für die deutsche Seeschiffahrt hatte also zu entscheiden, ob der Kläger einen Anspruch gegen den Beklagten auf eine 10%ige Erhöhung der Heuer und ggf. auch der Pauschale hatte. Darüber hinaus musste das Tarifschiedsgericht darüber urteilen, welche Bedeutung die vorbehaltlose Abmusterung für mögliche Ansprüche des Klägers in diesem Fall hatte.

557 HRGZ 1936 B Sp. 359 ff.

558 Sachverhalt den Angaben der Entscheidung entnommen: Tarifschiedsgericht für die deutsche Seeschiffahrt, Schiedsspruch vom 8. Juni 1936, S 9/36.

a) Der Anspruch auf 10%ige Erhöhung der Heuer und der Pauschale

Fraglich war, ob dem Kläger ein Anspruch auf eine 10%ige Erhöhung nach § 34 der TO für die deutsche Seeschiffahrt zustand. Der Wortlaut des § 34 der TO war eindeutig und besagte folgendes:

> „Wird in Ausnahmefällen bei Schiffen mit einer Besatzungsstärke von 10 bis 15 Mann kein Kochsjunge oder Meßraumsteward gefahren, so erhöht sich die Heuer des Kochs um 10 v. H.“

Die Beklagte brachte dagegen vor, dass ein Messejunge da war, der die Aufgaben eines Meßraumstewards übernommen hatte. Allerdings sollte auch nach dem vorhergehenden Tarifvertrag dem Koch eine 10%ige Erhöhung der Heuer zustehen, wenn weder ein Kochsjunge noch ein Meßraumsteward gefahren wurde.[559]

Das Tarifschiedsgericht befand den Wortlaut des § 34 der TO ebenfalls als eindeutig und entschied dazu:[560]

> „Ob ein Messejunge gefahren wird oder nicht, ist bedeutungslos. Ebenso ist es ohne Bedeutung, ob dieser Messejunge etwa praktisch die Arbeiten eines Meßraumstewards verrichtet. Es kommt lediglich darauf an, ob wenigstens ein Meßraumsteward gefahren wird oder nicht (vgl. Spr. v. 8.5.26 S 123a/26 u. 15.12.25 S 342a/25). Es sei ergänzend noch darauf hingewiesen, daß bei einer anderen Auslegung des § 34 TO die Reederei in Einzelfällen unzulässige Ersparungen machen würde, die nicht zu billigen sind, da sie einmal auf Kosten der Besatzungsmitglieder geschehen und andernfalls die betreffende Reederei besser stellen würden als die Reedereien, die sich strikte an den Wortlaut des § 34 TO halten.“

§ 34 der TO sprach allerdings nur von einer Erhöhung der Heuer und nicht auch von der Erhöhung einer Pauschale. Eine Pauschale war nach der Heuertabelle für angefallene Überstunden zu zahlen.[561] Zur Heuererhöhung um 10% nach § 34 der TO vertrat die Literatur, dass diese nicht mit Bezahlung der Überstunden, die der Koch mangels Kochsjunge oder Meßraumsteward leistete, abgegolten sei.[562] Die Bezahlung der Überstunden sollte zu der Erhöhung der Heuer dazukommen, was im Umkehrschluss bedeuten könnte, dass die Pauschale nicht um 10% erhöht werden sollte. Ob aber § 34 der TO auch die Erhöhung der Pauschale für die Überstunden anstrebte, stand hier in Frage. Das Tarifschieds-

559 Ehlers/Ehlers, Der Tarifvertrag für die Seeschiffahrt (wie Fn. 546), S. 33 f.

560 HRGZ 1936 B Sp. 359.

561 Dies ergibt sich aus der Begründung des Tarifschiedsgerichts, HRGZ 1936 B Sp. 359.

562 Ehlers/Ehlers, Der Tarifvertrag für die Seeschiffahrt (wie Fn. 546), S. 34 Anm. 7.

gericht entschied sich in diesem Fall dafür, § 34 der TO nicht auf die Pauschale anzuwenden:[563]

> „Maßgebend dafür ist, daß die Pauschale für Ueberarbeit gewährt wird, die 10%ige Heuererhöhung des § 34 TO aber zu zahlen ist für Mehrbelastung des Kochs durch nicht entsprechende Besetzung des Schiffes mit Arbeitskräften. Die Erstreckung des Zuschlages auch auf die Pauschale würde daher zu einer nicht angemessenen Verdoppelung des Entgeltes für Mehrarbeit führen.“

Das Gericht wendete dem Wortlaut entsprechend § 34 der TO nur auf die Heuer des Schiffskochs an und lehnte eine Anwendung auf die Pauschale dementsprechend ab.

b) Die Bedeutung der vorbehaltlosen Abmusterung

Da der Kläger jedoch vorbehaltlos abmusterte war die Frage, ob er einen Anspruch auf die 10%ige Heuererhöhung nach wie vor geltend machen konnte.

Eine Abmusterung hatte in jedem Fall der Beendigung eines Heuervertrages zu erfolgen.[564] Nach § 18 Seemannsordnung[565] (SO) musste vor einem Seemannsamt die Verlautbarung über die Beendigung des Dienstverhältnisses erfolgen. Sie diente dem Schutz des Seemannes gegen unzulässige Kündigung oder gesetzwidrige Beschränkung seiner Rechte durch die öffentliche Kontrolle der Vertragsbeendigung.[566] Bei der vorbehaltlosen Abmusterung verzichtete der Seemann auf alle bis dahin nicht zugebilligten Ansprüche.[567] Sie lag dann vor, wenn der Schiffsmann die Frage des Musterbeamten, ob noch Ansprüche bestehen, verneinte oder sich andere statt des fraglichen Anspruchs vorbehielt.[568]

---

563 HRGZ 1936 B Sp. 359 f.

564 Werner Neuhäuser, Der Arbeitsvertrag des Schiffsmannes in der deutschen Seeschiffahrt unter besonderer Berücksichtigung der Arbeitsverhältnisse auf deutschen Seefracht- und Passagierschiffen über 100 Brutto-Register-Tons, Rostock 1934, S. 280; J. Nielsch, Einige Winke zur Vermeidung von Streitfällen, in: Der Deutsche Seemann 1935, S. 451 f.; Wegeleben, Die Bedeutung der Abmusterung für den Seemann, in: Der Deutsche Seemann 1936, S. 247.

565 Seemannsordnung vom 2. Juni 1902, RGBl. S. 175 mit Nachträgen vom 23. März 1903, RGBl. S. 57, vom 12. Mai 1904, RGBl. S. 167, vom 16. Dez. 1927, RGBl. I S. 337, vom 30. Mai 1929, RGBl. II S. 383, vom 24. Dez. 1929, RGBl. II S. 759, vom 24. Juli 1930, RGBl. II S. 987.

566 Neuhäuser, Der Arbeitsvertrag des Schiffsmannes (wie Fn. 564), S. 280.

567 Ehlers/Ehlers, Der Tarifvertrag für die Seeschiffahrt (wie Fn. 546), S. 190 Anm. 3; Wegeleben, Abmusterung (wie Fn. 564), in: Der Deutsche Seemann 1936, S. 247.

568 Ehlers/Ehlers, Der Tarifvertrag für die Seeschiffahrt (wie Fn. 546), S. 191.

Die vorbehaltlose Abmusterung wirkte demnach wie ein Lohnverzicht, wenn z.B. noch Heuer oder die Bezahlung der Überstunden usw. ausstanden.[569] Das Tarifschiedsgericht prüfte in diesem Zusammenhang die Frage, ob ein Tariflohnverzicht an sich im Nationalsozialismus überhaupt noch zulässig war.[570] Wie oben bereits zum Landarbeitsrecht festgestellt,[571] war die Frage des Tariflohnverzichts sowohl in der Weimarer Republik als auch im Nationalsozialismus zum Teil heftig umstritten.

Unter einem Tariflohnverzicht verstand man einen Vertrag zwischen Arbeitgeber und Arbeitnehmer, gerichtet auf den Erlass des tariflich zustehenden Gehalts.[572] Der Verzicht auf den Tariflohn war danach keine einseitige Erklärung von Seiten des Arbeitnehmers, sondern ein Vertrag über den Erlass einer Schuld nach § 397 BGB.[573] Nach der Rechtsprechung des RAG in der Weimarer Republik war der Verzicht auf Tariflohn für die Vergangenheit, während des bestehenden Arbeitsverhältnisses und nach seiner Beendigung allerdings nicht ausgeschlossen.[574]

---

569 Wegeleben, Abmusterung (wie Fn. 564), in: Der Deutsche Seemann 1936, S. 247.

570 HRGZ 1936 B Sp. 359, 360.

571 Vgl. oben S. 18.

572 Kuno Bender, Verwirkung tariflich begründeter Lohnansprüche unter Berücksichtigung des Tariflohnverzichts, Frankfurt a.M. 1933, S. 9 f.

573 Arthur Nikisch, Der Tariflohnverzicht nach altem und neuem Arbeitsrecht, in: Zeitschrift der Akademie für Deutsches Recht (ZAfDR) 1935, S. 924, 925.

574 Unter anderem: RAG Urt. v. 4. Jan. 1928, RAG 58/27, Bensh. Samml. Bd. 2, S. 1 ff.; RAG Urt. v. 1. Feb. 1928, RAG 47/27, Bensh. Samml. Bd. 2, S. 12 ff.; RAG Urt. v. 15. Feb. 1928, RAG 59/27, Bensh. Samml. Bd. 2, S. 85 ff. (wonach der Verzicht sogar stillschweigend erfolgen konnte); RAG Urt. v. 21. März 1928, RAG 101/27, Bensh. Samml. Bd. 2, S. 254 ff.; RAG Urt. v. 13. Juni 1928, RAG 28/28, Bensh. Samml. Bd. 3, S. 37 f.; RAG Urt. v. 27. Juni 1928, RAG 56/28, Bensh. Samml. Bd. 3, S. 125 ff.; RAG Urt. vom 1. Dez. 1928, RAG 215/28, Bensh. Samml. Bd. 4, S. 375, 376; RAG Urt. v. 23. Jan. 1929, RAG 332/28, Bensh. Samml. Bd. 5, S. 108 ff. (mit Anmerkungen von Nipperdey); RAG Urt. v. 13. März 1929, RAG 467/28, Bensh. Samml. Bd. 5, S. 456 ff.; RAG Urt. v. 13. März 1929, RAG 460/28, Bensh. Samml. Bd. 6, S. 75 ff.; RAG Urt. v. 13. Apr. 1929, RAG 523/28, Bensh. Samml. Bd. 6, S. 130 ff.; RAG Urt. v. 3. Juli 1929, RAG 629/28, Bensh. Samml. Bd. 6, S. 455 ff.; RAG Urt. v. 19. Okt. 1929, RAG 168/29, Bensh. Samml. Bd. 7 S. 219 ff.; RAG Urt. v. 27. Nov. 1929, RAG 293/29, Bensh. Samml. Bd. 7, S. 464 ff.; RAG Urt. v. 22. Jan. 1930, RAG 347/29, Bensh. Samml. Bd. 8, S. 115 ff.; RAG Urt. v. 22. März 1930, RAG 492/29, Bensh. Samml. Bd. 8, S. 468 ff.; Alfred Hueck, Das Recht des Tarifvertrages unter besonderer Berücksichtigung der Verordnung vom 23. Dezember 1918, Berlin 1920, S. 115 f.; weitere Nachweise bei Bender, Tariflohnverzicht (wie Fn. 572), S. 14 ff. und bei Hans Carl Nipper-

Nach der Machtergreifung der Nationalsozialisten änderte sich die herrschende Ansicht dahingehend, dass Rechtsprechung und Schrifttum grundsätzlich jeden Verzicht des Arbeitnehmers während des Arbeitsverhältnisses ablehnten.[575] Mit Urteil vom 13. Juli 1935[576] hatte schließlich auch das RAG ausdrücklich entschieden, dass der Tariflohnverzicht für die Zeit des Bestehens des Arbeitsverhältnisses unwirksam, bzw. ein entsprechender Erlassvertrag unzulässig war. Ein nach Beendigung des Arbeitsverhältnisses geschlossener Erlassvertrag über den Verzicht auf Tariflohn sollte allerdings nach Ansicht der herrschenden Meinung in der Literatur nach wie vor möglich sein.[577] Dies sah auch die Rechtsprechung des RAG so und bestätigte diese Auffassung in einer Entscheidung vom 18. März 1936:[578]

> „Diese für die Annahme der Unzulässigkeit eines Tariflohnverzichts während bestehenden Arbeitsverhältnisses maßgebend gewesenen Erwägungen vermögen es aber nicht zu rechtfertigen, die Unzulässigkeit auch für die Zeit nach Beendigung des Arbeitsverhältnisses grundsätzlich und allgemein anzuerkennen. [...] Das Bedürfnis nach einem solchen Schutz entfällt, wenn mit der Beendigung des Arbeitsverhältnisses die aus ihm sich ergebenden Bindungen und Rücksichtnahmen weggefallen sind. Der Arbeiter oder Angestellte ist nach Beendigung des Arbeitsverhältnisses in seiner Entschließung, ob und inwieweit er auf verdienten Tariflohn verzichten will, von denjenigen Rücksichtnahmen, die ihn während bestehenden Arbeitsverhältnisses bestimmen konnten, zu verzichten, nicht mehr abhängig."

Im Landarbeitsrecht war ein Tariflohnverzicht nach Beendigung des Arbeitsverhältnisses also möglich. Das Tarifschiedsgericht für die deutsche Seeschiffahrt schloss sich der Auffassung des Reichsarbeitsgericht zum Tariflohnverzicht voll und ganz an:[579]

> „Grundsätzlich hält es nach wie vor jeden Tariflohnverzicht im voraus für nichtig. [...] Grundsätzlich hält das Tarifschiedsgericht nunmehr aber auch in Uebereinstimmung

---

dey, Das kollektive Arbeitsrecht, in: Hueck/Nipperdey, Lehrbuch des Arbeitsrechts II, 3. bis 5. Aufl., Mannheim/Berlin/Leipzig 1932, § 24, S. 268, Fn. 4.

575 Hermann Lippert, Der Treuhänder der Arbeit, seine Stellung und seine Aufgaben, Erlangen 1935, S. 53; Karl Wiesel, Der Treuhänder der Arbeit als Organ der neuen Sozialordnung, Weimar 1936, S. 23; Arthur Nikisch, Der Tariflohnverzicht nach altem und neuem Arbeitsrecht, in: ZAfDR 1935, S. 924, 926 ff. mit weiteren Hinweisen zu Rechtsprechung und Literatur.

576 RAG Urt. vom 13. Juli 1935, RAG 16/35, ARS Bd. 24, S. 93 ff.

577 Alfred Hueck, Deutsches Arbeitsrecht – Ein Grundriss, Berlin 1938, S. 165; Otto Vielhaber, Der Tariflohnverzicht unter der Herrschaft des AOG, in: Deutsches Arbeitsrecht (Dt. ArbR) 1935, S. 200, 201; Karl Hagemann, Der Tariflohnverzicht und das Gesetz zur Ordnung der nationalen Arbeit, in: Dt. ArbR 1935, S. 42, 44.

578 RAG Urt. v. 18. März 1936, RAG 296/35, ARS Bd. 26, S. 242, 245.

579 HRGZ 1936 B Sp. 359, 361.

mit den überzeugenden Gründen des Urteils des Reichsarbeitsgerichts vom 13.12.35[580] jeden Tariflohnverzicht während des Bestehens des Arbeitsverhältnisses für nichtig. […] Grundsätzlich endlich schließt sich das Tarifschiedsgericht für die deutsche Seeschiffahrt auch der ebenfalls durchaus überzeugend begründeten Entscheidung des Reichsarbeitsgerichts vom 18.3.36[581] an, daß nach beendetem Arbeitsverhältnisse auch Tariflohnverzichte nach wie vor gültig sind. Gerade auch im Seearbeitsrecht muß der Grundsatz, daß jede Partei zu einmal frei abgegebenen Erklärungen zu stehen hat, besondere Geltung haben. Nach Beendigung des Arbeitsverhältnisses aber kann jede Partei sich frei entschließen, ob sie auf etwaige Ansprüche verzichten will oder nicht."[582]

Im Schrifttum wurde vertreten, dass bei vorbehaltloser Abmusterung ein Verzicht auf entstandene Tarifanprüche nach der Beendigung des Dienstverhältnisse vorlag.[583] Das Tarifschiedsgericht für die deutsche Seeschiffahrt sah dies ebenso und vertrat entsprechend die Ansicht, dass an einen Tariflohnverzicht auch nach Beendigung des Arbeitsverhältnisses strenge Anforderungen zu stellen waren:[584]

„In Uebereinstimmung mit der früheren ständigen Praxis des Tarifschiedsgerichts […] sieht jedoch das Tarifschiedsgericht für die deutsche Seeschiffahrt in der vorbehaltlosen Abmusterung einen Vorgang, der grundsätzlich diesen Anforderungen gerecht wird. Gewiß handelt es sich bei der Abmusterung an sich um ein öffentlich-rechtliches Institut. […] Gerade aber die Tatsache, daß in der deutschen Seeschiffahrt der Vertragsbeendigung noch ein Vorgang öffentlich-rechtlicher Natur folgt, bietet die Gewähr dafür, daß die Parteien sich der Bedeutung der Vertragsbeendigung und ihrer hierbei abgegebenen Erklärungen mit Sicherheit bewußt werden. […] Bei ihm [dem öff.-rechtl. Akt der Abmusterung – M.B.] wird nach der Sachkunde des Tarifschiedsgerichts fast ausnahmslos die ausdrückliche Frage an die Beteiligten gestellt, ob auch alle finanziellen Fragen zwischen ihnen geregelt sind. Sind noch Streitfragen offen, die sich nicht schlichten lassen, so wird ein Vorbehalt aufgenommen. Daraus folgt zwingend, daß wirklich alle Kautelen dafür getroffen sind, daß bei der Abmusterung, wenn sie vorbehaltlos erfolgt, alle vorher etwa vorhandenen Streitfragen bereinigt sind oder doch durch sie bereinigt werden sollen. Damit aber sind alle Erfordernisse eines klaren und bewußten Verzichts erfüllt."

In der Zeitschrift „Der Deutsche Seemann" wurde den Seeleuten geraten, dass sie immer mit Vorbehalt abmustern sollten, um keinen Ansprüchen gegen die Reederei verlustig zu gehen.[585] Auf den Einwand des Klägers, dass der Mus-

580 Gemeint sein müsste das RAG Urt. v. 13. Juli 1935 (Fn. 576), vgl. dazu oben S. 21.

581 Vgl. dazu Fn. 578.

582 Hervorhebungen im Text durch das Tarifschiedsgericht.

583 Ehlers/Ehlers, Der Tarifvertrag für die Seeschiffahrt (wie Fn. 546), S. 189, 190 f.

584 HRGZ 1936 B Sp. 359, 361 f.

585 Wegeleben, Abmusterung (wie Fn. 564), in: Der Deutsche Seemann 1936, S. 247.

terbeamte gesagt hätte, er könne Tarifansprüche auch später noch verfolgen, reagierten die Richter des Tarifschiedsgerichts wie folgt:[586]

> „Nach der Sachkunde des Tarifschiedsgerichts für die deutsche Seeschiffahrt ist jeder Schiffsmann ausnahmslos sich völlig klar über diese privatrechtlichen Folgen der Abmusterung. Jeder von ihnen weiß ganz genau, daß, falls er vorbehaltlos abmustert, er irgendwelche Ansprüche an die Reederei nachträglich nicht mehr geltend machen kann. Damit hat die rechtliche Auslegung der vorbehaltlosen Abmusterung auch die außerordentlich wichtige und gerade auch im nationalsozialistischen Deutschland begrüßenswerte Wirkung und Folge, daß sie in ausgeprägtem Maße mit dazu beiträgt dem Arbeitsfrieden und der Rechtssicherheit zu dienen. [...] Ob in einzelnen Ausnahmefällen die Behauptung, eine vorbehaltlose Abmusterung sei hinsichtlich der Frage, ob ein Verzicht in ihr zu sehen sei, nicht ordnungsgemäß vorgenommen worden, das Tarifschiedsgericht zu einer Nachprüfung veranlassen wird, bleibe dahingestellt. Ein angebliches Nichtkennen von Tarifanprüchen bei der vorbehaltlosen Abmusterung wird kaum mit Fug behauptet werden können, nachdem die Tarifordnung für die deutsche Seeschiffahrt erlassen ist und nachdem die Deutsche Arbeitsfront der NSDAP die Aufklärung und Schulung des deutschen Seemanns in jeder Weise durchführt."

Die Richter des Tarifschiedsgerichts maßen dem Einwand des Klägers, dass ihm zugesagt worden sei, er könne Tarifanprüche auch später noch geltend machen, also kein Gewicht bei. Der Kläger hätte ordnungsgemäß vorbehaltlos abgemustert und damit nach Ansicht des Tarifschiedsgerichts für die deutsche Seeschiffahrt rechtswirksam auf seine Ansprüche gegen den Beklagten verzichtet.[587] Ob dem aber tatsächlich so war, dass sich jeder Seemann über die Folgen der Abmusterung bewusst war, könnte insofern bezweifelt werden, als dass *Nielsch* in der Zeitschrift „Der Deutsche Seemann" von 1935 schrieb, dass der vorbehaltlosen Abmusterung nicht mehr so viel Gewicht beizumessen sei.[588] Das Gericht hatte dazu, wie dargestellt, eine andere Stellung bezogen und wies die Klage des Schiffskochs daher ab.

Allerdings bemerkten die Richter des Tarifschiedsgerichts hier noch ganz allgemein, welche Folgen ein solcher Ratschlag von *Wegeleben*[589] nach sich zie-

586 HRGZ 1936 B Sp. 359, 362 f.

587 HRGZ 1936 B Sp. 359, 363.

588 Nielsch, Vermeidung von Streitfällen (wie Fn. 564), in: Der Deutsche Seemann 1935, S. 451; ähnlich auch Wegeleben, der sich darauf berief, dass die Bestimmungen über die Abmusterung veraltet seien und mit dem damaligen seemännischen Arbeitsrecht nicht länger vereinbar wären: Abmusterung (wie Fn. 564), in: Der Deutsche Seemann 1936, S. 247.

589 Wegeleben, Abmusterung (wie Fn. 564), in: Der Deutsche Seemann 1936, S. 247.

hen könnte, wenn den Seemännern weiterhin geraten würde, immer unter Vorbehalt abzumustern und die Seeleute dann auch davon Gebrauch machten:[590]

> „Solche Empfehlungen dienen nach der Ueberzeugung des Tarifschiedsgerichts für die deutsche Seeschiffahrt weder dem Arbeitsfrieden noch entsprechen sie dem Gedanken des Gesetzes zur Ordnung der nationalen Arbeit, das sich bemüht, nicht Unfrieden zwischen Gefolgschaftsmitglied und Betriebsführer zu säen, sondern ja im Gegensatz dazu gerade ein wirkliches Vertrauensverhältnis zwischen ihnen zu schaffen. Die Empfehlung jenes Artikels aber kann sich nur dahin auswirken, dem Gefolgschaftsmitgliede grundsätzliches Mißtrauen gegen Betriebsführer und Schiffsleitung einzuflößen. Das aber kann das Tarifschiedsgericht für die deutsche Seeschiffahrt nicht billigen. Sollte sich entsprechend dem Rate jenes Artikels ein Brauch in der Seeschiffahrt entwickeln, stets nur unter Vorbehalt abzumustern, so würde dieses das Tarifschiedsgericht für die deutsche Seeschiffahrt zwingen, an die Spezifizierung der Vorbehalte bei der Abmusterung erheblich höhere Anforderungen zu stellen, als es die bisherige Rechtsprechung des Tarifschiedsgerichts getan hat."

Die Richter gingen nicht auf die Einwände im Schrifttum ein, dass das Arbeitsverhältnis der Landarbeitnehmer von dem der Seearbeitnehmer abweichen würde und die Abmusterung nicht immer die Beendigung des Arbeitsverhältnisses sei.[591] Das Heuerverhältnis an sich sei wohl beim Absteigen vom Schiff beendet, aber damit seien die Verbindungen zur Reederei als dem entsprechenden Arbeitgeber noch nicht als beendet anzusehen.[592] Ein Seemann könne nach seiner Freizeit immer wieder bei der gleichen Reederei anheuern. Die gegenseitigen Rücksichtnahmen und ein gewisser Druck, um wieder angeheuert zu werden, bestünden im Seearbeitsrecht nach wie vor.

3. Ertrag

Das Tarifschiedsgericht für die deutsche Seeschiffahrt orientierte sich für den Bereich des Tariflohnverzichts an der Rechtsprechung des Reichsarbeitsgerichts. Die Richter übernahmen für das Seearbeitsrecht nicht nur das Ergebnis, sondern auch die Begründung, die das RAG anführte.

Für den vorliegenden Fall hieß das, dass der Kläger eigentlich einen Anspruch auf die 10%ige Erhöhung der Heuer hatte. Die Richter sahen alle Voraussetzungen des § 34 der Tarifordnung für die deutsche Seeschiffahrt als erfüllt an. Die Forderung, dass auch die Pauschale eine 10%ige Erhöhung verdie-

590 HRGZ 1936 B Sp. 359, 362.

591 Wegeleben, Abmusterung (wie Fn. 564), in: Der Deutsche Seemann 1936, S. 247.

592 Wegeleben, Abmusterung (wie Fn. 564), in: Der Deutsche Seemann 1936, S. 247.

ne, lehnten die Richter ab. Die Einwände des Beklagten gegen die Heuererhöhung liefen dagegen ins Leere.

Das Tarifschiedsgericht war wie die herrschende Meinung in Rechtsprechung und Literatur zum Landarbeitsrecht der Ansicht, dass ein Verzicht auf Tariflohn grundsätzlich nicht mehr möglich war. Mit der vorbehaltlosen Abmusterung vor dem Musterbeamten des Seemannsamtes waren jedoch die Voraussetzungen erfüllt, die nach Aussage des Tarifschiedsgerichts für einen Verzicht nach Beendigung des Arbeitsverhältnisses vorliegen mussten. Ein Verzicht nach Beendigung des Arbeitsverhältnisses sollte also möglich sein. Die vorbehaltlose Abmusterung des Klägers werteten die Richter demzufolge als seinen Verzicht auf den ihm eigentlich zustehenden Tariflohn. Auf die Einwände des Schrifttums, dass sich die Beendigung des Arbeitsverhältnisses auf See von dem an Land enorm unterscheide, gingen die Richter nicht ein.

Bei ihrer Argumentation hielten sich die Richter zwar an die einschlägigen Rechtsvorschriften. Sie zogen keine unbestimmten Rechtsbegriffe heran, die sie unter Einfluss der nationalsozialistischen Ideologie auslegten. Allerdings betonten die Richter die im Gesetz zur Ordnung der nationalen Arbeit propagierten Ideale der Arbeit, nämlich dass der Arbeitsfrieden über allem stehen musste und das „wirkliche Vertrauensverhältnis" zwischen „Betriebsführer und Gefolgschaft" nicht durch die Abmusterung unter Vorbehalt gefährdet werden dürfe. Alles, was ein Misstrauen in diesem Bereich förderte, wurde von den Richtern missbilligt. Allein durch die Befürwortung des Arbeitsfriedens lässt sich keine ideologisierte Rechtsprechung des Tarifschiedsgerichts feststellen. Allerdings ist das AOG selbst von der nationalsozialistischen Ideologie durchdrungen. Damit kann man auch den Richtern des Tarifschiedsgerichts für die deutsche Seeschiffahrt zumindest eine Billigung und damit eine entsprechende Stütze des Nationalsozialismus zumindest für den vorliegenden Fall unterstellen.

III. Vergleich zur Arbeitsgerichtsbarkeit

In Frage steht, inwieweit man das Tarifschiedsgericht für die deutsche Seeschiffahrt mit der Arbeitsgerichtsbarkeit in Hamburg vergleichen kann. Als Vergleichspaar dienen Streitigkeiten über abhängige Arbeit zwischen Arbeitgeber und Arbeitnehmer betreffend den Verzicht auf tariflich zustehenden Lohn. Vorliegend wurden zu Beginn dieser Arbeit zwei Entscheidungen des Arbeitsgerichts eingehend zu der Problematik des Tariflohnverzichts untersucht.[593]

Das Tarifschiedsgericht für die deutsche Seeschiffahrt teilte die gleiche Ansicht zu der betreffenden Streitigkeit wie auch das Reichsarbeitsgericht. Das Hamburger Arbeitsgericht vertrat dazu ebenfalls keinen anderen Standpunkt. Danach sollte ein Tariflohnverzicht des Beschäftigten vor oder während des laufenden Arbeitsverhältnisses nach 1933 nicht möglich sein. Das Arbeitsgericht hatte in den untersuchten Entscheidungen zu dem Tariflohnverzicht nach Beendigung des Arbeitsverhältnisses keine Stellung bezogen, da in diesen Fällen die Beschäftigten während des laufenden Dienstverhältnisses auf ihren Lohn verzichteten.

In den Begründungen der vorliegenden Entscheidungen des Arbeitsgerichts wie auch des Tarifschiedsgerichts lassen sich keine großen Unterschiede feststellen. Die Richter begrüßten den begonnenen Wandel. Den vorliegenden Urteilen lässt sich entnehmen, dass sich die Richter in ihren Entscheidungen anpassten und sie das nationalsozialistische System durch ihre Entscheidungen unterstützten.

E. Das „Soziale Ehrengericht“ für den Treuhänderbezirk Nordmark

Im Zusammenhang mit behaupteten Pflichtverletzungen von Arbeitnehmern und Arbeitgebern wurden nicht nur Arbeitsgerichte, sondern auch, so genannte „Soziale Ehrengerichte“ tätig. Die Existenz, Hintergründe und Aufgaben dieser besonderen Gerichte sind in der Forschung weitgehend unbeachtet geblieben.[594] Dies mag seine Rechtfertigung darin finden, dass ihre Spruchtätigkeit einen vergleichsweise geringen Umfang gehabt zu haben scheint. Hinzu kommt, dass sich archivalische Quellen zu diesen Gerichten bislang nicht finden ließen.

Es existieren aber immerhin einige gedruckte Urteile. Die normativen Grundlagen zur Tätigkeit der Ehrengerichte sind ebenso greifbar. Dies ist Grund

593 Vgl. dazu oben S. 17 und S. 34.

594 Sandra Sawall, Die Entwicklung der Arbeitsgerichtsbarkeit, Aachen 2007, S. 285; Steffen Hamann, Die soziale Ehrengerichtsbarkeit und die Konfliktkommissionen. Ein rechtshistorischer Vergleich, Göttingen 2007, S. 9.

genug die „Soziale Ehrengerichtsbarkeit“ in die Analyse zur Rechtsprechung der Hamburger Arbeitsgerichte zwischen 1933 und 1945 einzubeziehen.

I. Begriff und Bedeutung

Ehrengerichte als ständische Berufsgerichte waren keine Erfindung der Nationalsozialisten. Für bestimmte Berufsgruppen gab es auch schon vor 1933 Ehrengerichte[595] und gibt es heute noch[596]. Durch das Gesetz zur Ordnung der nationalen Arbeit vom 20. Januar 1934[597] fiel nun jeder Erwerbstätige in den persönlichen Zuständigkeitsbereich der „Sozialen Ehrengerichtsbarkeit“.[598] Sie war als eine neue Institution in die damalige Arbeitsverfassung integriert, welche keine unmittelbaren Vorläufer hatte.[599]

Der „Sozialen Ehrengerichtsbarkeit“ war im AOG ein eigener Abschnitt gewidmet.[600] Für jeden Bezirk eines „Treuhänders der Arbeit“ wurde nach § 41 Abs. 1, 2. HS AOG ein „Soziales Ehrengericht“ eingerichtet. 1934 gab es dreizehn solcher Bezirke, da es dreizehn „Treuhänder der Arbeit“ gab und damit dreizehn „Soziale Ehrengerichte“.[601] Eines dieser Ehrengerichte war das „Sozia-

595 Stephan Kopp, Die Anwaltsgerichtsbarkeit – Geschichte, Rechtsnatur und Verfahren, BRAK Mitteilungen 1998, Heft 2, Seite 56 ff.; Vgl. unter anderem Ärzteordnung v. 10. Okt. 1923, Hamburgisches GVBl. Nr. 213, S. 1215, §§ 28 ff.

596 Als Berufsgerichte z.B. für Anwälte (§§ 92 ff. BRAO), Ärzte (z.B. Gesetz über die Berufsgerichtsbarkeit der Heilberufe v. 20. Juni 1972, Hamburgisches Gesetz- und Verordnungsblatt (GVBl.) S. 111, 128 in der Form v. 1. September 2005, Hamburgisches GVBl. S. 387); zur Definition der Berufsgerichte vgl. Gabler Verlag (Hrsg.), Gabler Wirtschaftslexikon, Stichwort: Berufsgerichte, online im Internet: http://wirtschaftslexikon.gabler.de/Archiv/2487/berufsgerichte-v6.html (v. 14. Okt. 2010, 16.10 Uhr).

597 RGBl. I, S. 45.

598 Nach § 35 AOG.

599 Hamann, Die Soziale Ehrengerichtsbarkeit (wie Fn. 594), S. 10, 35.

600 Vierter Abschnitt: §§ 35 – 55 AOG.

601 Alfred Hueck/Hans Carl Nipperdey/Rolf Dietz, Gesetz zur Ordnung der nationalen Arbeit mit sämtlichen Durchführungsverordnungen, dem Gesetz zur Ordnung der Arbeit in öffentlichen Verwaltungen und Betrieben mit seinen Durchführungsverordnungen und den neuen Arbeitszeitbestimmungen. Kommentar, München/Berlin 1934, § 41 RN 3; 1939 waren es 16 Ehrengerichte: Alfred Hueck/Hans Carl Nipperdey/Rolf Dietz, Gesetz zur Ordnung der nationalen Arbeit und Gesetz zur Ordnung der Arbeit in öffentlichen Verwaltungen und Betrieben mit den Durchführungsverordnungen, den Einführungs-

le Ehrengericht“ für den Treuhänderbezirk Nordmark. Hamburg gehörte nach der Ersten Verordnung zur Durchführung des Gesetzes zur Ordnung der nationalen Arbeit vom 1. März 1934[602] zu diesem Bezirk.

1. Gesetzliche Grundlagen der „Sozialen Ehrengerichte“

Neben den vierten Abschnitt des AOG traten weitere gesetzliche Regelungen. Die Dritte DVO des AOG vom 28. März 1934[603] handelte von der Bildung und dem Verfahren der Ehrengerichte. Nach § 1 der Dritten DVO des AOG bestimmte der Reichsarbeitsminister im Einvernehmen mit dem Reichsminister der Justiz den Sitz der Ehrengerichte. Die Anordnung über den Sitz der Ehrengerichte vom 4. April 1934[604] bestimmte die Orte als Sitze der „Sozialen Ehrengerichte“, an denen die „Treuhänder der Arbeit“ ihren Hauptsitz hatten. § 1 Abs. 2, 1. HS der Dritten DVO des AOG teilte die Aufgaben der Geschäftsstelle des Ehrengerichts der des Arbeitsgerichts am Sitz des Ehrengerichts zu.

Der Sitz des „Sozialen Ehrengerichts“ für das Wirtschaftsgebiet Nordmark war somit Hamburg und die Aufgaben der Geschäftsstelle des Ehrengerichts Nordmark wurden von der Geschäftsstelle des Arbeitsgerichts Hamburg übernommen.

2. Bedeutung des „Treuhänders der Arbeit“ für die „Soziale Ehrengerichtsbarkeit“

Wie oben bereits erwähnt,[605] gehörte zu den wichtigsten Aufgaben der „Treuhänder der Arbeit“ als sozialpolitische Reichsbeamte die Aufrechterhaltung des Arbeitsfriedens. Dazu zählte nach § 19 Abs. 1 Nr. 7 AOG die Mitwirkung bei der „Sozialen Ehrengerichtsbarkeit“.

---

verordnungen für die Ostmark und die sudetendeutschen Gebiete, der Verordnung über die Lohngestaltung und anderen einschlägigen Vorschriften, Kommentar, 3. Aufl., München/Berlin 1939, § 41 RN 3.

602 RGBl. I, S. 17.

603 RGBl. I, S. 255.

604 RGBl. I, S. 94.

605 Vgl. oben S. 41 f.

Wesentliche Verfahrensvoraussetzung war der Antrag des „Treuhänders der Arbeit“ auf Einleitung des ehrengerichtlichen Verfahrens nach § 43 AOG.[606] Dem Antrag konnte nach § 43 S. 1 AOG eine Anzeige wegen Verletzung der „sozialen Ehre“ durch Angehörige des Betriebes schriftlich unter Angabe der Beweismittel bei dem „Treuhänder der Arbeit“ vorausgehen. Niemand war verpflichtet gegenüber dem Treuhänder Anzeige zu erstatten, aber jedermann war dazu berechtigt.[607] Der „Treuhänder der Arbeit“ hatte den Sachverhalt von Amts wegen zu erforschen und war dabei verpflichtet den Beschuldigten zu hören. Bei den Ermittlungen konnte er nach § 27 der Dritten DVO des AOG die Polizei, die Staatsanwaltschaft und den örtlichen Amtsrichter um Vernehmung von Zeugen und Sachverständigen ersuchen.[608] Nach § 43 S. 2 AOG hatte sich der „Treuhänder der Arbeit“ nach dem Opportunitätsprinzip im Rahmen eines pflichtgemäßen Ermessens über die Anrufung des Ehrengerichts zu entschließen.[609]

3. Zuständigkeit

Die „Soziale Ehrengerichtsbarkeit“ sollte nach § 36 Abs. 1 S. 1 AOG „gröbliche Verletzungen der durch die Betriebsgemeinschaft begründeten sozialen Pflichten [...] als Verstöße gegen die soziale Ehre“ ahnden. Was unter „sozialer Ehre“ zu verstehen war, definierte das AOG nicht und ergab sich auch nicht aus § 35 AOG:

> „Jeder Angehörige einer Betriebsgemeinschaft trägt die Verantwortung für die gewissenhafte Erfüllung der ihm seiner Stellung innerhalb der Betriebsgemeinschaft obliegenden Pflichten. Er hat sich durch sein Verhalten der Achtung würdig zu erweisen, die sich aus seiner Stellung in der Betriebsgemeinschaft ergibt. Insbesondere hat er im steten Bewußtsein seiner Verantwortung seine volle Kraft dem Dienst des Betriebes zu widmen und sich dem gemeinen Wohle unterzuordnen.“

---

606 Dazu auch Hermann Lippert, Der Treuhänder der Arbeit, seine Stellung und seine Aufgaben, Erlangen 1935, S. 63; Alfred Himmel, Der Treuhänder der Arbeit als Treuhänder der nationalsozialistischen Weltanschauung, Heidelberg 1934, S. 45.

607 Lippert, Treuhänder der Arbeit (wie Fn. 606), S. 62; Arthur Bernhard Krause, Der Aufgabenkreis des Treuhänders der Arbeit in der sozialen Ehrengerichtsbarkeit, in: Deutsches Arbeitsrecht (Dt. ArbR) 1934, S. 210, 211.

608 Eduard Weber, Die Ehrengerichtsordnung der gewerblichen Wirtschaft im Vergleich mit der sozialen Ehrengerichtsbarkeit nach dem AOG, Köln 1938, S. 29.

609 Hueck/Nipperdey/Dietz, AOG (wie Fn. 601), Vorbem. zu §§ 35 ff. RN 9; Lippert, Treuhänder der Arbeit (wie Fn. 606), S. 63; Weber, Ehrengerichtsordnung (wie Fn. 608), S. 28 f.

Aufgrund der Verwendung einer Generalklausel sollten nur die in § 36 Abs. 1 AOG aufgezählten Tatbestände als gröbliche Verletzung der „sozialen Ehre" geahndet werden.[610]

4. Besetzung

§ 41 Abs. 2 AOG legte fest, dass das Ehrengericht mit einem richterlichen Beamten als Vorsitzenden, sowie einem Unternehmer / Arbeitgeber und einem Vertreter der Arbeitnehmer (Vertrauensmann) als Beisitzer zu besetzen sein sollte. Die Besetzung erfolgte damit paritätisch wie auch die der Arbeitsgerichte. Der Reichsminister der Justiz ernannte danach im Einvernehmen mit dem Reichsarbeitsminister den Vorsitzenden des „Sozialen Ehrengerichts". Die Berufung der Laienrichter war in der Dritten DVO des AOG geregelt.

Am 18. April 1934 hat der Reichsminister der Justiz im Einvernehmen mit dem Reichsarbeitsminister den Landgerichtsdirektor Dr. Rüther zum Vorsitzenden des „Sozialen Ehrengerichts" Nordmark ernannt.[611] Dr. Rüther war auch Richter des Schwurgerichts und des Sondergerichts am Landgericht Hamburg.[612] Ein im Strafrecht erfahrener Richter sollte im „Sozialen Ehrengericht" Nord-

---

610 § 36 Abs. 1 AOG: Gröbliche Verletzungen der durch die Betriebsgemeinschaft begründeten sozialen Pflichten werden als Verstöße gegen die soziale Ehre von den Ehrengerichten gesühnt. Derartige Verstöße liegen vor, wenn

1. Unternehmer, Führer des Betriebes oder sonstige Aufsichtspersonen unter Mißbrauch ihrer Machtstellung im Betriebe böswillig die Arbeitskraft der Angehörigen der Gefolgschaft ausnutzen oder ihre Ehre kränken;

2. Angehörige der Gefolgschaft den Arbeitsfrieden im Betriebe durch böswillige Verhetzung der Gefolgschaft gefährden, sich insbesondere als Vertrauensmänner bewußt unzulässige Eingriffe in die Betriebsführung anmaßen oder den Gemeinschaftsgeist innerhalb der Betriebsgemeinschaft fortgesetzt böswillig stören;

3. Angehörige der Betriebsgemeinschaft wiederholt leichtfertig unbegründete Beschwerden oder Anträge an den Treuhänder der Arbeit richten oder seinen schriftlichen Anordnungen hartnäckig zuwiderhandeln;

4. Mitglieder des Vertrauensrates vertrauliche Angaben, Betriebs- oder Geschäftsgeheimnisse, die ihnen bei Erfüllung ihrer Aufgaben bekanntgeworden und als solche bezeichnet worden sind, unbefugt offenbaren.

611 Amtl. Anzeiger 1934, S. 377.

612 Vgl. Amtl. Anzeiger 1934, Geschäftsverteilung im Landgericht und im Landesarbeitsgericht ab 1. April 1934, S. 334.

mark den Vorsitz übernehmen. Zum Stellvertreter des Vorsitzenden des „Sozialen Ehrengerichts" Nordmark wurde der Arbeitsgerichtsdirektor Falk ernannt.[613]

5. Verfahren

Der Antrag des „Treuhänders der Arbeit" auf Einleitung des ehrengerichtlichen Verfahrens bestimmte den Gegenstand des Verfahrens und das "Soziale Ehrengericht" konnte über keine andere Handlung des Beschuldigten urteilen als die im Antrag bezeichnete.[614] Wollte der Vorsitzende nicht nach § 46 AOG alleine über die Ehrverletzung entscheiden, so konnte nach § 47 Abs. 1 AOG ein Termin zu einer mündlichen Verhandlung anberaumt werden. Die Hauptverhandlung war nach § 47 Abs. 2 AOG grundsätzlich öffentlich. Die Mitwirkung der Staatsanwaltschaft war nach § 40 AOG ausgeschlossen. In den §§ 49 ff. AOG war die Berufung gegen die Entscheidung des „Sozialen Ehrengerichts" vor dem Reichsehrengerichtshof geregelt.

6. Strafen

Die ehrengerichtlichen Strafen standen in § 38 AOG. Zu den Strafen zählten die Warnung, der Verweis und die Ordnungsstrafe bis zu zehntausend Reichsmark, die Aberkennung der Befähigung, Führer des Betriebes zu sein oder das Amt eines Vertrauensmannes auszuüben sowie die Entfernung vom bisherigen Arbeitsplatz. Sie waren in der Reihenfolge ihrer Schwere vorgeschrieben.[615] Einerseits sollte die einzelne Tat, andererseits die „unsoziale Gesinnung des Täters" bestraft werden.[616]

---

613 Amtl. Anzeiger 1934, S. 485.

614 Weber, Ehrengerichtsordnung (wie Fn. 608), S. 30.

615 Karl Paul Doerner, Die neue Ehrengerichtsbarkeit der Wirtschaft und des Handwerks. Systematische Darstellung der sozialen Ehrengerichtsbarkeit auf Grund des Gesetzes zur Ordnung der nationalen Arbeit vom 20. Januar 1934 und der Ehrengerichtsbarkeit des Handwerks auf Grund der Ersten Verordnung über den vorläufigen Aufbau des deutschen Handwerks vom 15. Juni 1934, Berlin 1934, S. 111.

616 Hueck/Nipperdey/Dietz, AOG (wie Fn. 601), § 38 RN 3, 4; Hermann Dersch, Das Gesetz zur Ordnung der nationalen Arbeit. Kommentar, Berlin 1934, § 38 Anm. 3, S. 240; Krause, Aufgabenkreis des Treuhänders der Arbeit (wie Fn. 607), in: Dt. ArbR 1934, S. 210, 211.

Die Warnung als die leichteste Strafe und der Verweis wurden direkt durch das Urteil ausgesprochen.[617] Die Vollstreckung derselben musste jedoch aufgrund der Rechtskraft des Urteils gesondert erfolgen.[618] Die Bestimmung der Höhe der Ordnungsstrafe bis zu zehntausend Reichsmark lag im Ermessen des Gerichts.[619] Die Aberkennung der Befähigung, Führer eines Betriebes zu sein, konnte jeden treffen, der ein derartiges Amt innehatte. Die Strafe erstreckte sich auf die gänzliche und unbefristete Aberkennung der „Führerrechte und – pflichten", nicht jedoch auf das Eigentum an Unternehmen oder die Rechte aus einem Dienstvertrag.[620] Gleiches galt für die Aberkennung der Befähigung das Amt eines Vertrauensmannes zu bekleiden.[621] Die Entfernung vom bisherigen Arbeitsplatz betraf nur Arbeitnehmer. Die Strafe sollte keine gesetzliche Kündigung darstellen, sondern den Unternehmer veranlassen, eine Versetzung oder Entlassung, unter gerichtlich festgesetzter Abweichung von den Kündigungsfristen, vorzunehmen.[622]

II. Die Entscheidungen des „Sozialen Ehrengerichts Nordmark"

Insgesamt liegen 36 gedruckte Entscheidungen des „Sozialen Ehrengerichts Nordmark" und 4 Berufungsentscheidungen des Reichsehrengerichtshofes vor. Sie ergingen in den meisten Fällen auf Grundlage des § 36 Abs. 1 Nr. 1 AOG und richteten sich damit gegen die Unternehmer und leitenden Arbeitnehmer, die meistens auch die Funktion „Führer des Betriebes" innehatten. Die Urteile oder Beschlüsse des „Sozialen Ehrengerichts Nordmark", die einen Unterzeichner aufwiesen, waren mit *Dr. Rüther* unterschrieben. Die Entscheidungen des Reichsehrengerichtshofes milderten die Disziplinarstrafen des „Sozialen Ehren-

617 Dersch, AOG Kommentar (wie Fn. 616), § 38 Anm. 4, S. 240; Hueck/Nipperdey/Dietz, AOG (wie Fn. 601), § 38 RN 6, 9.

618 Hueck/Nipperdey/Dietz, AOG (wie Fn. 601), § 38 RN 6, 9.

619 Dersch, AOG Kommentar (wie Fn. 616), § 38 Anm. 5, S. 240.

620 Dersch, AOG Kommentar (wie Fn. 616), § 38 Anm. 6b, S. 241; Hueck/Nipperdey/Dietz, AOG (wie Fn. 601), § 38 RN 14 f.

621 Dersch, AOG Kommentar (wie Fn. 616), § 38 An. 7b, S. 242; Hueck/Nipperdey/Dietz, AOG (wie Fn. 601), § 38 RN 19.

622 Dersch, AOG Kommentar (wie Fn. 616), § 38 Anm. 8b, S. 242 f.; Hueck/Nipperdey/Dietz, AOG (wie Fn. 601), § 38 RN 22 f.

gerichts Nordmark" weitgehend ab oder hoben sie sogar auf und führten damit zum Freispruch für den Angeklagten.[623]

III. „Der schikanierte Kellner" - Urteil des „Sozialen Ehrengerichts Nordmark" vom 21. Dezember 1934 (EG 9/34)[624]

1. Sachverhalt

Der „Treuhänder der Arbeit" für das Wirtschaftsgebiet Nordmark brachte folgenden Sachverhalt vor das „Soziale Ehrengericht" Nordmark:[625]

Ein Gaststätteninhaber (G) führte seit 1929 eine Wirtschaft in den Warteräumen eines Bahnhofs. Diese war in drei Klassen unterteilt. Zu dem Personalbestand von 45 Personen zählten 11 Kellner. Einer von ihnen war der O. Dieser arbeitete seit 1930 kurz in der dritten Klasse und wurde bald in die erste und zweite Klasse versetzt. O trat 1931 der nationalsozialistischen Betriebszellenorganisation (NSBO) bei. Seit dem Frühjahr 1933 war O Betriebszellenobmann und gehörte dem Betriebsrat an und wurde im Mai 1934 in den Vertrauensrat gewählt. Im Juni 1934 begannen heftige Auseinandersetzungen zwischen G und O. Der G hatte beobachtet, wie ein anderer Kellner Speisereste verzehrte und manche Gäste daran Anstoß nahmen. Er sprach den O als Vertrauensmann aller Angestellten daraufhin an. O nahm den anderen Kellner in Schutz.

Dieser Streit führte zu einer dauernden Verstimmung. Es ging sogar soweit, dass sie einander bei den entsprechenden Stellen anzeigten: O zeigte den G bei der Deutschen Arbeitsfront und der Nationalsozialistischen Betriebszellenorganisation an, woraufhin polizeiliche Untersuchungen stattfanden. Der G zeigte O

623 Vgl. z.B. die Entscheidung gegen einen Landwirt, der vom „Sozialen Ehrengericht Nordmark zu einer Ordnungsstrafe von 3000 RM verurteilt und vom Reichsehrengerichtshof am 8. Juni 1936 freigesprochen wurde: Amtl. Mitteilungen des Treuhänders der Arbeit für das Wirtschaftsgebiet Nordmark Nr. 19 vom 1. Okt. 1936, S. 250 ff.

624 ARS Bd. 22, Soz. Ehrenger., S. 190 ff.

625 Sachverhaltsangaben der Entscheidung des „Sozialen Ehrengerichts" Nordmark vom 21. Dez. 1934, EG 9/34, ARS Bd. 22, Soz. Ehrenger., S. 190 ff. entnommen.

beim „Treuhänder der Arbeit“
mann zu entheben.

Das Gewerbeaufsichtsamt,
Fürsorgebehörde hatten keine B
Treuhänder stimmte einer Amt
der G den O zurück in die Wart
mals an die DAF. Diese verhan
sich im Urlaub befand. O sollte
hältnisses in einer anderen Ga
Klasse als Kellner verbleiben.
den O nicht. Dieser versuchte d
dass er einem Begräbnis des O n

2. Besprechung

Das „Soziale Ehrengericht“ Nor
Verhalten des G einen gröblich
und G damit den Tatbestand de
Unternehmer und „Führer des
Machtstellung die Arbeitskraft d
sen.

a) Der Tatbestand des § 36 Abs.

§ 36 Abs. 1 Nr. 1 AOG enthiel
war die böswillige Ausnutzung d
lung und die andere war die
Machtstellung.[627] Ein Ausnutzen
über den Rahmen des wirtschaftl
fähigkeit hinausgehend in Anspr

626 § 36 Abs. 1 Nr. 1 AOG: Gröbl
begründeten sozialen Pflichten w
rengerichten gesühnt. Derartige
1. Unternehmer, Führer des Betriebes
Machtstellung im Betriebe bösw
ausnutzen oder ihre Ehre kränke
627 Hueck/Nipperdey/Dietz, AOG (v

Wenn der Angeklagte für sich in Anspruch nimmt, die Kellner in seinem Betrieb so beschäftigen zu können wie es ihm beliebt, so ist das ein veralteter, mit dem Geist wahrer Betriebsgemeinschaft im nationalsozialistischen Sinne nicht in Einklang zu bringender „Herr-im-Hause-Standpunkt“.“

Die Gründe, die der Beklagte für die Versetzung anführte, nahm das Ehrengericht nicht als solche an. Zum einen sei die Zurückversetzung sachlich nicht geboten gewesen, da der G keinen Grund für die Versetzung zu dem Zeitpunkt, zu dem sie erfolgte, anführen konnte. Zum anderen könne auch nicht als Rechtfertigung gelten, dass der Beklagte und seine Frau mit den Kellnern der dritten Klasse weniger zu tun hätten.[634]

Die Richter des Ehrengerichts führten, wie zitiert, an, dass der O das Vertrauen seiner Kollegen besaß und dies Einfluss auf die Beziehung zwischen G und O haben sollte.[635] G hatte angestrebt, den O aus seinem Amt als Vertrauensratsmitglied zu entheben und bedurfte dazu der Genehmigung des „Treuhänders der Arbeit“. In Frage stand also, welche Bedeutung die Mitgliedschaft im Vertrauensrat hatte.

Laut Sachverhalt war O 1933 erst Mitglied des Betriebsrates gewesen und dann ab Mai 1934 Vertrauensratsmitglied.

Nach § 1 Betriebsrätegesetz (BRG)[636] waren in Betrieben mit über 20 Beschäftigten Betriebsräte zu errichten, die die wirtschaftlichen Interessen der Arbeitnehmer gegenüber dem Arbeitgeber wahrnehmen und den Arbeitgeber bei der Erfüllung des Betriebszweckes unterstützen sollten. Der Betriebsrat war nach § 18 BRG für ein Jahr zu wählen. Mitglieder des Betriebsrates konnten nur unter den Voraussetzungen der §§ 96 – 98 BRG gekündigt werden.[637] Danach bedurfte es zu einer Kündigung des Dienstverhältnisses eines Mitgliedes der Zustimmung der Betriebsvertretung. Durch dieses Zustimmungserfordernis sollte die Stellung der Betriebsratsmitglieder besonders gesichert werden.[638]

Aufgrund des § 65 Nr. 1 AOG trat das Betriebsrätegesetz außer Kraft. Dadurch verloren mit dem 1. Mai 1934 alle Betriebsratsmitglieder ihre Ämter,

634 ARS Bd. 22, Soz. Ehrenger. S. 190, 192.
635 ARS Bd. 22, Soz. Ehrenger. S. 190, 192.
636 Betriebsrätegesetz v. 4. Febr. 1920, RGBl. S. 147 ff.
637 Walter Kaskel/Hermann Dersch, Arbeitsrecht, 4. Aufl., Berlin 1932, S. 233.
638 Kaskel/Dersch, Arbeitsrecht (wie Fn. 637), S. 233.

gleichgültig für welchen Zeitraum sie gewählt wurden und gleichgültig, ob aufgrund des AOG rechtzeitig neue sog. Vertrauensmänner bestellt wurden.[639] O verlor damit am 1. Mai 1934 zwar sein Amt als Betriebsratsmitglied, wurde aber als Vertrauensratsmitglied wieder gewählt.

Nach § 5 Abs. 1 AOG traten in Betrieben mit mehr als 20 Beschäftigten Vertrauensmänner dem „Führer des Betriebes" beratend zur Seite und bildeten gemeinsam unter seiner Leitung den Vertrauensrat. Sie sollten „Mittler des Vertrauens" zwischen „Führer und Gefolgschaft" sein, das Vertrauen herbeiführen und vertiefen[640] sowie durch sachverständigen Rat dem Unternehmer beistehen.[641] Nach § 9 Abs. 1 AOG stellte der Unternehmer jedes Jahr mit dem Obmann der NSBO eine Liste der Vertrauensmänner und ihrer Stellvertreter auf, die die Arbeitnehmer annehmen oder ablehnen konnten. Kam es dabei zu irgendwelchen Schwierigkeiten, so ernannte nach § 9 Abs. 2 AOG der „Treuhänder der Arbeit" die Vertrauensmänner. Damit war der Einfluss der Partei auf die Person des Vertrauensmannes gesichert. Stimmten die anderen Arbeitnehmer der Liste nicht zu, so ersetzte die Aufstellung des Treuhänders ihr „Wahlrecht". Die Amtsdauer der Vertrauensmänner wurde durch die Gesetze vom 31. März 1936,[642] vom 9. März 1937[643] und vom 1. April 1938[644] verlängert, womit schließlich das Wahlverfahren des § 9 AOG hinfällig geworden war.

Der „Treuhänder der Arbeit" konnte einen Vertrauensmann wegen sachlicher oder persönlicher Ungeeignetheit abberufen.[645] Das Amt des Vertrauensmannes erlosch nach § 14 Abs. 1 S. 1 AOG durch freiwillige Amtsniederlegung oder durch Ausscheiden aus dem Betrieb. § 14 Abs. 1 S. 2 AOG gewährte dem Vertrauensmann einen besonderen Kündigungsschutz, der weiter ging als bei den früheren Betriebsratsmitgliedern:[646] Die Kündigung eines Vertrauensman-

---

639 Hueck/Nipperdey/Dietz, AOG (wie Fn. 601), § 65 RN 2; Mansfeld/Pohl/Steinmann/Krause, AOG Kommentar (wie Fn. 628), § 65 S. 534.

640 § 6 Abs. 1 AOG.

641 § 6 Abs. 2 AOG; Hueck/Nipperdey/Dietz, AOG (wie Fn. 601), § 5 RN 1.

642 Gesetz über die Verlängerung der Amtsdauer der Vertrauensräte vom 31. März 1936, RGBl. I, S. 335.

643 Gesetz über die Verlängerung der Amtsdauer der Vertrauensräte vom 9. März 1937, RGBl. I, S. 282.

644 Gesetz über die Verlängerung der Amtsdauer der Vertrauensräte vom 1. April 1938, RGBl. I, S. 358.

645 § 14 Abs. 2 AOG

646 Hueck/Nipperdey/Dietz, AOG (wie Fn. 601), § 14 RN 20; Mansfeld/Pohl/Steinmann/Krause, AOG Kommentar (wie Fn. 628), § 14 S. 227.

Gesinnung erzogen werden.[654] Dieses Ziel schien auch das „Soziale Ehrengericht Nordmark“ mit seiner Ordnungsstrafe zu verfolgen. Die Richter waren der Ansicht, dass der Angeklagte noch nicht die Erfordernisse erfülle, die der nationalsozialistische Staat an einen Betriebsführer stellte:[655]

> „Das Gericht hat den Eindruck gewonnen, daß zwischen dem Angeklagten und seinen Kellnern noch nicht das vom Gesetzgeber gewünschte Vertrauensverhältnis besteht. Trotzdem kann der Angeklagte noch zu einem Betriebsführer im nationalsozialistischen Sinne erzogen werden. Aus diesem Grunde, so schwer auch die gegen den Angeklagten festgestellten Verfehlungen sind, kam die Aberkennung der Betriebsführerbefähigung nicht in Frage, [...]. Um aber dem Angeklagten für alle Zukunft die Lust zu ehrenkränkenden Verunglimpfungen von Gefolgsleuten zu nehmen, erschien eine nicht zu niedrig zu bemessende Strafe angebracht. Unter Berücksichtigung der wirtschaftlichen Verhältnisse des Angeklagten war auf eine Ordnungsstrafe von 1000 RM zu erkennen.“

3. Ertrag

Auch hier ist wieder beachtlich, wie viele auslegungsbedürftige Begriffe sowohl die einschlägigen Vorschriften als auch die Erläuterungen dazu im Schrifttum beinhalten. Genannt seien hier nur die Erfordernisse der „sozialen Pflichten“, der „sozialen Ehre“, des „gemeinen Wohls“ oder die Definition der „anständigen Gesinnung“ – wann etwas anständig ist oder nicht unterlag dem Einfluss der Weltanschauung und der Ideologie, ebenso wie das Verständnis von „gemeinem Wohl“ und „sozialem Verhalten“ – oder der Begriff der Eigennützigkeit – wann war das Handeln des Unternehmers eigennützig und nicht mehr von dem Ziel des „gemeinen Nutzens von Volk und Staat“ getragen? Je nach dem, wie der entsprechende Begriff gerade gebraucht wurde, wurde er neu interpretiert.

Der gleiche Eindruck entsteht, wenn das „Soziale Ehrengericht Nordmark“ auf der einen Seite von dem so negativ bezeichneten liberalistischen „Herr-im-Hause-Standpunkt“ spricht, der mit dem „Geist nationalsozialistischer Betriebsgemeinschaft“ nicht in Einklang zu bringen sei. Auf der anderen Seite wurde der Unternehmer als der „geborene Führer des Betriebes“ gesehen, der „gegenüber seiner Gefolgschaft“ in allen sozialen Fragen des Betriebes allein und verantwortlich entscheiden sollte.[656] Die Mitarbeiter sollten dem Unternehmer in

---

scheidung des „Sozialen Ehrengerichts Nordmark“ vom 21. Dez. 1934, in: ARS Bd. 22, Soz. Ehrenger. S. 195 f.

654 Mansfeld/Pohl/Steinmann/Krause, AOG Kommentar (wie Fn. 628), § 38 S. 410.

655 ARS Bd. 22, Soz. Ehrenger. S. 190, 195.

656 Mansfeld/Pohl/Steinmann/Krause, AOG Kommentar (wie Fn. 628), Erster Abschnitt, Vorbem. S. 70, § 1 S. 74.

Treue verbunden sein.[657] Diese Treuepflicht zwischen Unternehmer und Beschäftigten wurde sogar derart propagiert, dass sie zur Hauptpflicht des Arbeitsvertrages aufsteigen sollte.[658]

G hatte den bei ihm beschäftigten Kellner, nachdem dieser ihn bei verschiedenen Parteidienststellen angezeigt hatte, versetzt und wurde dafür disziplinarisch bestraft. Auf eine mögliche Verletzung der Treuepflicht durch O kam es nicht an. O hatte durch sein Verhalten sicher nicht zur „Förderung der Betriebszwecke und zum gemeinsamen Nutzen von Volk und Staat“[659] beigetragen. Aber darauf kam es dem „Sozialen Ehrengericht Nordmark“ nicht an. Bestimmte Aspekte, die den G hier entlastet hätten, haben die Richter nicht in Erwägung gezogen. Aus Sicht des Lesers dienten die auslegungsfähigen Begriffe durch den beliebigen Inhaltswandel hier nur dem Nachteil des G.

Gerade die Rechtsprechung des „Sozialen Ehrengerichts“ Nordmark war durch die nationalsozialistische Ideologie geprägt. Gerade hier schlug sich der Einfluss der gewandelten politischen Wertvorstellungen nieder, um diejenigen gefügig zu machen, die (noch) nicht hinter dem Nationalsozialismus standen.

IV. Vergleich zur Arbeitsgerichtsbarkeit

Fraglich ist, ob ein Gericht, bei dem ein Strafrichter Vorsitzender ist, ein „Arbeitsgericht“ im weitesten Sinne sein kann. Zwar gab es auch einen Arbeitsgerichtsdirektor als Stellvertreter, aber eben nur als Stellvertreter. Das „Soziale Ehrengericht“ diente dazu, alle am Arbeitsleben Beteiligten bei Fehlverhalten auf einer anderen Ebene zu maßregeln, als auf der, die die Strafgerichtsbarkeit oder die Arbeitsgerichtsbarkeit bot. Die Wirkung, die von dieser Ächtung im sozialen Umfeld und vor allem im Arbeitsumfeld des Betriebes ausging, war wahrscheinlich die größere Sanktion, als es die eigentliche „Strafe“ des AOG bot.

Hier hatte ein Arbeitgeber einen Arbeitnehmer, den er aufgrund seiner Stellung als Vertrauensmann nicht kündigen durfte, versetzt. Die Versetzung erfolg-

657 Mansfeld/Pohl/Steinmann/Krause, AOG Kommentar (wie Fn. 628), § 1 S. 75.

658 Vgl. dazu ausführlich oben S. 116 f.; weiterhin: Mansfeld/Pohl/Steinmann/Krause, AOG Kommentar (wie Fn. 628), § 1 S. 85.

659 § 1 AOG.

die Richter anschließend, dass der Kündigungswiderruf nicht möglich sei. Die verletzte Treuepflicht gegenüber dem Arbeitgeber sei dafür verantwortlich.[684] Bei der Analyse der Entscheidung entstand der Eindruck, dass die Richter gerade nach einer Möglichkeit suchten, um dem Begehren des Klägers nicht zum Erfolg zu verhelfen. Dabei nutzten sie die Interpretationsbedürftigkeit des Treuebegriffs aus, ohne sich auf die nationalsozialistische Ideologie an sich zu stützen, sondern kehrten sie fast schon zu ihrem Nutzen um und warfen dem Kläger Treulosigkeit vor.

Das Tarifschiedsgericht für die deutsche Seeschiffahrt hatte sich 1936 mit der Klage eines Schiffskochs zu befassen, der Heuer nachforderte.[685] Die rechtliche Problematik lag hier in dem schon im Landarbeitsrecht diskutierten möglichen Tariflohnverzicht des Klägers. Die Richter des Tarifschiedsgerichts vertraten dabei voll und ganz die Ansicht des Reichsarbeitsgerichts zu dieser Thematik. Die Richter des Tarifschiedsgerichts für die deutsche Seeschiffahrt hielten sich an die einschlägigen Rechtsvorschriften und zogen keine unbestimmten Rechtsvorschriften zur Entscheidungsbegründung heran. Allerdings betonten sie die im AOG propagierten Ideale der Arbeit, die nicht durch Abmusterung unter Vorbehalt gefährdet werden sollten, ohne jedoch auf die spezifischen Abweichungen des Seearbeitsrechts vom Landarbeitsrecht einzugehen.[686]

Schließlich untersucht die vorliegende Arbeit eine Entscheidung des „Sozialen Ehrengerichts Nordmark" aus dem Jahre 1934.[687] Die „Soziale Ehrengerichtsbarkeit" an sich war schon eine Ausprägung der nationalsozialistischen Ideologie und besonders durch unbestimmte Rechtsbegriffe ausgestaltet.[688] Daher ist auch gerade diese Entscheidung durch auslegungsbedürftige Begriffe, wie „soziale Pflichten", „soziale Ehre" und „anständige Gesinnung" besonders betont. Die gewandelten politischen Wertvorstellungen fanden in dem hier untersuchten Urteil des „Sozialen Ehrengerichts Nordmark" Niederschlag.[689]

Die Entscheidungen der Arbeitsgerichte, die von den unbestimmten Rechtsbegriffen und Generalklauseln (§§ 138, 242 BGB, § 2 AOG), wie Treu und Glauben, Sittenwidrigkeit und Rechtsmissbrauch geprägt waren, gewährten den Richtern im Rahmen ihrer Entscheidungsfindung eine große Beweglichkeit. Un-

684 Näher dazu S. 118 ff.
685 Zum Sachverhalt, S. 127 f.
686 Vgl. dazu S. 133 ff.
687 Zum Sachverhalt, S. 143 f.
688 Vgl. dazu S. 144.
689 Vgl. dazu S. 150 f.

ter gleichbleibenden Sachverhalten konnten sie durchaus unterschiedliche Ergebnisse erzielen, ohne sich formal angreifbar zu machen. Dabei stützten sie die Argumentation auf solche Einfallstore wie „die neue Ordnung“, eine neue Gesetzgebung im Arbeitsrecht, die gewechselte Auffassung vom Arbeitsverhältnis und dem damit einhergehenden Wandel von Treu und Glauben sowie Treue und Fürsorge, die gerade die nationalsozialistischen Anschauungen im AOG umzusetzen suchte.

Einzelne arbeitsrechtliche Institute, wie z.B. der Tariflohnverzicht oder die sittenwidrige Kündigung, durchliefen unter dem Einfluss der nationalsozialistischen Herrschaft einen deutlichen Wandel. Die Manifestierung dieser Ideologie im AOG spielte für die Veränderungen im Arbeitsrecht eine entscheidende Rolle. Die dargestellten Entscheidungen zeigen, wie unterschiedlich die Richter mit diesen Veränderungen umgingen. Manchmal lehnten die Richter die Anwendung einschlägiger Normen mit dem Verweis auf das „neue Arbeitsrecht“ ab und suchten die Begründung in unbestimmten Rechtsbegriffen.[690] Manchmal schlug sich die nationalsozialistische Ideologie gar nicht in der Entscheidungsbegründung nieder.[691] Es entsteht dabei sogar der Eindruck, dass sich die Richter die Interpretations- und Auslegungsmöglichkeit zum Teil zu Nutze machten, um ein anderes, gegensätzliches und damit annähernd ideologiefreies Urteil zu erreichen.[692]

Zu beobachten war, dass der Einfluss der staatlichen Institutionen, wie des „Treuhänders der Arbeit“ auf die Arbeitswirklichkeit, eine Abkehr von der Privatautonomie bedeuten konnte. Hatten sich beispielsweise in der Weimarer Zeit die Parteien eines Arbeitsverhältnisses im Rahmen eines Vertrages über die Zahlung eines geringeren Lohnes als tariflich vereinbart geeinigt, so war das nach 1934 gesetzlich ausgeschlossen.[693] Vorrangig sollten derartige Maßnahmen dem Schutz des Arbeitnehmers dienen. Sie bedeuteten aber auch eine Verstärkung der staatlichen Kontrolle auf dem Gebiet des Arbeitsrechts.[694] Die Richter nah-

---

690 Besonders die Entscheidung des Arbeitsgerichts Hamburg von 1934 und 1938, S. 15 ff., S. 26 und S. 47 ff., S. 56 f. sowie die Entscheidung des Landesarbeitsgerichts Hamburg von 1935, S. 66 ff., S. 72 f.

691 Insbesondere das Urteil des Landesarbeitsgerichts aus 1937, S. 96 ff.. S. 106 f.

692 Dazu vor allem die letzte untersuchte Entscheidung des Landesarbeitsgerichts Hamburg von 1938, S. 107 ff., S. 118 f.

693 Dazu besonders die untersuchte Entscheidung des Arbeitsgerichts Hamburg von 1935, S. 32 ff., S. 43 ff.

694 So vor allem die Entscheidung des Arbeitsgerichts Hamburg von 1935, S. 32 ff. sowie die des Landesarbeitsgerichts Hamburg von 1937, S. 96 ff.

men diese Veränderungen anstandslos hin. Zumindest ergibt sich aus den untersuchten Entscheidungen zu diesem Punkt nichts Gegenteiliges. Der „Sozialen Ehrengerichtsbarkeit“ sollte im Arbeitsrecht wohl eine Art Überwachungsfunktion zukommen, auch wenn ihre geringe Bedeutung mit nur 36 Entscheidungen in zwölf Jahren auch für das „Wirtschaftsgebiet Nordmark“ zu bestätigen ist.[695]

Die Rechtsprechung im Arbeitsrecht war demzufolge nicht homogen. Die Unterschiede bestanden sowohl zwischen den unterschiedlichen Gerichten, als auch innerhalb des jeweiligen Spruchkörpers. Dies zeigen vor allem zwei Entscheidungen: die letzte untersuchte Entscheidung des Arbeitsgerichts Hamburg von 1938[696] war sehr durch die vom Nationalsozialismus gewandelten Wertvorstellungen geprägt. Dies lässt sich für die Entscheidung des Landesarbeitsgerichts von 1938[697] gerade nicht behaupten.

Eine Unterstützung des nationalsozialistischen Systems ist für die Zeit nach der Machtergreifung zu bejahen. Für die dargestellten Entscheidungen ist jedoch hervorzuheben, dass sich diese anfängliche Akzeptanz zumindest in den beiden letzten erörterten Urteilen des Landesarbeitsgerichts Hamburg nicht mehr zeigt. Für die vorliegend untersuchten Entscheidungen sowohl der Arbeitsgerichte, als auch der übrigen vorgestellten Gerichte Hamburgs lässt sich für die Anfangsjahren nach der Machtergreifung folgendes feststellen: Für diesen Zeitraum gilt auch, was *Mayer-Maly*, *Linder*, *Kranig* und *Thiele* schon in ihren Untersuchungen für die Rechtsprechung zum Arbeitsrecht und *Rüthers* für das gesamte Zivilrecht überregional festgestellt haben,[698] nämlich dass sich die Rechtsprechung der Hamburger Gerichte den gewandelten Wertmaßstäben des Nationalsozialismus anpasste und das System damit immanent unterstütze. Für die Mehrzahl der untersuchten Entscheidungen lässt sich sagen, dass die Richter in ihren Entscheidungen dem Nationalsozialismus eher positiv gegenüber standen. Die behauptete „Vorreiterrolle“[699] Hamburgs konnte für den untersuchten Bereich jedoch nicht festgestellt werden.

695 Vgl. dazu oben S. 10, 142.

696 Die Entscheidung des Arbeitsgerichts von 1938, S. S. 47 ff.

697 Die Entscheidung des Landesarbeitsgerichts Hamburg von 1938, S. 107 ff.

698 Vgl. oben S. 8 f.

699 Vgl. oben S. 1.

Literaturverzeichnis

Amon, Paul Peter — Die Untersuchung des Tariflohnverzichts unter dem Gesichtspunkt der ungerechtfertigten Bereicherung und des Abänderungsvertrags, Gießen 1934

Ballerstedt, Gustav — Der Erholungsurlaub der Arbeitnehmer unter Hervorhebung der tarifvertraglichen Bestimmungen, Magdeburg 1934

Baumbach, Adolf; Teichmann, Robert — Arbeitsgerichtsgesetz in der vom 1. Mai 1934 an geltenden Fassung, 3. Aufl., München/Berlin 1934

Bech, Hans-Heinrich — Die wegen Verstoßes gegen ein gesetzliches Verbot oder die guten Sitten nichtige Kündigung unter besonderer Darstellung der hierzu ergangenen Rechtsprechung, Weimar 1937

Becker, Martin — Arbeitsvertrag und Arbeitsverhältnis während der Weimarer Republik und in der Zeit des Nationalsozialismus, Frankfurt am Main 2005

Bender, Kuno — Verwirkung tariflich begründeter Lohnansprüche unter Berücksichtigung des Tariflohnverzichts, Frankfurt a.M. 1933

Bondi, Felix — Staub's Kommentar zum Handelsgesetzbuch, 1. Bd., 14. Aufl., Berlin/Leipzig 1932

Bozyakali, Can — Das Sondergericht am Hanseatischen Oberlandesgericht. Eine Untersuchung der NS-Sondergerichte unter besonderer Berücksichtigung der Anwendung der Verordnung gegen Volksschädlinge, Fankfurt am Main 2005

Lenz, Karl — Das Urlaubsrecht in der Rechtsprechung des Reichsarbeitsgerichts, München 1933

Linder, Marc — The Supreme Labor Court in Nazi Germany. A Jurisprudential Analysis, Frankfurt am Main 1987

Lippert, Hermann — Der Treuhänder der Arbeit, seine Stellung und seine Aufgaben, Erlangen 1935

Lotmar, Philipp — Der Arbeitsvertrag nach dem Privatrecht des Deutschen Reiches, Erster Band, Leipzig 1902

Luer, Carl — Aus der Praxis des Treuhänders der Arbeit, in: Deutsches Arbeitsrecht 1933, S. 53-55

Maikowski, Alfons — Das Betriebsrisiko als politisches Problem und seine Lösung, Berlin 1935

Mansfeld, Werner; Pohl, Wolfgang; Steinmann, Gerhard; Krause, Arthur Bernhard — Die Ordnung der nationalen Arbeit. Kommentar zu dem Gesetz zur Ordnung der nationalen Arbeit und zu dem Gesetz zur Ordnung der Arbeit in öffentlichen Verwaltungen und Betrieben unter Berücksichtigung aller Durchführungsbestimmungen, 2. Aufl., Berlin/Leipzig/Mannheim/München 1934

Mansfeld, Werner — Das Gesetz zur Ordnung der nationalen Arbeit vom 20. Januar 1934 (RGBl. I S. 45), Deutsches Arbeitsrecht 1934, S. 33-39

Mansfeld, Werner — Urteilsanmerkung zu der Entscheidung des „Sozialen Ehrengerichts Nordmark“ vom 21. Dez. 1934, ARS Bd. 22, Soz. Ehrenger. S. 195-196

Mansfeld, Werner — Urteilsanmerkung zu LAG Hamburg Urt. v. 31. Okt. 1938, 19 Sa 58/38, ARS Bd. 34, LAG S. 215-216

Mayer-Maly, Theo — Die Arbeitsgerichtsbarkeit und der Nationalsozialismus, in: Die Arbeitsgerichtsbarkeit. Festschrift zum 100jährigen Bestehen des Deutschen Arbeitsgerichtsverbandes, hrsg. v. Deutscher Arbeitsgerichtsverband, Neuwied 1994, S. 89-104

Mayer-Maly, Theo — Arbeitsrecht, Arbeitsgerichtsbarkeit und Nationalsozialismus, in: Recht und Rechtslehre im Nationalsozialismus. Ringvorlesung der Rechtswissenschaftlichen Fakultät der Christian-Albrecht-Universität zu Kiel, hrsg. v. Franz Jürgen Säcker, Baden-Baden 1992, S. 125-140

Mayer-Maly, Theo — Arbeitsgerichtsbarkeit im Nationalsozialismus. Judikatur als Instrument von „Säuberung" und Disziplinierung, in: Archiv für Sozialgeschichte 31, S. 137-156

Mayer-Maly, Theo — Nationalsozialismus und Arbeitsrecht, in: Nationalsozialismus und Recht. Rechtssetzung und Rechtswissenschaft in Österreich unter der Herrschaft des Nationalsozialismus, hrsg. v. Ulrike Davy; Helmut Fuchs; Herbert Hofmeister; Judith Marte; Ilse Reiter, Wien 1990, S. 173-190

Mebes, Max — Das Gesetz über die Beschäftigung Schwerbeschädigter vom 12. Januar 1923 nebst Ausführungsbestimmungen, 2. Aufl., Berlin 1931

Meder, Stephan — Rechtsgeschichte. Eine Einführung, 3. Aufl., Köln 2008

Michel, Bertram — Die Entwicklung der Arbeitsgerichtsbarkeit, in: Das Recht des Unrechtsstaates. Arbeitsrecht und Staatsrechtswissenschaften im Faschismus, hrsg. v. Udo Reifner, Frankfurt/New York 1981, S. 154-177

Molitor, Erich — Die Kündigung, Mannheim/Berlin/Leipzig 1935

Neuhäuser, Werner — Der Arbeitsvertrag des Schiffsmannes in der deutschen Seeschiffahrt unter besonderer Berücksichtigung der Arbeitsverhältnisse auf deutschen Seefracht- und Passagierschiffen über 100 Brutto-Register-Tons, Rostock 1934

Nikisch, Arthur — Der Tariflohnverzicht nach altem und neuem Arbeitsrecht, in: Zeitschrift der Akademie für Deutsches Recht 1935, S. 924-928

Nielsch, J. — Einige Winke zur Vermeidung von Streitfällen, in: Der Deutsche Seemann 1935, S. 451-452

Nipperdey, Hans Carl — Das System des neuen Arbeitsrechts, in: Zeitschrift der Akademie für Deutsches Recht 1935, S. 911-914

Nipperdey, Hans Carl — J. v. Staudingers Kommentar zum Bürgerlichen Gesetzbuch und dem Einführungsgesetze, II. Band, Recht der Schuldverhältnisse 2. Teil, §§ 433-630, 9. Aufl., München/Berlin/Leipzig 1928

Nipperdey, Hans Carl — Urteilsanmerkung zu Arbeitsgericht Hamburg Urt. v. 8. März 1934, Arb. Nr. 5087-5089/34, Arbeitsrechtssammlung Bd. 23, ArbG S. 123

Nipperdey, Hans Carl — Urteilsanmerkung zu RAG Urt. v. 24. Jan. 1934, RAG 294/33, Arbeitsrechtssammlung Bd. 20, RAG S. 120

Nipperdey, Hans Carl — Urteilsanmerkung zu RAG Urt. v. 22. September 1934, RAG 117/34, Arbeitsrechtssammlung Bd. 22, RAG S. 33-34

Nipperdey, Hans Carl — Das kollektive Arbeitsrecht, in: Hueck/Nipperdey, Lehrbuch des Arbeitsrechts II, 3. bis 5. Aufl., Mannheim/Berlin/Leipzig 1932

Nipperdey, Hans Carl — Urteilsanmerkung zu LAG Hamburg Urt. v. 22. Okt. 1937, 20 Sa 56/37, Arbeitsrechtssammlung Bd. 31, LAG S. 157-158

Nipperdey, Hans Carl — Urteilsanmerkung zu RAG Urt. v. 5. Febr. 1936, RAG 250/35, Arbeitsrechtssammlung Bd. 26, S. 178-179

Pilling, Herbert — Die Zuständigkeit der Arbeitsgerichtsbehörden nach dem Arbeitsgerichtsgesetz in der vom 1. Mai 1934 ab geltenden Fassung (Bekanntmachung v. 10.4.34, RGBl. I S. 319), Berlin 1936

Potthoff, Heinz — Zum Inhalte des Normenzwanges, in: Juristische Wochenschrift 1930, S. 3073-3074

Preis, Ulrich — Arbeitsrecht: Individualarbeitsrecht. Lehrbuch für Studium und Praxis, 3. Aufl., Köln 2009

Raedel, Christiane — Amtsenthebungen und Kündigungen von Betriebsräten in der Rechtsprechung des Reichsarbeitsgerichts, Berlin 1999

Reifner, Udo — Das Recht des Unrechtsstaates. Arbeitsrecht und Staatsrechtswissenschaften im Faschismus, Frankfurt/New York 1981

Repgen, Tilman — Der Müller Arnold und die Unabhängigkeit des Richters im friderizianischen Preußen, in: Fälle aus der Rechtsgeschichte, hrsg. v. Ulrich Falk; Michele Luminati; Matthias Schmoeckel, München 2008, S. 223-253

Roßberg, Werner — Das Recht auf Urlaub, Göttingen 1931

Ruck, Michael — Bibliographie zum Nationalsozialismus (Zwei Bände), Darmstadt 2000

Rüthers, Bernd — Die unbegrenzte Auslegung. Zum Wandel der Privatrechtsordnung im Nationalsozialismus, 6. Aufl., Tübingen 2005

Rüthers, Bernd — Arbeitsrecht und Ideologie, in: Die Arbeitsgerichtsbarkeit. Festschrift zum 100jährigen Bestehen des Deutschen Arbeitsgerichtsverbandes, hrsg. v. Deutscher Arbeitsgerichtsverband Neuwied 1994, S. 39-57

Sawall, Sandra — Die Entwicklung der Arbeitsgerichtsbarkeit, Aachen 2007

Schaub, Günter; Koch, Ulrich — Arbeitsrecht von A bis Z, München 2009, 18. Aufl.

Scheffler, Wolfgang; Grabitz, Helge; Bästlein, Klaus — „Für Führer, Volk und Vaterland ...“ Hamburger Justiz im Nationalsozialismus, Hamburg 1992

Schmitt, Carl — Über die drei Arten des rechtswissenschaftlichen Denkens, Hamburg 1934

Schneider, Herbert — Drei Jahre nationalsozialistische Rechtspflege, in: Deutsches Recht 1936 S. 117-120

Siebert, Wolfgang — Arbeitsverhältnis und Vertrag, in: Zeitschrift der Akademie für Deutsches Recht 1936, S. 93-98

Siebert, Wolfgang — Kündigung und Kündigungsschutzverfahren im Arbeitsrecht, in: Deutsches Recht 1935, S. 566-569

Siebert, Wolfgang — Das Arbeitsverhältnis als personenrechtliches (sozialrechtliches) Rechtsverhältnis, in: Deutsches Arbeitsrecht 1935, S. 95-100

Siebert, Wolfgang — Die Richtigkeit der Arbeitsverhältnisse, in: Deutsches Arbeitsrecht 1936, S. 6-10

Siebert, Wolfgang — Verwirkung und Unzulässigkeit der Rechtsausübung. Ein rechtsvergleichender Beitrag zur Lehre von den Schranken der privaten Rechte und zur exeptio doli (§§ 226, 242, 826 BGB) unter besonderer Berücksichtigung des gewerblichen Rechtsschutzes (§ 1 UWG), Marburg 1934

Siebert, Wolfgang — Vom Wesen des Rechtsmißbrauchs. Über die konkrete Gestaltung der Rechte, Berlin 1935

Siebert, Wolfgang — Das Arbeitsverhältnis in der Ordnung der nationalen Arbeit, Hamburg 1935

Siebert, Wolfgang — Das deutsche Arbeitsrecht. Sammlung der arbeitsrechtlichen Bestimmungen mit Einleitung, Vorbemerkungen und Hinweisen, Hamburg 1938-1942

Solleis, Michael — Gemeinwohlformeln im nationalsozialistischen Recht, Berlin 1974

Speier, Heinz — Der Rechtsgrund des sog. Tariflohnverzichts, Köln 1933

Sperling, Erich — Die Grenzen der ordentlichen Kündigung im Arbeitsrecht, Halle 1937

Stoll, Heinrich — Die Lehre vom Betriebsrisiko und die Neuordnung des Arbeitsrechts, in: Deutsches Arbeitsrecht 1934, S. 199-205, 253-256

Thiele, Michaela — Die Auflösung von Arbeitsverhältnissen aufgrund Anfechtung und außerordentlicher Kündigung nach der Rechtsprechung des Reichsarbeitsgerichts (1927-1945), Frankfurt am Main 2000

Band 380 Andrea Elisabeth Sebald: Der Kriminalbiologe Franz Exner (1881–1947). Gratwanderung eines Wissenschaftlers durch die Zeit des Nationalsozialismus. 2008.

Band 381 Angela Kriebisch: Die Spruchkörper Juristenfakultät und Schöppenstuhl zu Jena. Strukturen, Tätigkeit, Bedeutung und eine Analyse ausgewählter Spruchakten. 2008.

Band 382 Nana Ozawa: Louis Adolphe Bridel – Ein Schweizer Professor an der juristischen Fakultät der Tokyo Imperial University. Die geschichtliche Bedeutung der Yatoi zur späten Meijizeit. 2010.

Band 383 Christian Weißhuhn: Alfred Hueck 1889–1975. Sein Leben, sein Wirken, seine Zeit. 2009.

Band 384 Andreas Hunkel: Eduard Dietz (1866–1940) – Richter, Rechtsanwalt und Verfassungsschöpfer. 2009.

Band 385 Meike Guskow: Entstehung und Geschichte der Europäischen Charta der Regional- oder Minderheitensprachen. 2009.

Band 386 Markus J. Jahnel: Das Bodenrecht in „Neudeutschland über See". Erwerb, Vergabe und Nutzung von Land in der Kolonie Deutsch-Südwestafrika 1884–1915. 2009.

Band 387 Matthias Günter Steiner: Die Klöster und ihr Wirken – eine der Wurzeln des Stiftungswesens? 2009.

Band 388 Cornelia Staats: Die Entstehung des Bundes-Immissionsschutzgesetzes vom 15. März 1974. 2009.

Band 389 Cai Niklaas E. Harders: Das Bundesjagdgesetz von 1952 sowie die Novellen von 1961 und 1976. Vorgeschichte, Entstehung des Gesetzes sowie Problemfelder. 2009.

Band 390 Matthias Pohlkamp: Die Entstehung des modernen Wucherrechts und die Wucherrechtsprechung des Reichsgerichts zwischen 1880 und 1933. 2009.

Band 391 Sebastian Baur: *Vor vier Höllenrichtern...* Die Lizentiats- und Doktorpromotionen an der Juristischen Fakultät der Universität Heidelberg. 2009.

Band 392 Christoph Salmen-Everinghoff: Zur *cautio damni infecti*: Die Rückkehr eines römischrechtlichen Rechtsinstituts in das moderne Zivilrecht. 2009.

Band 393 Till Meno Sellschopp: Der Weg zum Revokationsrecht der Ehegatten nach § 1368 BGB. Zugleich ein Beitrag zur Geschichte des ehelichen Güterrechts. 2009.

Band 394 Marc Biermann: Das Staatseigentum an öffentlichen Sachen im Gemeingebrauch in der ersten Hälfte des 19. Jahrhunderts. Die Theorie des reinen Hoheitsrechts an den öffentlichen Sachen von Rudolph von Jhering und Friedrich Ludwig Keller im Zusammenhang mit dem Baseler Schanzenstreit von 1859/62. 2009.

Band 395 Markus Tüxen: Kollegialprinzip oder Einzelrichter. Die Entwicklung des zivilrechtlichen Spruchkörpers bei den Landgerichten sowie den Oberlandesgerichten seit 1879 unter besonderer Berücksichtigung der Reformen von 1974 und 1976. 2009.

Band 396 Adam Polkowski: Die polnische Zivilprozessordnung von 1930/33. Unter Berücksichtigung des deutschen, österreichischen, russischen und französischen Rechts. 2009.

Band 397 Barbara Riedi: Die Porten der Unteren Strasse, ihr Ladungsrecht und der Strassenunterhalt. Rechtshistorische Betrachtungen zur Verkehrs- und Wirtschaftsgeschichte Graubündens. 2009.

Band 398 Stefanie Jessica Loroch: Zeitungsrubrik: Gerichtssaal. Strafprozessberichterstattung in Münster im 19. Jahrhundert (1848–1890). 2009.

Band 399 Dirk Henning Hofer: Karl Konrad Werner Wedemeyer (1870–1934). Ein Juristen- und Gelehrtenleben in drei Reichen. Eine Biographie. 2010.

Band 400 Thomas Simon (Hrsg.): Hundert Jahre allgemeines und gleiches Wahlrecht in Österreich. Modernes Wahlrecht unter den Bedingungen eines Vielvölkerstaates. 2010.

Band 401 Dörte Mentz: Die Beweislastumkehr in der Rechtsprechung des Reichsgerichts. 2010.

Band 402 Werner Schubert (Hrsg.): Oberster Gerichtshof für die Britische Zone (1948–1950). Nachschlagewerk Strafsachen – Nachschlagewerk Zivilsachen. Präjudizienbuch der Zivilsenate. Eingeleitet und herausgegeben von Werner Schubert. 2010.

Band 403 Yong Lei: Auf der Suche nach dem modernen Staat. Die Einflüsse der allgemeinen Staatslehre Johann Caspar Bluntschlis auf das Staatsdenken Liang Qichaos. 2010.

Band 404 Andreas Schwenk: Die Formbestimmung des § 313 BGB a. F. (§ 311 b Abs. 1 BGB n. F.) bei Verträgen über Grundstücke in der Rechtsprechung des Reichsgerichts. 2010

Band 405 René Schorsch: Eberhard Georg Otto Freiherr von Künßberg (1881–1941). Vom Wirken eines Rechtshistorikers. 2010.

Band 406 Ulrike Köbler: Werden, Wandel und Wesen des deutschen Privatrechtswortschatzes. 2010.

Band 407 Björn Florian Faulenbach: Rolle und Bedeutung der Lehre in der Rechtsprechung der Internationalen Gerichtshöfe im zwanzigsten Jahrhundert. 2010.

Band 408 Guangyu Fu: Das Causaproblem im deutschen Bereicherungsrecht. Eine rechtshistorische Untersuchung. 2010.

Band 409 Andreas Kimmelmann: Die Folter im Beweisverfahren der Leges Visigothorum. Chindasvinths Gesetzgebung im Spiegel der westgotischen Rechtsentwicklung. 2010.

Band 410 Jacqueline Schmaltz: Die Entwicklung der Industrie- und Handelskammern. Zwischen Pflicht und Kür. 2010.

Band 411 Hermann Nehlsen: Bayerische Rechtsgeschichte vom frühen Mittelalter bis zum 20. Jahrhundert. 2011.

Band 412 Kathrin Spoerr: Recht und Revolution. Deutsche Ökonomen und ihr Einfluss auf das Recht der Weimarer Republik – eine Zeitschriftenschau 1917–1920. 2011.

Band 413 Moritz von Köckritz: Die deutschen Oberlandesgerichtspräsidenten im Nationalsozialismus (1933–1945). 2011.

Band 414 Annika Lillemor Lara Rabaa: Die Ehe als Rechtsinstitut im Badischen Landrecht von 1810. Unter besonderer Berücksichtigung der gesellschaftlichen Entwicklungen im 19. Jahrhundert. 2011.

Band 415 Christian Hattenhauer / Klaus-Peter Schroeder (Hrsg.): 200 Jahre Badisches Landrecht von 1809/1810. Jubiläumssymposium des Instituts für geschichtliche Rechtswissenschaft der Ruprechts-Karls-Universität Heidelberg und der Heidelberger Rechtshistorischen Gesellschaft vom 23. bis 26. September 2009. 2011.

Band 416 Tobias Alexander Krammerbauer: Die Ministerverantwortlichkeit und die Vorformen sonstiger Verfassungsgerichtsbarkeit in Württemberg zwischen 1815 und 1918. 2011.

Band 417 Werner Schubert (Hrsg.): Quellen zur GmbH-Reform von 1958 bis zum GmbH-Änderungsgesetz von 1980. Eingeleitet und herausgegeben von Werner Schubert. 2011.

Band 418 Gisela Emling: Johannes Heckel. Leben und Wirken (1889–1963). 2011.

Band 419 Jochen Kirschbaum: Die Etablierung der Historischen Rechtsschule an der Ludoviciana (1814–1824). 2011.

Band 420 Sören Koch: Unaufgeforderte Hilfeleistung in Notsituationen. Eine rechtshistorische und rechtsvergleichende Studie zu den zivilrechtlichen Aspekten der Nothilfe mit besonderer Berücksichtigung des Rechts der Geschäftsführung ohne Auftrag. 2011.

Band 421 Friedrich Carl von Savigny: Die Prinzipienfragen in Beziehung auf eine neue Strafprozeß-Ordnung. Ausgearbeitet im Justizministerium für die Gesetzrevision. Eingeleitet und herausgeben von Werner Schubert. 2011.

Band 422 Stephan Faulwetter: Von der Zunft zur Handelskammer. Zur Entwicklung des Gewerberechts in thüringischen Staaten. 2011.

Band 423 Moritz Eisenhardt: Sanierung statt Liquidation. Die Geschichte des Vergleichs zur Abwendung des Konkurses unter besonderer Berücksichtigung der Vergleichsordnung von 1927 und 1935. 2011.

Band 424 Gerd Kleinheyer: Beiträge zur Strafrechtsgeschichte. Herausgeben von Franz Dorn, Mathias Schmoeckel und Jan Schröder. 2011.

Band 425 Ralf Maertens: Das Landgericht Altona (1879–1937) und die Anfänge des Landgerichts Itzehoe (1937–1945). Unter besonderer Berücksichtigung ihrer Tätigkeitsberichte und rechtspolitischen Stellungnahmen. 2011.

Band 426 Mark Friedrich: Ferdinand von Martitz (1839–1921). Rechtshistoriker, Staatsrechtler und Völkerrechtler zwischen dem Ende des Deutschen Bundes und dem Beginn der Weimarer Republik. 2012.

Band 427 Sebastian Krusche: Die Bundesrechtsanwaltsordnung vom 1. August 1959. Vorgeschichte und Entstehung. 2012.

Band 428 Marju Luts-Sootak / Sanita Osipova / Frank L. Schäfer (Hrsg./eds.): Einheit und Vielfalt in der Rechtsgeschichte im Ostseeraum. Unity and Plurality in the Legal History of the Baltic Sea Area. Sechster Rechtshistorikertag im Ostseeraum, 3.-5. Juni 2010 in Tartu (Estland) / Riga (Lettland). 6th Conference in Legal History in the Baltic Sea Area, 3rd-5rd June 2010 Tartu (Estonia) / Riga (Latvia). 2012.

Band 429 Margret R. I. Bootz: Die Hamburger Rechtsprechung zum Arbeitsrecht im Nationalsozialismus bis zum Beginn des 2. Weltkriegs. 2012.

www.peterlang.de